**코로나 디바이드
시대가 온다**

팬데믹 이후, 한국사회의 지역·디지털·기업을
양극단으로 가르는 K자형 곡선의 경고

코로나 디바이드
시대가 온다

과학기술정책연구원(STEPI)
지음

월요일의꿈

코로나 디바이드
시대 앞에서

전 세계가 동시에 감염병을 겪는 초유의 사태 속에서 인류 사회는 양
극화라는 또 다른 문제에 직면하고 있습니다. 이른바 '코로나 디바이드
corona divide'는 단순히 개인이나 가구 간 소득 격차만을 의미하지 않습니
다. 지역이라는 물리적 경계를 넘어, 산업과 기업의 분야와 규모에 따라
전방위적인 격차가 발생하고 있습니다. 글로벌 차원의 총체적 양극화가
생산, 고용, 소비가 일어나는 경제활동을 포함해 인간 활동의 모든 영역
에서 일어나는 것이라 할 수 있습니다.

양극화가 초래한 변화는 사회 곳곳에서 확인할 수 있습니다. 코로나
19 이후 일상이 된 비대면화는 '디지털 문해력digital literacy'이 낮은 디지털
취약층에게 단순한 불편함을 넘어 생존을 위협하는 요소가 되고 있습
니다. 디지털 서비스 플랫폼화에 능동적으로 대처하느냐 못하느냐에 따

라 같은 업종의 기업이라도 운명이 달라집니다. 이처럼 디지털 인프라 차이가 대기업과 중소기업 간, 전통 산업과 디지털 산업 간의 격차를 심화시키고 이는 지역 불균형의 심각성을 더해가고 있습니다.

《이코노미스트The Economist》는 최근 발간한 『2022 세계대전망The World Ahead 2022』에서 포스트 코로나 시대의 노동은 재택과 출근이 뒤섞인 '하이브리드' 체제가 될 것이라고 전망한 바 있습니다. 그러나 과연 그런 변화가 누구에게나 편리하고 공정한 기회로 작용할까요? 직군의 임무가 단순할수록, 임금이 낮을수록, 교육 수준과 디지털 문해력이 낮을수록, 대도시보다는 소도시가, 대기업보다는 규모가 작은 사업장이 먼저 위협받게 될 것입니다. 또한 프리랜서 계약직 형태로 노동을 수급하는 '긱 이코노미' 형태의 플랫폼 자본주의는 더욱 고도화될 가능성이 높습니다. 코로나19가 앞당긴 이런 변화는 우리에게 양극화 뉴노멀을 암묵적으로 요구하고 있는 셈입니다.

양극화 심화와 같은 수많은 사회적 도전들은 코로나 시기가 끝나면 우리가 직면할 수밖에 없는 사활적인 문제입니다. 그리고 수많은 문제는 얽히고설켜 다가옵니다. 이들 모두를 복합적으로 풀어야 하는 과정에서 우리가 설 수 있는 입지는 좁아질 것입니다. 한 걸음 한 걸음 기민하게 디디기 위해서는 문제를 잘 들여다보고 현상을 진단하고 상황을 다각적으로 예측해 준비해야 합니다. 이런 맥락에서 지난 10여 년간 과학기술정책연구원은 지속 가능한 발전의 변화 인자로서 인구 변화, 식량, 기후변화, 도시화, 빈곤, 에너지, 재난 안전, 사회 갈등, 해양, 4차 산업혁명 등의 문제들을 뽑아 과학기술과의 연관 선상에서 미래 연구를 진행해오고 있습니다.

　이 책은 과학기술정책연구원이 2021년 진행한 미래 연구 '포스트 코로나 시대의 양극화 전망'을 바탕으로, 일반 국민의 눈높이에 맞춰 재구성한 것입니다. 다양한 분야의 전문가들뿐만 아니라 미래 연구자, SF소설가, 일러스트 작가 등의 아웃라이어들과 일반 시민의 집단 지성이 모인 의미 있는 결과물입니다. 이 책을 통해 포스트 코로나 시대의 양극화라는 국가적 난제에 대한 사회적 논의의 장이 풍성하게 열리기를 희망합니다.

　우리가 바라는 미래는 지금의 문제를 어떻게 풀어나가는가에 따라 달라질 것입니다. 이 책이 '현재' 코로나 시기를 살아내고 있는 우리 국민들을 희망적인 '미래'로 이끄는 길잡이가 되기를 바랍니다.

2022.3

과학기술정책연구원장

문미옥

차례

1장 코로나 디바이드란 무엇인가

🏵 양극화가 나타나는 3가지 차원

🏵 양극화를 가속화한 3가지 요인

2장 포스트 코로나 시대의 디지털 양극화

🏵 디지털 기술로 얻은 것과 잃은 것

더 알아보기-양극화 전망을 위한 방법론

1장 | 코로나 디바이드란 무엇인가

◆ **코로나 디바이드란?**

장기간의 코로나19 상황이 사회 전반에 촉발시킨 극심한 양극화 현상

◆ **포스트 코로나 시대의 양극화에 대응하기 위한 핵심 질문**

— 우리 사회가 직면할 양극화는 지금과 어떻게 다른 모습일까?

— 양극화를 심화시키는 요인은 무엇이며, 앞으로 무엇을 준비해야 하는가?

◆ **양극화의 상징성을 갖는 세 가지 차원**

— 디지털: 팬데믹 환경에서의 비대면 패러다임을 주도하는 동인

— 지역: 사회 내 다양한 양극화가 발현되는 공간

— 기업: 산업 간 격차를 선명히 보여주는 핵심 이해관계자

➡ '디지털' '지역' '기업'은 서로 상호작용하며 미래 사회의 불확실성을 낳고 사회 전반의 양극화 구조를 심화시킴

◆ **양극화를 가속하는 세 가지 요인**

— 저성장에 따른 불안감: 세계경제 저성장세에 따라 소득과 자산의 불평등 문제 수면 위로 부각

— 구조화된 불평등: 소득의 격차, 부의 대물림, 규범과 제도의 신뢰 하락, 중산층의 감소로 불평등 고착화

— 과학기술 편향: 디지털 기술 보유 여부가 생산성과 임금 격차로 이어져 사회 전반의 불평등 심화

➡ 코로나 디바이드의 원인이자 결과로서, '디지털' '지역' '기업'의 양극화 양상을 살펴보고 긍정적, 부정적 미래 시나리오가 보여주는 종합적인 미래상 전망 및 대안 도출

포스트 코로나 시대 양극화를 전망하는 세 가지 차원

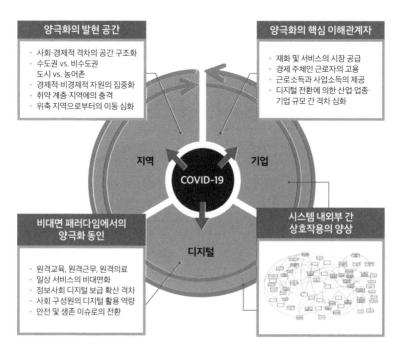

양극화의 발현 공간
- 사회·경제적 격차의 공간 구조화
- 수도권 vs. 비수도권
  도시 vs. 농어촌
- 경제적·비경제적 자원의 집중화
- 취약 계층·지역에의 충격
- 위축 지역으로부터의 이동 심화

양극화의 핵심 이해관계자
- 재화 및 서비스의 시장 공급
- 경제 주체인 근로자의 고용
- 근로소득과 사업소득의 제공
- 디지털 전환에 의한 산업·업종·
  기업 규모 간 격차 심화

지역 **기업**

COVID-19

디지털

비대면 패러다임에서의 양극화 동인
- 원격교육, 원격근무, 원격의료
- 일상 서비스의 비대면화
- 정보사회 디지털 보급 확산 격차
- 사회 구성원의 디지털 활용 역량
- 안전 및 생존 이슈로의 전환

시스템 내외부 간 상호작용의 양상

자료: 저자 작성

2장 | 포스트 코로나 시대의 디지털 양극화

◆ **코로나19와 디지털 양극화**

　— 코로나19 이후 원격수업과 재택근무, 비대면 서비스 등이 확산되며 디지털 전환 가속화

　— 디지털 기기의 소유와 경험, 활용 능력의 차이로 디지털 격차 발생

◆ **일상생활 속 디지털 양극화**

　1. 디지털 기술을 활용한 홈코노미 실현

　　— 코로나19로 비대면 라이프스타일이 정착하며 스마트홈 관련 제품 증가

　　— 일상생활에서의 여유 시간 차이로 삶의 질 격차 심화, 디지털 보안 문제 우려

　2. 미래형 이동 수단의 활용과 차량용 여가 문화의 발달

　　— 사회적 거리두기에 따라 감염 위험이 낮은 개인형 이동 수단 확산

　　— 스마트 모빌리티의 소유나 활용 여부에 따라 원격 활동이나 이동 반경 차이 발생

　3. 감염병에 대비하는 디지털 안전망의 일상화

　　— 비대면·비접촉 트렌드의 부상으로, 재난문자나 백신 예약 등 사회 안전망의 디지털화

　　— 디지털 활용 능력이 낮을 경우 일상에서 위험에 더 쉽게 노출되며 생존까지 위협

　4. 디지털 기반 비대면 서비스 확산과 직업 다양화

　　— 사회적 거리두기의 장기화에 따라 비대면 산업 및 관련 직업 부상

　　— 디지털 서비스 이용 역량에 따라 습득 가능한 경제적 지식과 일자리 격차 심화

5. 모두를 위한 기술 도입과 새로운 사다리 탄생
   ─ 디지털 기술과 서비스의 고도화로 디지털 격차 해소를 위한 움직임 증가
   ─ 디지털 기술 보편화를 위해 만인을 위한 설계를 의미하는 유니버설 디자인 도입 필요

◆ 디지털 양극화의 미래

1. 디지털 기술을 활용한 감염병 관리
2. 스마트 기기를 통한 선제적 건강관리와 이동권 개념 부상
3. 맞춤형 헬스케어 도입과 접근성에 따른 건강 격차 발생
4. 디지털 기술을 활용한 맞춤형 교육 확대
5. 학력보다 디지털 기술 활용이 중요한 시대로의 전환
6. 평생 자기 개발 시대 도래
7. 디지털 기기 활용 교육 의무화
8. 개인 맞춤형 정보 제공과 시간 관리 효율성 증가
9. 디지털 기술 활용 대중화
10. 디지털 기술 적응 과정에서의 정신 건강 문제 부각
11. 장애인을 위한 디지털 기술 발달
12. 가정용 AI 도입과 시간의 효율적 활용
13. 원격업무 확대로 근무 방식 변화
14. 메타버스 활용에 따른 온·오프라인 라이프스타일 분리
15. 자율주행차 도입과 이용 방식의 변화

3장 | 포스트 코로나 시대의 지역 양극화

◆ **코로나19와 지역 양극화**

— 지역 격차는 경제, 교육, 산업, 일자리, 보건, 보육, 환경 등 다양한 차원에서 과거부터 존재

— 코로나19 이후 사회적 거리두기에 따른 공급과 소비의 온라인화, 이동 반경의 축소로 수도권에 자원과 인구, 소득이 집중되며 격차 심화

◆ **사회 현상 속 지역 양극화**

1. 디지털 전환에 따른 취업 유목민들의 지방 탈출

— 사회적 거리두기에 따라 지방의 일자리 부족

— 언택트 문화에 맞는 비대면 온라인 산업이 포진한 수도권으로 인구 이동 심화

2. 국경과 지역 폐쇄로 생산력을 상실한 마을

— 청년층의 수도권 유입에 따라 1, 2차 산업의 생산 기반 약화로 지방 소멸 추세 가속화

— 지방 인구의 고령화와 출산율 저하에 따라 지방의 주거 여건 악화

3. 대학의 디지털 전환과 사라지는 지역 대학

— 수도권으로의 대학 진학과 코로나19 이후 외국인 유학생 감소로 지역 대학 존폐 위기

— 온라인 교육 시스템을 활용해 수도권 또는 해외 대학과 교육 과정 및 학위 공유 가능

4. 랜선 공연과 축제 활성화로 지역의 문화 기회 확대

— 비대면 활동이 일상화되며 여행, 공연, 축제 관련 산업 위기

— 오프라인으로만 향유할 수 있던 문화가 온라인 형태로 전환되며 지역 격차 완화라는 새로운 기회로 작용

5. 의료와 복지의 디지털 전환과 인프라의 양극화
   — 사회 전반에 디지털 전환이 이뤄지며 원격의료, 디지털 복지 등 새로운 개념 확산
   — 소규모 의료 기관 소멸이나 의료 서비스 접근성 차이로 건강 격차 심화 우려

◆ **지역 양극화의 미래**
1. 디지털 인프라 차이에 따른 기회 격차
2. 아르바이트가 직업이 된 지방 청년들
3. 비대면 라이프스타일 정착으로 청년 인구 분산
4. 디지털 변화에서 소외되는 고령층
5. 공공시설 감소로 안전 격차 발생
6. 생산 능력을 상실하고 사라지는 마을
7. 지방 외국인 이주민 비율 증가
8. 온라인 공유 대학 활성화
9. 지방 대학의 흡수와 통합
10. 학위 중심 교육의 약화와 국내 대학 경쟁력 감소
11. 원격의료 도입으로 지역 격차 완화
12. 원격의료 보편화와 여전히 중요한 물리적 병원
13. 온라인 문화생활 보편화
14. 배송 기술 발달로 장소와 거리에서 자유로워진 배달 서비스

4장│ 포스트 코로나 시대의 기업 양극화

◆ **코로나19와 기업 양극화**

　― 디지털 전환에 따라 비대면 트렌드를 따라가지 못한 기업의 경제적
　　격차 심화

　― 근로자를 고용하고 가계소득을 창출하는 기업의 양극화는 '성과'와
　　'일자리' 모두와 연계

◆ **경제 환경 속 기업 양극화**

　1. 기업 규모에 따른 대기업과 중소기업의 격차

　　― 대기업은 거대 자본과 안정적인 재무구조, 자금 조달 여건, 체계적
　　　인 시스템, 높은 노동생산성 및 연구 개발 역량 보유

　　― 규모가 큰 기업일수록 디지털 전환에도 더 유연하게 적응하며 위
　　　기를 빠르게 회복

　2. 비대면 트렌드의 확산과 대면 산업의 위기

　　― 이동 제한, 사회적 거리두기로 대면 서비스 및 오프라인에 기반한
　　　기업에 큰 타격

　　― 대표적인 대면 산업인 관광, 문화, 교육, 외식, 숙박 등에 소비 지출
　　　급감

　3. IT 산업과 비IT 산업 사이에 생긴 부의 편중

　　― 비대면 활동의 수요를 뒷받침하면서 IT 산업 급성장

　　― 세계 5대 빅 테크 기업 메타(구 페이스북), 아마존, 애플, 마이크로
　　　소프트, 구글의 주가와 순수익 성장

　4. 수도권과 비수도권의 차별적 성장

　　― 생산 물류 인프라가 열악한 지방 산업단지의 코로나19 피해 극심

　　― 국외 이동 제한에 외국인 노동자의 입국 감소로 농어촌 일손 부족

5. 새로운 기업 경영과 일자리의 등장

— 불평등 심화, 기후변화, 글로벌 공급망 문제 등으로 지속 가능성에
대한 관심 증가

— 기업이 환경, 사회, 지배 구조 등 비재무적 요소에 관심을 가져야
한다는 ESG와 임시직으로 다양한 일을 하는 긱 워커, N잡러 등
새로운 경영과 고용 형태 등장

◆ 기업 양극화의 미래

1. 대기업의 성장과 중소기업 도태

2. 중소기업의 협업과 연대

3. 국내 스타트업 증가와 글로벌 기업의 인수 합병

4. 수도권 기업과 지방 기업의 격차

5. 외국인이 더 많은 지역 등장

6. 리쇼어링에 따라 국내로 돌아오는 제조업

7. 아바타로 소통하는 디지털 세상, 메타버스의 등장

8. 데이터를 지배하는 IT 기업의 대성장

9. IT 기업 중심의 산업구조 재편

10. 국경 없는 전문직, 더 낮아지는 비전문직 임금

11. 늘어나는 무인 점포, 갈 곳 없는 영업직

12. 소수를 위한 프리미엄 유인(有人) 서비스 탄생

13. ESG 모범 기업의 부상

14. 긱 이코노미 시대, N잡러 증가

5장 | 포스트 코로나 시대의 양극화 종합 전망

◆ 코로나19 이후 양극화의 종합 미래

— 하와이대학교 미래학 연구소의 '중단 없는 성장(continued growth)'
'붕괴(collapse)' '보존(discipline society)' '변형(transformation
society)' 네 가지 미래 시나리오 기법을 활용한 종합 미래상

— 미래의 과학기술 양극화, 지역 양극화, 활성 산업과 쇠퇴 산업 양상
을 담은 미래상을 바탕으로 종합 미래 시나리오 작성

◆ 20년 후 종합 미래 시나리오

— 중단 없는 성장 미래: 1퍼센트만의 대한민국이 'ON'다

— 붕괴 미래: 자급자족 유랑 공동체

— 보존 미래: 그린 언택트 사회

— 변형 미래: 가상세계와 함께하는 듀얼 라이프

종합 미래 시나리오 특징

미래 변수	미래 시나리오			
	중단 없는 성장	붕괴	보존	변형
인구	증가	급격한 감소	감소 추세	포스트 휴먼과 공존
에너지	충분함	희박함	부족함	풍부함
경제	경제성장이 매우 중요	생존 중심	통제와 규제 중심	사소한 문제로 취급
환경	정복 대상	통제 불가능	보존하며 지속 가능성 추구	인공 자연 발달
과학기술	인간 편의를 위한 과학기술 발달	대안적 기술 발달	선택과 집중을 통한 공공 과학기술 발달	기계화된 인간, 인간화된 기계 등 변형 기술 발달
통치 시스템	정치와 경제의 협력	소규모 지역 중심	중앙의 엄격한 규제	지배 구조 없이 직접 소통

자료: 저자 작성

◆ **양극화의 구조적 진단**

— 팬데믹의 충격은 사회적 거리두기 정책에서 시작

— 지역 간 교류 및 경제활동이 감소하며 지역 경기가 위축되면서 지역 양극화 초래

— 비대면 트렌드에 따라 디지털 기술의 가속화로 디지털 양극화 심화

— 비IT 산업의 경기 위축과 IT 산업과의 격차로 기업 양극화 확대

➡ 코로나19의 영향이 개인 차원의 디지털, 공간 차원의 지역, 산업 차원의 기업이라는 상이한 영역에 연쇄적으로 이어지면서 악순환의 연결고리 형성

◆ **양극화 완화를 위한 정책 방향**

— 디지털, 지역, 기업의 구성 요소들 사이에는 중장기적인 선순환의 연결고리도 존재

— 디지털화에 따른 원격근무는 수도권의 일자리 집중 현상을 완화해 지역 격차 감소 가능

— 지역 격차 완화는 디지털, 기업으로 전개되는 양극화 악순환에서 첫 시작점을 끊는 효과

◆ **디지털, 지역, 기업 세 차원의 정책**

1. 디지털 양극화 완화 정책

   — 디지털 역량 강화 프로그램 운영 확대

   — 유니버설 디자인을 고려한 디지털 서비스 확대

   — 소외 계층 디지털 기반 경제활동 지원

   — 기업의 소비자 정보 보호 강화 지원

   — 사회자본의 적극적 활용을 위한 인센티브 마련

➡ 디지털 격차로 발생하는 부정적 측면을 완화하고, 긍정적 측면을 강화하는 정책

2. 지역 양극화 완화 정책
  − 전략적 균형 접근을 통한 지속 가능 국가 성장
  − 고령 친화 및 다문화 지역사회 마련
  − 지역 산업 및 대학 경쟁력 강화를 통한 경제 도약
  − 지역 맞춤형 일자리 개발
  − 전 국민 디지털 역량 강화

➡ 경제가 급격히 쇠퇴한 지역에 초점을 두어 단기 효과를 거둘 수 있는 정책

3. 기업 양극화 완화 정책
  − 기업휴지보험 등 사회 안전망 개발
  − 글로벌 공정 경쟁을 보장하는 경제법제 개편
  − 산업구조 변화에 대한 예고와 교육

➡ 기업 격차가 지역 격차로 이어지지 않도록 디지털화 지원과 원격근무를 확대하는 정책

◆ **양극화 완화를 위한 종합 대안**

1. 적응력 확충: 정보 공유 및 사회의 디지털 역량 강화
  − 전 국민 디지털 역량 강화를 위한 프로그램 확대
  − 산업구조 변화에 대한 예고와 교육

2. 포용력 확대: 소외 계층 및 쇠퇴 지역 회복
  − 유니버설 디자인을 고려한 디지털 서비스 확대
  − 소외 계층 디지털 기반 경제활동 지원
  − 전략적 균형 접근을 통한 지속 가능한 국가 성장 도모

3. 생존력 강화: 기업 및 산업의 지속 가능한 성장

　 ― 지역 산업 및 대학의 경쟁력 강화를 통한 지역 경제 도약

　 ― 회복 탄력성과 지속 가능성 전략

1장

코로나 디바이드란
무엇인가

양극화가 나타나는
3가지 차원

양극화에 감염된 사회

　불평등이란 소득, 자산, 교육, 주거 등 특정 대상에 대한 분포상의 격차를 의미하는 것으로, 이는 집단 내 분포와 집단 간 분포를 포함한다. 개인 수준이라기보다는 집단 수준에서의 정보이기 때문에 사회적으로 의미 있는 집단을 어떻게 구성하는지에 따라 그 범위가 달라진다.

　대표적으로 경제적 생산 가치의 배분을 노동과 자본으로 구분하는 기능적 분포, 남녀, 세대, 인종, 지역 등 집단 간 격차를 의미하는 범주적 분포, 그리고 특정 대상에 대한 개인 간 격차를 의미하는 규모적 분포 등이 있다. 여기에서는 기존의 대푯값으로 통용되는 평균에 비해 격차를 의미하는 분산을 더욱 중요하게 여긴다. 이때 분포상의 격차는 개인의 고유한 정보라기보다 집단 수준에서의 상대적인 값이다.

불평등과 양극화 개념 비교

구분	불평등	양극화
의미	• 특정 대상(소득, 자산, 교육, 주거 등)에 대한 분포상의 격차	• 극단적인 집단 간의 격차를 의미하며 특히 중간 부분의 축소를 강조
범위	• 집단 내 분포와 집단 간 분포를 포함 • 범주적 분포 (예: 남녀, 세대, 인종, 지역 등) • 규모적 분포 (예: 특정 대상에 대한 개인 간 격차)	• 연속 분포(예: 고소득-저소득)

자료: 저자 작성

양극화와 비슷한 의미로 사용되는 불평등 개념은 오늘날 임금이나 소득 등의 경제적 영역을 넘어 교육, 건강, 문화 등 비경제적 영역에서도 자주 언급된다. 여기에 남녀, 세대, 정규직과 비정규직, 대기업과 중소기업, 수도권과 비수도권, 선진국과 후진국 등 전통적인 차별 논의의 대상들 역시 불평등 문제와 더불어 다뤄진다. 이는 우리나라를 비롯한 전 세계적인 현상이다.

양극화에 대한 논의의 양상이 이처럼 다양해진 요인 중 하나로는 삶의 질에 대한 사회적 인식의 변화를 꼽을 수 있다. 이때 삶의 질 안에는 자산이나 부채와 같은 재무적 영역 외에 주거나 여가 등 다양한 요인들이 포함되며, 이는 다시 소득으로 대표되는 경제적 자원의 많고 적음에 의해 주도된다. 과거 신분에 따른 계급화가 소득에 따른 계층화로 변화된 모양새다.

또한 오늘날에는 삶의 질을 평균에 따른 절대적 측면보다는 격차에 따른 상대적 측면에서 판단하려는 경향을 보인다. 동일한 1인당 GDP

수준에서도 개인 간 소득 격차는 다를 수 있고, 삶의 질을 평가할 때는 소득 이외의 다른 측면 또한 고려할 수 있기 때문이다. 유엔개발계획 United Nations Development Programme, UNDP이 개발한 인간개발지수Human Development Index, HDI 도 같은 맥락이다.

준거 집단과 비교해 스스로를 판단하는 주관적 인식은 개인이 삶의 질을 판단하는 중요한 요소다. 특히 오늘날에는 기술 발달에 따른 정보화 및 세계화로 주관적으로 비교 가능한 시공간의 범위가 크게 확대되었다. 따라서 오늘날에는 개인 또는 국가 수준에서 삶의 질을 판단할 때 상대·주관적 측면을 고려함으로써 개인보다는 사회적 대처를 모색하려는 경향을 보인다. 특히 최근의 사회·경제적 상황과 청년 세대의 문제의식은 이념이나 성향에 상관없이 불평등 문제를 사회적 논의의 주요 대상으로 끌어올리고 있다. 2011년 빈부 격차 문제와 금융기관의 부도덕성을 고발한 반反 월가 시위Occupy Wall Street가 대표적 예다.

사실 불평등에 대한 사회적 논의가 활발하게 이뤄질 수 있었던 데는 활용할 수 있는 자료가 마련된 덕이 크다. 1990년대 이후 다양한 원천 자료가 축적되면서 국가 간 불평등 수준에 대한 검토가 가능해졌고, 이를 통해 1980년대 이후로 불평등이 어느 한 국가나 시기에 국한하지 않는다는 것을 알게 되었다. 이에 따르면 국가 간 격차는 대체로 완화되었지만 한 국가 내에서의 격차는 심화되었으며, 이런 양상은 거의 모든 OECD 국가에서 나타나고 있다. 특히 최상위층으로 소득이 집중되는 현상은 역사상 가장 극적으로 일어나고 있다.

사실 불평등 문제는 역사적으로 언제나 존재했다. 다만 그 정도에 따라 사회문제로 취급되느냐 아니냐로 나뉘었고, 이마저도 무시되는 경우가 더욱 빈번했다. 물론 불평등으로 측정되는 모든 상황을 교정의 대상으로 볼 수는 없다. 노력과 경쟁에 대한 보상으로 또는 혁신을 위한 유인으로 일정 부분 순기능이 있기 때문이다. 하지만 지나치게 큰 불평등은 민주주의가 지향하는 사회의 다양성과 역동성을 저해한다. 이 경우 해당 사회의 규범과 제도에 대한 불신으로 연계될 수 있고, 귀책 사유가 분명하지 않으면 차별 문제로 전환될 수도 있다.

적절한 또는 용인할 만한 불평등 수준을 사전적으로 명확히 정의하기 어려운 것도 문제다. 상대적으로 불평등 수준은 높지만 사회 이동성이 높은 미국과 상대적으로 불평등 수준은 낮지만 사회 이동성이 낮은 유럽 간 비교 연구에 따르면 불평등 수준이란 해당 사회의 시공간적 맥락과 제도, 규범, 문화, 전통 등 다양한 요인들을 고려해서 판단해야 한다.

이와 관련해 결과의 불평등과 기회의 불평등에 대해서도 사회적 논의가 필요하다. 사실 자원 배분의 효율성을 강조하는 시장 메커니즘에는 자원 분배의 형평성을 담보할 수 있는 원리가 들어 있지 않다. 이는 재분배 문제를 정부의 고유한 역할로 보는 이유이기도 하다. 하지만 일반적으로는 결과의 불평등이 기회의 불평등으로 이어진다고 보기 때문에 최근 이 둘의 연계성은 불평등의 구조화 측면에서 가장 주목되는 부분이다. '개천에서 용 나는' 세상은 더 이상 기대할 수 없게 된 것이다.

성공의 요인이 개인의 노력, 선호 등 바꿀 수 있는 영역과 유전적 특성, 사회제도, 규범 등 바꿀 수 없는 영역으로 나뉜다면, 보다 역동적인 사회는 전자의 영향이 클 것이다. 반면 후자의 영향이 큰 사회는 제도나 규범에 대한 불신이 클 수 있으므로, 개인이 책임질 수 없는 부분으로 성공과 실패가 결정되지 않도록 조정하는 정책이 필요하다.

따라서 이런 취지에서 이미 도입된, 혹은 앞으로 도입될 다양한 사회·경제적 정책에는 결과의 불평등을 완화하면 자동적으로 기회의 불평등도 완화될 것이라는 가정이 깔려 있다. 그러나 기회를 결정하는 제도와 규범은 과거로부터 현재까지 누적된 결과물이라는 점에서 언제나 기득권에 우호적일 가능성이 높다. 최근 공정성에 대한 청년 세대의 관심이 이를 반영한다.

코로나19 팬데믹의 공포로 우리나라를 비롯해 전 세계에는 극심한 경제 침체가 찾아왔다. 국가 간에는 빗장이 내걸렸고 여러 산업이 연쇄적으로 큰 타격을 받았다. 보건의 위기가 낳은 경제 위기는 개인의 삶까지 위협하고 있으며, 이는 회복의 과정에서 더욱 큰 문제를 낳는다. 팬데믹 상황에서도 소득과 생활이 크게 달라지지 않거나 오히려 도약한 부문과 심각한 타격을 입은 집단 간의 격차는 더욱 벌어지고 있다. 이른바 'K자형'이라고 부르는 경기 회복세는 경제가 빠르게 회복되는 'V자형' 또는 완만하게 반등하는 'U자형'처럼 한 가지 흐름이 아닌, 상방 경로와 하방 경로로 나뉘는 모습을 띤다.

코로나 시대의 K자형 회복에서 상방 경로에 있는 그룹은 주로 IT와 소프트웨어, 전자상거래, 바이오산업과 관련된 대기업 및 전문가 직군들이다. 이들은 충격의 회복이 빠르고, 시간이 지나면서 기존보다 더 도약할 수 있는 분야에 속해 있다. 반면 하방 경로에 속한 그룹은 주로 서비스업, 전통 제조업, 소매업과 관련된 중소기업 구성원들이다. 이들은 주로 저학력·저소득층일 확률이 높으며, 코로나19 기간 동안 'L자형'의 장기적인 경제 문제를 겪고 있을 가능성이 크다.

실제로 코로나19 발생 후 구조 조정과 비정규직 감축, 자영업 붕괴 등으로 저소득층의 근로 및 가계소득은 크게 감소했다. 2020년 12월 통계청에서 발표한 '순자산 지니계수'는 0.602였다. 대표적 양극화 지표인 순자산 지니계수는 자산에서 부채를 뺀 개념으로, '1'에 가까울수록 계층 간의 격차가 크다는 것을 의미한다. 0.602라는 수치는 2013년 이후 최고치였다. 장기간의 코로나19 여파로 우리 사회는 이제껏 경험하지 못했던 사회 전반의 양극화, 즉 '코로나 디바이드corona divide'에 감염된 상태다.

양극화란 극단적인 집단 간 격차를 의미하지만, 특히 분포상 중간 부분의 축소를 강조하는 개념이라 할 수 있다. 이는 극단적인 상황이나 중장기적 미래 분석 시 집단 간 심화된 격차를 포괄하기에 적절하다. 예를 들어, 일반적인 소득 분포는 소득이라는 연속 값 위에 다수의 저소득층과 소수의 고소득층으로 구성된 서고동저형의 한쪽으로 치우친 연속 분포를 갖는다. 하지만 중간 소득층의 감소로 저소득층이 더욱 커지고 동시에 고소득층 역시 커져 쌍봉의 분포를 갖는 경우 소득 양극화라 부른다. 중간 소득층 몰락의 의미이기도 하다. 이때 양극화가 저소득층과 고소득층의 변화가 아닌, 중간 소득층의 감소로 심화된 경우는 다양한 사회·정치·경제적 맥락을 반영한다는 점에서 주목할 필요가 있다.

이런 양극화는 오늘날 개인의 차원을 넘어 집단 간, 수도권과 지역 간, 그리고 생산 활동과 고용의 주체인 기업 간에도 발생하고 있다. 불균형이 지속되어 공동체 안에서의 불신이 커질 경우 사회 통합에도 심각한 위험 요인이 될 수 있으므로 결코 간과해서는 안 된다. 따라서 포스트 코로나 시대의 양극화를 전망하고 방향성을 제시하기 위해 두 가지 핵심 질문을 설정했다.

첫째, 우리 사회가 직면할 양극화는 무엇인가?
둘째, 양극화를 심화시키는 요인은 무엇이며, 앞으로 무엇을 준비해야 하는가?

이에 대한 답을 찾고자 코로나 시대의 양극화를 크게 세 가지 차원에서 바라봤다. 팬데믹 환경에서의 비대면 패러다임을 주도하는 '디지털', 사회 내 다양한 양극화가 발현되는 공간으로서의 '지역', 산업 간 격차를 선명히 보여주는 '기업'이다. 이들은 양극화를 상징하는 영역들로 사실상 따로 분리되어 있지 않다. 양극화를 일으키는 동인이자, 그것이 직접적으로 관찰되는 공간이며, 핵심 이해관계자이기 때문이다. 코로나19 이후 디지털 기술 역량에 따라, 지역 간 차이에 따라, 기업 구조에 따라 사회는 더욱 양극단으로 흘러갈 것으로 보인다. 이미 양극화는 학계뿐만 아니라 정치권을 넘어 일반 사람들도 몸으로 느끼는 개념이 되었다.

양극화를 심화시키는 '디지털'

비대면과 비접촉은 코로나19 발생 후 '뉴노멀 시대'를 상징적으로 보여주는 특징이다. 이제 교육과 경제활동의 상당 부분이 원격 시스템을 활용해 이뤄지고 있으며, 이는 문화생활 등을 포함해 의식주를 이루고 있는 일상생활에서도 마찬가지다. 모두 우리 사회가 디지털 기술 기반의 사회로 급격히 전환되었음을 보여주는 변화다.

디지털 기술의 확산세는 공공 및 민간 부문의 코로나19 대처 과정에서도 살펴볼 수 있다. 특히 우리나라는 높은 스마트폰 도입률을 바탕으로 GPS 추적과 앱 서비스를 활용해 출입 기록을 관리함으로써 확진자 동선을 추적하거나, 백신 비축 현황을 제공하는 등의 온라인 예약 시스템을 운영했다. 이런 공공 행정 서비스 외에 다양한 민간 서비스 업종에서 또한 키오스크를 도입하고 온라인 창구를 늘리는 등 디지털 전환을 이뤄가고 있다.

그러나 디지털 기술의 확산으로 예상치 못한 부작용 또한 생겼다. 사회 전반에 비대면이 일상화되며 직업군, 연령층, 거주 지역과 무관하게 디지털 기술 활용 역량에 따른 양극화가 벌어지고 있다. 디지털 장비의 사용률, 디지털 정보의 활용 빈도와 역량에서의 차이를 의미하는 '디지털 격차'는 사실 코로나19 이전부터 꾸준히 제기되던 사회문제였다. 이에 2001년 〈정보격차해소에 관한 법률〉을 제정하는 등 디지털 격차 해소를 위한 노력도 지속되었다.

그러나 코로나19가 발생하며 우리의 일상은 강제적이고 전면적으로 비대면 환경에 놓였고, 디지털 플랫폼을 통해 정보를 찾고 활용하는 디지털 문해력digital literacy은 삶의 질을 결정하는 핵심 능력이 되었다. 이제 디지털 기술을 다루는 능력은 단순히 여가나 쇼핑을 위해서가 아니라 일상을 불편 없이 살기 위한 필수 역량이다. 더 나아가 이미 코로나19에서 경험했듯이 개인의 안전과 떨어뜨릴 수 없는 생존 조건이 되고 있다.

양극화 공간으로서의 '지역'

산업화와 도시화를 경험한 많은 국가에서는 경제뿐만 아니라 교육, 문화, 복지 차원의 여러 측면에서 지역 격차가 발견된다. 우리나라는 수도권과 비수도권, 도시와 농촌 간의 지역 격차가 대표적인데, 경제 효율성 측면에서 불가피한 결과라 해도 지역이 받는 상대적 박탈감은 사회통합을 충분히 저해할 만하다.

이런 상황에서 코로나19로 시행된 사회적 거리두기, 공급과 소비의 온라인화, 개인 이동성 제한 등의 조치는 지역 격차를 더욱 벌릴 위험이 크다. 여러 영역에서 일어나고 있는 온라인화는 취약 계층이나 지역에 기회 요인이 될 수도 있으나, 이마저도 디지털 기술이 익숙하지 않은 경우에는 불가능하다. 사회적 거리두기 또한 산업과 직군별로 서로 다른 영향을 미쳐 소득 격차를 더욱 벌릴 수 있고, 코로나19의 취약 지역을 벗어나려는 지역 간 이동은 지역 양극화의 기폭제가 될 수 있다.

한국고용정보원에 따르면 코로나19 1차 유행 직후인 2020년

3~4월 수도권 순 유입 인구는 2만 7500명으로, 전년의 1만 2800명보다 두 배 이상 증가했다. 특히 수도권 유입 인구의 75.5퍼센트 이상을 20대가 차지함으로써 지역의 고령화뿐만 아니라 소멸 위험도 가속화된 것으로 전망되었다. 또한 전국 228개 시군구 기준 소멸 위험 지역은 2019년 5월 93개에서 2020년 4월 105개로 열두 곳이나 증가했다. 2018년과 2019년에는 전년 대비 네 곳 증가했던 것과 비교하면 지역사회 소멸 위기가 심각하다는 것이 더 확연히 드러난다.

양극화의 핵심 이해관계자로서의 '기업'

비대면 일상이 새로운 사회적 트렌드로 자리 잡으며 산업과 업종 간의 격차도 뚜렷이 나타나고 있다. 자본주의에서 개인은 각자의 이익을 추구하기 위해, 기업은 시장에 잘 팔리는 제품과 서비스를 생산해 이윤을 추구하기 위해 노력한다. 이때 기업은 시장에 재화와 서비스를 생산하고 공급할 뿐만 아니라, 또 다른 경제 주체인 근로자를 고용한다. 따라서 가계의 소득 중 가장 기본이 되는 근로소득이나 사업소득은 기업의 흥망에 큰 영향을 받는다. 기업이 도산하면 해고와 실업이 발생하고 많은 경우 개인의 소득이 감소하기 때문이다. 그러므로 경제활동을 하는 개인들의 양극화 수준을 파악하기 위해서는 기업의 성과와 고용 형태를 이해하는 것이 필수적이다.

디지털 전환으로 불리는 4차 산업혁명은 사람과 사물, 공간을 모두

포스트 코로나 시대 양극화를 전망하는 세 가지 차원

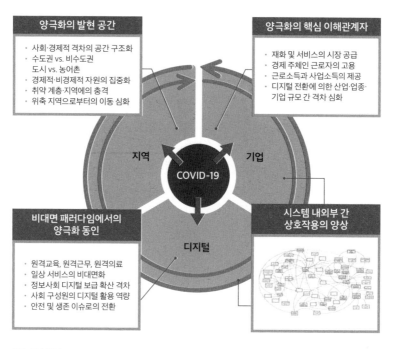

자료: 저자 작성

이어주는 한편 초연결, 초고속, 초지능화의 시대를 열었다. 이에 따라 인공지능Artificial Intelligence, AI, 사물인터넷Internet of Things, IoT, 클라우딩cloud computing, 빅데이터big data, 모바일mobile 관련 산업은 놀랄 만한 발전을 거듭하고 있다. 이런 상황에서 코로나19로 집에 머무는 시간이 늘어나자 원격근무가 가능한 대기업이나 온라인 기반 플랫폼 기업들 외의 전통 제조업이나 서비스 분야의 중소기업들은 공장 폐쇄나 매출 급감의 충격을 받았다. 코로나19가 촉발한 비대면, 원격근무 트렌드는 이미 일상으로 자리잡

왔고, 이에 따른 산업의 변화는 포스트 코로나 시대에도 계속될 것으로 전망된다. 코로나19로 인해 타격을 입은 기업이 많지만, 어떤 기업들은 이러한 변화 흐름에 잘 적응하는 것을 넘어 앞으로의 흐름에 대비해 공격적인 투자를 늘리기도 해, 이들의 격차는 앞으로 더욱 벌어질 가능성이 높다.

코로나19는 외부 활동을 제한해 경제활동을 위축시키는 한편, 비대면 생활을 일상화함으로써 기업의 디지털 전환을 가속화하고 있다. 따라서 코로나 시대의 양극화 진단을 위해 경제적 측면의 핵심 이해관계자인 기업을 면밀히 살펴봐야 한다.

양극화를 가속화한
3가지 요인

저성장에 따른 '불안감'

코로나19 이후 양극화는 세계경제의 저성장세에 따른 불확실성이 큰 원인이었다. 2차 세계대전 이후 세계경제는 지속적인 성장세를 보여왔다. TV, 자동차, 컴퓨터, 스마트폰 등 한때 고가의 사치품이 이제는 생필품으로 전환되었고, 전 세계는 역사상 가장 높은 생활 수준을 향유하고 있다. 그러나 어느 순간 세계경제가 성장세를 멈추고 저성장 기조하에 들어서기 시작하자, 그동안 간과했던 여러 문제들이 수면 위로 드러났다. 그중 하나가 바로 불평등 문제다.

대다수의 개인이 근로를 통해 소득을 창출한다는 점에서 저성장과 불평등은 깊은 상관관계가 있다. '가진 자'와 '갖지 못한 자' 사이에 극명한 격차가 생기고, 그런 격차가 일부 부유층만의 이른바 게이트 커뮤니티gated community로 구조화되는 경향을 보이는 것이다. 게이트 커뮤니티란 말 그대로 외부인 출입을 통제하고 특정 사람들끼리 이룬 커뮤니티로, 소득 외에도 자산의 정도가 주요한 영향을 미친다. 결국 저성장과 소득 및 자산 불평등의 심화로 이어지는 동시다발적 현상은 자본주의 사회가 요구하는 성공과 실패라는 다양성을 감소시키며, 심할 경우 사회체제의 안정성까지 위협할 수 있다.

이는 2010년 전후 세계경제포럼World Economic Forum, WEF이나 IMF의 보수적 학자들이 불평등 문제에 관심을 기울이는 배경이 되었다. 실제 IMF 소속의 앤드루 버그Andrew G. Berg와 조너선 오스트리Jonathan D. Ostry는 불평등 문제를 해결하기 위한 복지 비용이 경제성장에 따른 이익을 넘어설 수 있으며, 따라서 지속적인 성장을 위해서는 불평등 완화, 즉 합리적 분배가 무역 개방보다 중요할 수 있다고 지적한다.

이에 따르면 부유층의 소득 증가는 저축을 통해 부의 축적으로 이어지지만 소비와 투자로까지 연결되는지 분명하지 않다. 반면 재분배를

지속적인 성장을 저해하는 불평등

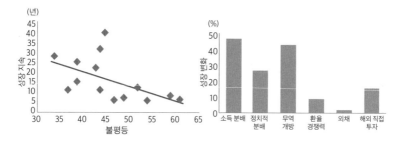

자료: Berg, A. G. & Ostry, J. D.(2011)

통해 이뤄진 빈곤층의 소득 증가는 상대적으로 큰 소비를 일으켜 생산과 투자를 촉진하며 그 결과 성장까지 이어진다. 즉 효율적인 자원 배분은 불평등을 완화하고 성장을 자극하기에, 정책과 제도 개선에 정부가 보다 적극적으로 임해야 한다는 의미다.

1970년대까지만 하더라도 인권 운동이나 노조 활동 등의 사회적 압력, 조세나 복지 등의 정부 개입을 통해 소득 불평등에 대한 조정이 민주주의의 가치하에 용인되었다. 그러나 1980년대에 들어서며 신자유주의neo-liberalism와 정부 개입을 제한하는 정치적 분위기에 따라 경제적 불평등은 이제 정치적 불평등으로까지 전이되었다. 이는 현재 사회 시스템에 대해 변화를 요구하게 한 배경이 되었다.

세대를 넘어 구조화된 '불평등'

불평등 자체의 구조화에서도 코로나19 이후 양극화의 원인을 찾아볼 수 있는데, 이는 크게 네 가지 특성을 지닌다. 첫째 소득의 집중화다. 1980년대를 기점으로 전 세계적으로 심화된 소득 집중 현상은 자본 수익률이 경제성장에 따른 노동 수익률에 비해 높은 것이 주요 원인 중 하나다. 여기에는 극소수 슈퍼스타에 대한 극단적 보상 체계와 독과점적 지위가 허용되는 디지털 기술의 팽배, 그리고 부동산 폭등 등 자산 버블의 영향도 지역과 시기에 따라 영향을 미쳤다고 할 수 있다. 최상위층의 소득은 일반적인 조사 방법으로 확인할 수 없기 때문에 소득 집중 양상

소득 집중화 경향

자료: Center on Budget and Policy Priorities(검색일: 2021.6.23.)

을 정확히 파악하기도 어렵다.

　둘째, 불평등이 소득의 차원을 넘어 횡단면적으로 확장되거나 세대 간에 대물림되는 시간적 연속성을 띤다. 기본적으로 불평등 측정에서는 내부 구성원보다 분포라는 집단적 특징에 주목한다. 사회적으로 희소한 가치가 다양하게 분배되는 민주주의의 기본 개념에 따르면 신분제 극복 이후 맞이한 근대사회에서는 개인의 상대적 지위가 공고화된다는 것은 논리적으로 적절하지 않다. 그러나 오늘날 소득 차원에서의 빈부 격차는 교육, 주거, 건강 등 다른 차원에서의 빈부 격차와 연결되고, 현재 세대의 빈부 격차는 다음 세대로 전이되는 경향을 보인다. 실제로 불평등 수준이 높은 사회에서 부모와 자식 간 소득수준은 높은 상관성을 보인다. 이는 사회 발전에 대한 기대를 막고 민주주의 사회가 지향하는 다양성과 역동성을 위협한다. 따라서 이제는 결과의 불평등 차원을 넘

국가별 불평등도를 보여주는 위대한 개츠비 곡선

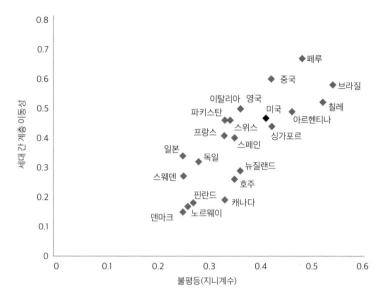

자료: Krueger, A. B.(2012)

어 기회의 불평등 차원으로 논의가 확대되고 있다.

셋째, 규범과 제도에 대한 신뢰 하락이다. 불평등 수준이 높은 사회에서는 소수 상위층이 정치 시스템을 장악하고 자신들에게 유리한 현재 상태, 즉 기득권을 강화하거나 권력을 매수할 가능성이 높다. 대표적인 현상이 지대 추구rent-seeking 행위다. 지대 추구란 기득권의 울타리 안에서 자기 이익을 위해 비생산적 활동을 경쟁적으로 하는 현상을 말한다. 이는 소득 불평등이 정치적 불평등으로 이어지고 다시 소득 불평등을 강화하게 함으로써 자원 배분을 왜곡한다. 이런 사회에서의 개인은 더 이상 결과로부터 독립적일 수 없고, 능력이 아니라 어떤 집단에 속해 있는

1940~1980년 미국의 소득 이동성 감소

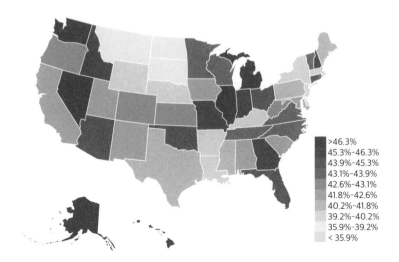

	>46.3%
	45.3%-46.3%
	43.9%-45.3%
	43.1%-43.9%
	42.6%-43.1%
	41.8%-42.6%
	40.2%-41.8%
	39.2%-40.2%
	35.9%-39.2%
	< 35.9%

자료: Chetty, R. et al.(2017)

지에 따라 기회와 보상이 결정된다. 이는 20세기 시장경제와 민주주의 발전의 동력이었던 능력주의와 공정성에 대한 신뢰를 떨어뜨리고, 이런 규칙과 규범을 관장하는 정부와 제도에 대한 신뢰 또한 손상시킨다.

오늘날 대부분의 국가들이 복지를 확대하면서도 낮은 신뢰 수준을 벗어나지 못하는 이유가 여기에 있다. 게임의 규칙이 공정하지 않으면 결과를 받아들이지 못할 뿐만 아니라, 게임 자체에 대한 불신이 생긴다. 이는 결국 개인 수준에서 자구적 대응책을 선택하게 만드는데, 지대 추구 행위도 불확실성과 불신에 대한 개인의 합리적 대응인 셈이다.

넷째, 중산층의 감소다. 오늘날 중산층은 학력, 소득, 직업, 여가, 정치 참여 등에서 핵심적 다수를 차지하고, 해당 사회의 다양성과 역동성의 근간이 되는 구성원을 의미한다. 따라서 소득 차원에서 중산층의 감소는 일정 수준의 소득을 제공하는 직업의 감소와 이에 따라 기존 종사자들이 하향으로 재배치된다는 의미이기도 하다.

중산층 감소의 주된 요인은 20세기 기술의 진보다. 증기와 전기로 대변되는 에너지원의 활용으로 단순 반복 작업의 한계는 지속적으로 극복되었고, 이 과정에서 일반교육 수준과 기술 인력의 고용 수준은 양적으로나 질적으로 크게 성장했다. 기계화로 생산성이 향상되며 임금도 상승하자, 거세진 이농 물결에 따라 1차 산업은 축소된 반반면 2차 산업은 더욱 활력을 띠었다. 도시의 일자리가 계속해서 넘쳐나며 1950년대 이후 1970년대까지 자본주의 황금기에 중산층은 대규모로 성장했다. 그러나 이들이 보유한 기술 수준은 반복 작업을 제외한 다른 작업으로의 전환과 적응에는 한계가 있었다.

1980년대 이후에는 컴퓨터로 대변되는 IT 기술이 발달하며 산업 전반에 변화가 찾아온다. 대규모 고용을 창출했던 제조업의 상당 부분은 자동화되었으며 유지 관리를 위한 소규모의 고용으로 전환되는 추세다. 이제 기술은 인간에 의한 활용 대상이 아니라 인간을 대체하고 있다. AI, 머신러닝machine learning 등의 기술은 사고 과정이 더 이상 인간만의 독점 영역이 아니라는 것을 보여준다. 결국 이런 기술 변화에 따라 산업구조가 재편되면 노동시장에서 기술 인력의 수요와 공급 간에는 불균형이 일어날 가능성이 높다. 소득 불평등의 심화 요인으로 꼽히는 세계화와 기술 편향의 논의가 바로 이와 관련되어 있다.

오늘날 새로운 기술이 요구하는 역량은 산업화 초기에 비해 상당히 높다. 과거에는 고등학교 또는 직업교육 수준의 역량만 갖추면 대규모 고용을 통해 안정적인 소득을 얻을 수 있었지만, 오늘날 진보된 기술과 기존의 교육 수준 사이에는 상당한 간극이 있다. 개인이 진보된 기술 역량을 확보하기 위해서는 더 많은 시간이 필요하지만 고용 규모는 작아지기 때문에 기존에 중산층이 점유했던 소득 지위가 더 이상 유지되기 어렵다. 이런 기술 진보에 대한 태도는 개인의 인식에 따라 상이할 테지만, 한때 중산층의 성장 기반이었던 기술이 이제는 분화의 기반으로 전환된다는 점에서 향후 기술 진보에 대한 노동자의 태도 역시 긍정적이지만은 않을 것이라 예상할 수 있다.

반복 작업 직업과 달리 서비스 제공 산업은 전 세계적으로 더욱 확대될 것이다. 문제는 서비스산업의 경우 산업 내 임금 격차는 물론 제조업 대비 임금 격차 역시 벌어질 수밖에 없다는 점이다. 법률, 금융, 의료 등은 서비스산업 내에서 소수의 고부가가치 직종인 데 반해 숙박, 식당, 관광 등 대부분의 서비스 직종은 높은 경쟁과 낮은 임금으로 특징지어진다. 기존 중산층으로부터 이탈된 노동력은 보다 낮은 기술 수준을 요구하는 직종으로 전환될 수밖에 없고, 결국 서비스업으로 대규모 진출한 중산층은 임금이 더욱 하락할 수 있다.

또한 이런 서비스의 경우 고부가가치 산업이 활성화된 지역을 중심으로 수요가 더욱 확대될 텐데, 한마디로 기술 중심의 핵심 산업 종사자에 의존하는 주변 산업으로서 서비스산업이 발전한다는 의미다. 핵심 산업이 존재하지 않는 지역에 비해서는 높은 고용과 임금 수준을 예상할 수 있지만 핵심 산업 종사자와의 소득 격차는 여전한 것이다. 결국 집적

효과가 높은 IT 기술의 속성상 관련 산업이 자리 잡은 지역과 그렇지 못한 지역 간 고용과 임금 격차는 IT 산업 종사자뿐만 아니라 서비스산업 종사자에게도 크게 영향을 미칠 것이다.

'과학기술'의 차별적 그늘

산업혁명이 그랬고, 디지털 혁명이 그랬듯 과학기술은 한 시대의 패러다임을 전환하는 기능을 담당한다. 실제로 코로나19 이후 사회적 소통이 단절될 위기에서 온라인 기술은 새로운 세계를 가능하게 했다. 그러나 과학기술의 속성상 활용할 수 있는 또는 활용에 유리한 위치에 있는 사람과 그렇지 않은 사람 간의 차이는 크다. 경제의 저성장세와 구조화된 불평등이 코로나19 이후 양극화를 심화시킨다 해도 개인이나 사회가 받는 충격은 저마다 역량에 따라 다른 것이다. 이런 이유로 최근 과학기술은 불평등을 심화하는 원인으로 자주 거론된다. 과학기술 발전이 경제를 성장시키고 사회를 발전하게 하는 만큼, 생산성과 임금 격차도 키운다는 것이다. 오늘날 세계화는 국내에서 벌어지는 이런 양상이 국제적 수준으로 확대된 모양새다.

디지털 기술 편향에 따른 임금 격차는 특히 자동화 도입 수준이 높을수록 빨리 진행된다. 자동화 기술이 기존의 인력을 대체하기 때문에 숙련노동자라고 해도 지속적으로 갱신되는 고급 기술을 갖지 못한 경우 언제든 비숙련노동자와 일자리를 두고 경쟁해야 한다. 만약 경쟁에서 패하면 더욱 낮은 임금의 단순 제조업이나 서비스산업으로 점차 하향 이동할 수밖에 없다.

더 나아가 선진국 비숙련노동자와 후진국 숙련노동자 간의 경쟁이 더해지면, 자본 집약적이고 기술 독점적인 첨단 다국적 기업의 영향력이 점차 커질 것이다. 고용은 경쟁이 심할수록 수요와 공급의 매칭이기보다는 고용주 주도의 일자리 배분의 성격이 짙어진다는 점에서 과도한 자격과 저임금 현상이 확대될 가능성도 높다. 이는 단순히 임금 격차뿐만 아니라 고용과 소득의 불안정성이 대물림될 위험도 내포하고 있다. 이 과정에서 기업의 책임보다는 기술 진보에 대처하지 못한 개인의 책임이 강조되고, 다시 정부의 사회 안전망에 대한 요구가 강화될 것이라는 점도 문제다.

역사적으로 과학기술의 발전은 사회가 당면한 한계를 새로운 혁신을 통해 극복했던 과정이었다. 카를 마르크스Karl Marx가 우려했던 자본가와 노동자 간의 대립은 기술 발전을 통해 생산성 향상이 임금 인상으로 이어지며 극복되었다. 이런 기술 발전은 독점적 이윤, 명성, 사회 기여 등 창조적 혁신 동기에 의해 추구되었고, 이 과정에서 일어나는 사회 계층의 상승과 하락은 새로운 도전을 유발했다. IT 기술의 진보 역시 유사한 맥락에서 해석할 수 있지만, 최근의 불평등은 여러 우려를 낳는다.

사람들은 원하는 미래가 실현 가능해 보일 때 더욱 노력하기 때문에 현재와 너무 동떨어져 있거나 불확실한 미래는 오히려 회피할 수 있다. 이 경우 수익을 거둬들이기까지 오랜 시간이 걸리는 투자보다는 즉각적인 성과에 주목하는데, 대표적으로 인적 자본에 대한 투자를 회피하게 된다. 결국 과학기술의 발전이 미래를 위한 균등한 기회를 차단할 가능성이 있는 것이다.

또한 장기적인 저성장 기조와 취업난으로 계층 상향 이동의 기회가 제약되는 상황에서 사람들은 상승보다는 현상을 유지하려는 경향을 보일 수 있다. 도전보다 안정이 중요한 가치가 되는 사회에서 기성세대는 기득권을 보호하려 하고, 청년과 같이 아직 기득권층에 진입하지 못한 개인은 세 가지의 선택지에서 하나를 골라야 한다. 하나는 현재의 기득권 구조하에서 희박하지만 선택받을 수 있도록 인내하며 우수한 인재로 평가받기 위해 노력하는 것, 다른 하나는 기득권 구조로의 진입을 포기하는 것이다. 어느 경우나 혁신의 가능성은 그만큼 제약된다. 마지막 남은 선택지는 기득권 구조와 경쟁하는 것이지만, 패자 부활의 안전장치가 미흡한 상태에서 이를 선택하기는 쉽지 않다. 결국 불평등이 심해진 사회에서는 그 어떤 혁신도 일어나지 않는다.

이 밖에도 불평등은 혁신을 위한 투자 가능성, 투자에 따른 수익 가능성에 대한 평가에서도 대기업과 중소기업, 선도 기업과 추종 기업, 플랫폼 제공 기업과 활용 기업 간에 차별적인 영향을 미친다. IT 기술의 특성상 필요한 대규모의 자본 투자에서도, 기술 표준에서도 대기업은 독과점적 행태를 보인다. 특히 코로나19로 비대면 기술에 의존하게 되면서 비대면 플랫폼 제공자의 지배적 지위는 더욱 공고해지고 있다. 이런 상황에서는 모든 성과가 대기업, 선도 기업, 플랫폼 제공 기업에 돌아갈 수밖에 없으며, 그 외의 나머지 기업은 혁신의 추동력 자체를 잃고 만다.

2장

포스트 코로나 시대의
디지털 양극화

디지털 기술로
얻은 것과 잃은 것

코로나19가 가져온 새로운 삶

2020년 본격적으로 확산되기 시작한 코로나19는 전 세계의 인적·물적 교류뿐만 아니라 사회와 경제 전반에 커다란 충격을 안겨줬다. 2022년 3월 15일 기준으로 전 세계 누적 확진자는 4억 6000만 명이 넘고, 우리나라도 700만 명을 넘어섰다. 국내에서 2020년 1월 중순 첫 번째 확진자가 발생한 후 2월부터 확진자가 급증함에 따라 디지털 기술을 적극 활용한 새로운 일상을 살게 되었다.

변화가 가장 먼저 나타난 분야는 교육이었다. 초·중·고등학교와 대학교에서 부분적 등교와 함께 비대면 온라인 수업을 시작하면서 줌Zoom과 같은 화상회의 서비스 활용이 급증했고, 이후 기업들 또한 재택근무를 늘리면서 팀즈, 웹엑스, 네이버웍스와 웨일, 카카오워크 등도 잇달아

나왔다. 이처럼 외부 활동이 줄고 집에 머무는 시간이 늘어나며 디지털 기술을 활용해 오락과 소비를 하는 홈코노미homeconomy 시장도 확대되고 있다.

사회적 거리두기로 배달 음식 주문이나 키오스크를 통한 주문이 늘면서 현금보다 디지털 지불 수단을 사용하는 비중이 늘어난 것 또한 큰 변화다. 실제 미국에서는 전자상거래와 전자결제 비중이 증가했고, 2024년까지 전자상거래는 미국 전체 소매의 22퍼센트를 차지할 것으로 예측된다. 이런 변화는 전 세계적으로 동일하게 일어나고 있다.

우리나라의 경우 코로나19 초기 디지털 기술을 활용해 확진자의 동선을 체크하고 이를 재난문자로 제공함으로써 바이러스 확산 억제와 조기 발견에 큰 효과를 거두기도 했다. 이제 스마트폰을 통해 비대면

디지털 지불 수단별 비중

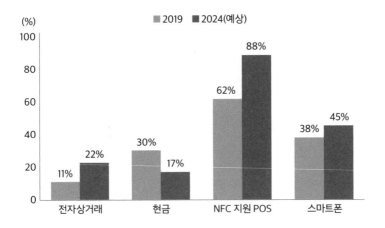

자료: Bloomberg(검색일: 2020.6.17.)

QR 인증을 하거나 코로나19 발생 현황 또는 잔여 백신 등의 정보를 실시간으로 확인하는 것은 자연스러운 일상이 되었다. 비대면으로 찾아온 온택트ontact 시대에 사람들의 소비와 생활 패턴은 변화하고 있다.

이처럼 코로나19 확산을 기점으로 디지털 기술이 곳곳에 사용되자 기업들은 디지털 혁신에 전력을 다하고 있다. 관련 설문조사에 따르면 2017년에만 해도 기업들은 기술 개발에 대해 '비용 절감'이라는 소극적 자세를 취했다. 하지만 불과 3년 뒤인 2020년 기업들은 기술 투자로 '경쟁 우위'를 확보한다거나 핵심 기술을 '현대화'하고 전체 사업을 '디지털 기술로 재편'하는 등 디지털 기술 개발에 많은 역량을 투입하고 있다.

이는 그 외 주요 보고서와 언론에서도 공통적으로 이야기하는 내용

디지털 제품과 서비스의 평균 점유율

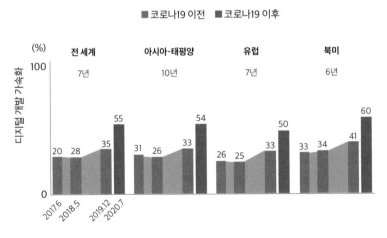

자료: Mckinsey & Company(검색일: 2020.10.5.)

코로나19 이후 디지털 전환에 대한 평가

기관	주요 내용
한국지능정보사회진흥원	- 코로나19로 디지털 전환은 가속화 중이나 업종별 대응 속도는 상이
KPMG	- 기술 선두 기업들은 코로나19로 디지털 전환을 가속화 - 팬데믹 시기의 기술 지출이 이전에 비해 가장 큰 폭으로 증가
OECD	- 기존 수십 년간 진행되어온 디지털 트랜스포메이션은 코로나19로 가속화 - 디지털 기술에 대한 의존성과 격차도 확대
정보통신산업진흥원	- 비대면화 확산으로 디지털 전환 촉진 - ICT 기술을 활용한 비대면 서비스는 포스트 코로나 시대 신성장 동력
딜로이트(Deloitte)	- 기업들의 디지털 기술 사용 증가

자료: 각 기관별 자료 바탕으로 저자 작성

이다. 코로나19로 기업은 디지털 기술의 개발이 중요해졌고, 소비자는 디지털 기술을 더욱 빠르게 받아들이기 시작했다. 일상의 많은 것을 앗아간 코로나19지만 디지털 기술의 개발과 확산만큼은 앞당겼다고 할 수 있다. 디지털 전환이라는 측면에서만 본다면 코로나19는 4차 산업혁명 시대를 빠르게 연 '기회의 창'으로서의 역할을 한 것이다.

디지털 기술이 만든 격차

하지만 코로나19가 가져온 디지털 일상이 모든 사람에게 열려 있는 것은 아니다. 여전히 디지털 기술을 활용하는 데 익숙하지 않거나 기기 자체가 없는 사람들도 많다. 이들 사이에 생기는 차이를 디지털 격차

digital divide 또는 정보격차라고 이야기하며, 오늘날 중대한 사회문제로 드러나고 있다. 새로운 디지털 기술은 도입기에는 일시적으로 이전의 불평등을 해소하며 격차를 감소시키는 듯 보이지만, 점차 더 많은 사람들에게 확산되면서 그 폭을 더욱 넓히는 특징이 있다. 특히 코로나19로 사람들이 체감하는 디지털 격차는 불편함을 넘어 생존의 위험으로 확장되었다.

이에 디지털 격차에 대한 문제의식과 더불어 여러 연구들도 이어지고 있는데, 미국 퍼듀대학교 지역개발센터Purdue Center for Regional Development, PCRD의 디지털 격차 지표digital divide index가 그중 하나다. 1995년부터 이어지고 있는 이 연구에서는 매년 지역별 디지털 격차를 조사하고 주별 디지털 격차 연구 보고서를 발표한다.

우리나라에서는 〈지능정보화기본법〉에서 사회·경제·지역·신체적 여건 등으로 지능 정보 서비스, 그와 관련된 기기나 소프트웨어에 접근하거나 이용할 수 있는 기회에 차이가 생기는 것을 디지털 격차로 정의하고, 한국지능정보사회진흥원이 매년 디지털 정보격차 실태를 조사하고 있다. 디지털 접근·역량·활용 수준을 각각 두세 개의 지표로 측정해 디지털 정보화 수준을 조사하고, 인터넷 비이용 관련, 디지털 기기 이용 태도, 코로나19 관련 등으로 정보 이용 태도 등을 산정한다.

그러나 디지털 격차를 해소하려는 이런 노력에도 불구하고 디지털 격차는 그 정의부터 명확히 규정되지 못한 상태다. 케임브리지 사전에서는 일부 사회 구성원이 다른 사람들이 '갖는' 컴퓨터와 인터넷을 사용할 기회나 지식을 '갖지 못하는' 문제를 디지털 격차로 정의하고 있으

디지털 정보화 수준 지표 구성 요소

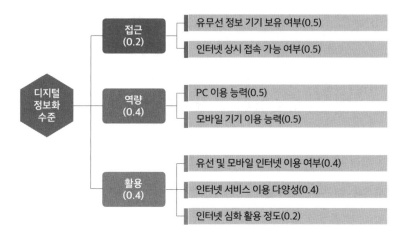

자료: 과학기술정보통신부·한국지능정보사회진흥원(2021)

며, OECD는 관련 보고서에서 디지털 기기나 사용 현황을 통해 정보통신 기술Information and Communication Technologies, ICT에 '접근할 수 있는 기회'와 광범위한 인터넷 사용과 관련한 개인·가정·기업·지역 간 차이로 설명하고 있다.

이처럼 지금까지 디지털 격차는 디지털 기술에 접근할 수 있는 사람과 못 하는 사람 간의 차이로 여겨졌다. 그러나 오늘날과 같이 점점 더 많은 사람이 디지털 기기에 접속할 수 있는 상황에서는 디지털 격차의 정의를 확대시켜 적용해야 한다. 또한 변형된 디지털 기술 또는 서비스를 이용할 수 있는 응용 역량까지 고려해 키오스크 등 무인 정보 단말기와 비대면 시스템의 도입으로 생기는 격차도 산정해야 한다.

이를 기회 격차opportunity gap, 활용 격차utilization gap, 수용 격차reception gap라는

정보격차 개념의 진화

구분	주요 개념
1세대 정보격차	- 정보 기기의 보유 여부 및 정보에 대한 접근성이 중요 - 양적 정보 활용에서의 격차
2세대 정보격차	- 정보를 소유하고 있는 계층 안에서 발생하는 격차 - 정보 기기를 어느 정도 활용하고 있는지에 따른 질적 격차
현재	- 정보의 이용 능력과 질적 수준에 따른 격차 - 스마트 기기로 입수한 정보를 어느 정도로 활용할 수 있는지에 따른 격차 - 스마트 격차라는 개념 제기

자료: 이승민(2020) 바탕으로 저자 작성

디지털 격차 분류

구분	주요 개념
기회 격차	- 디지털 기기나 소프트웨어, 콘텐츠 소유가 중요 - '사회자본'이 부족한 경제적 취약자는 정보 이용 기회 제한
활용 격차	- 기회 격차가 기기나 프로그램 활용으로 이어지는 차이 - 활용 폭을 넓히기 위해서는 다양한 인적·물적 관계망 확보 필수 - '사회자본'이 활용 격차에 큰 영향
수용 격차	- 정보의 소유나 활용이 아닌 주체적 향유가 핵심 - '문화자본'이 중요 - 자료에 대한 해득력이 결여된 '문화맹'이 취약

자료: 김문조(2020)

개념으로 나눠 이야기하기도 하는데, 디지털 기기의 소유와 활용 능력, 주체적인 정보 수용 능력에 따라 디지털 격차가 발생한다고 보는 것이다.

이제 디지털 격차에서는 디지털 기기의 소유 여부보다 활용과 개발역량이 더욱 중요한 요소가 될 것이다. 실제로 디지털 기기나 서비스는 단순 사용하는 것에서 나아가 누적된 경험을 바탕으로 응용하고 개발하는 단계로 이어지고 있으며, 사용자 간 이런 개발 격차는 또 다른 격차를 가져올 수 있다. 이런 점을 반영해 여기에서는 디지털 격차를 '디지털 활용 경험의 축적으로 발생하는 역량의 차이'로 정의하고자 한다.

디지털 격차로 양분된 사회

OECD에 따르면 2019년 인터넷 이용 시간은 2014년에 비해 평균 30분 증가했다. 여기에는 연령대별, 교육 수준별 차이가 존재해서, 16~24세의 경우 하루 평균 약 95퍼센트가 인터넷을 사용했지만 55~74세는 약 58퍼센트만 인터넷을 자주 사용했다. 우리나라는 다른 나라에 비해 PC나 스마트폰을 갖고 있는 비율이 높고 인터넷 관련 인프라도 잘 구축되어 있기 때문에 인터넷 평균 사용률뿐만 아니라, 55~74세의 인터넷 사용 역시 OECD 평균 대비 높은 편이다.

그러나 한국지능정보사회진흥원에 따르면 전체 평균을 100퍼센트로 봤을 때 정보 취약 계층의 디지털 정보화 수준은 약 72.7퍼센트, 접근성은 93.7퍼센트 수준이었고, 역량과 활용은 그보다 낮은 각각 60.3퍼센트, 74.8퍼센트였다. 디지털 기기의 보급과 사용률은 높지만, 기본적인 이용 능력과 활용 정도는 낮은 것이다. 이는 코로나19로 인터넷이나 모바일 서비스가 증가하고 키오스크와 같은 새로운 기기가 빠르게 보급되는 상황에서 결코 무시할 수 없는 문제다. 실제로 한국소비자원이 65세 이상의 소비자를 대상으로 조사한 결과 절반에 가까운 사람들이 키오스크 조작에 어려움을 겪고 있었다.

이런 디지털 격차는 기업 간에도 나타나고 있다. 2019년 기업에서 전자상거래가 차지하는 비율은 대기업 24퍼센트, 중소기업 10퍼센트로 기업의 규모에 따라서도 달랐다. 그리고 이런 차이는 중소기업 내에서도 존재했다. 코로나19로 대면 거래가 어려워지자 화훼농가 같은 일부 중소기업은 중간 유통 단계를 없애고 온라인을 통한 직거래 또는 온라인 쇼핑 플랫폼을 통한 판매로 수익을 거뒀다. 디지털 기기를 단순히 이용하는 것을 넘어 활용하고 개발할 수 있는 역량을 가졌는지가 중요한 시대가 온 것이다. 특히 라이브커머스처럼 장소 상관없이 소비자와 실시간으로 소통할 수 있는 플랫폼은 농식품과 같이 인지도가 낮은 제품을 판매하는 데 적합했는데, 이를 활용하는 역량의 차이가 농가의 매출과 직결되었다.

실제로 이베이코리아가 2021년 5월, 3일 동안 진행한 라이브커머스에서는 방송 시간대 거래액이 전월 대비 47퍼센트 증가했고, 참여 브랜드의 방송 당일 매출액 중 라이브커머스를 통한 판매가 최대 83퍼센트를 차지했다. 2020년 5월 농수산물유통공사가 중국 시장에서 진행한 라이브커머스에서는 시작한 지 2분도 되지 않아 제품이 다 팔렸으며, 방송 이후에도 회사 홈페이지를 통한 구매로 이어져 매출이 1333퍼센트 증가했다. 라이브커머스와 같은 새로운 온라인 플랫폼 기술을 활용하느냐 안 하느냐가 기업의 매출뿐만 아니라 존폐에도 영향을 미치는 것이다.

이처럼 디지털 격차는 개인을 넘어 기업 간에도 꾸준히 증가하고 있

디지털 양극화 관련 주요 지표

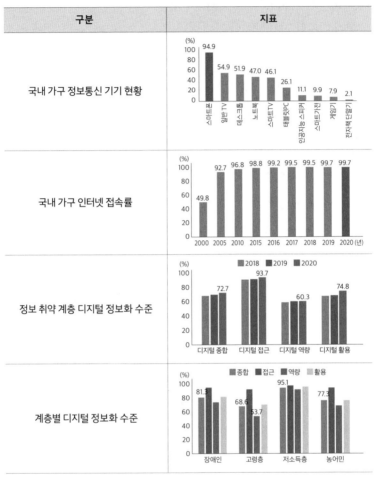

구분	지표
국내 가구 정보통신 기기 현황	
국내 가구 인터넷 접속률	
정보 취약 계층 디지털 정보화 수준	
계층별 디지털 정보화 수준	

자료: 과학기술정보통신부·한국지능정보사회진흥원(2020; 2021)

으며, 코로나19를 기점으로 혁신적인 기술과 제품이 빠르게 확산되면서 취약 계층과 영세 기업이 직면하는 어려움 역시 증가하고 있다. 새로운 기술의 확산은 또 다른 디지털 격차를 발생시키고, 나아가 안전과 경제활동 등으로 연결된 사회적 격차로 발전할 가능성이 높다. 디지털 전환 시대에 미래 기술과 사회상을 탐색하고 디지털 격차를 축소할 수 있는 방안을 모색해야 하는 이유다.

디지털 양극화
분석하기

미래 예측을 위한 글로벌 키워드

　디지털 양극화를 분석하기에 앞서 코로나19 이후에 디지털 기술이
어떤 특징을 갖고 있는지 이해하기 위해 '디지털 기술Digital Technology' 키워
드를 중심으로 국내외 키워드 네트워크를 분석했다. 그 결과 '노동자'
'교육' '인공지능' '인프라' '산업' '헬스케어' 등이 주요 연관 키워드로
나타났으며, 그 외에도 '일자리' '생산성' '돌봄' '제조' '농업' '에너지'
등 다양한 키워드들이 디지털 기술과 관련성이 높은 것으로 드러났다.

　이들 세부 키워드 중 기술 키워드는 '데이터' '인공지능' 등이며 그 외
키워드로 '일자리' '산업' '인프라' '건강' 등이 나타났다. 관련 기관으로
는 영국의 '국민 보건 서비스National Health Service, NHS' '세계은행' 'UN' 등이
검색되었다. 정보 기술 부문을 제외하면, 디지털 기술과 관련된 기술 부

디지털 기술 글로벌 키워드 네트워크

자료: Shaping Tomorrow(검색일: 2021.6.9.)

문으로는 '헬스케어' '교통' '교육' '제조' '관광' '통신' '사회 지원 서비스' 등이 도출되었다. 코로나19 이후 디지털 기술의 도입이 급격히 늘어난 분야들이 주를 이루고 있다는 것을 알 수 있다.

다음으로 코로나19 이후 디지털 양극화의 미래 모습을 예측하고자 '디지털Digital'과 '디바이드Divide' 또는 '불평등Inequality'을 조합해 분석했는데, '온라인' '브로드밴드' '위성' '연결성' '인공지능' '5G' '인프라' '지방rural area' 등이 도출되었다. 통신망의 설치와 보급이 디지털 격차와 관련이 있다는 것을 짐작할 수 있다. 관련 기관으로는 'UN'과 같은 국제기구와 '시스코' '애플' 등 디지털 기기와 서비스를 지원하는 기업들이 부각되었으며, 디지털 격차와 관련해서는 '통신' '헬스케어' '금융 서비스'

'교육' '보안' '자동차' '교통' 키워드가 검색되었다. 해당 부문들이 디지털 격차에 전후방으로 영향을 미친다는 것을 짐작할 수 있다.

디지털 격차 관련 토픽은 '교육' '통신' '헬스케어' 등이 주를 이뤘는데, 미래에는 '질병' '보호' '여행' '컴퓨팅' '무역' '갈등' '소득' '자산' 등이 관련 토픽으로 부상할 것으로 보인다. 코로나19 이후에 원격교육 및 헬스케어 부문의 잠재력이 두드러지지만, 포스트 코로나 시대에는 갈등과 소득 격차, 자산 격차 등과 같은 사회문제가 부각될 것이라 예상할 수 있다.

사회적 시선이 담긴 국내 키워드

국내 뉴스 빅데이터를 기반으로 코로나19 이후 디지털 격차를 보는 국내의 시선 또한 분석했다. 그 결과 '디지털'과 '격차'의 중요 연관어로는 '대전환' '비대면' '오프라인' '원격수업' '일자리' '인공지능' 'ICT' '빅데이터' '장애인' '청년들' 등이 도출되었다. 이 중 '비대면' '오프라인' '원격수업'은 코로나19로 바뀐 대표적인 변화로 일상적인 삶에서부터 디지털 격차를 느낀다는 것을 보여준다. 또한 '일자리'는 디지털 기술 기반의 일자리와 전통적인 일자리 간의 격차를 의미하는 중요한 키워드이며, '장애인' '청년들' 등과 같이 소외된 집단들과 관련된 키워드도 부각되었다.

디지털 격차와 관련된 키워드들로는 디지털 격차 해소가 시급한 것

디지털 양극화 관련 국내 키워드 네트워크

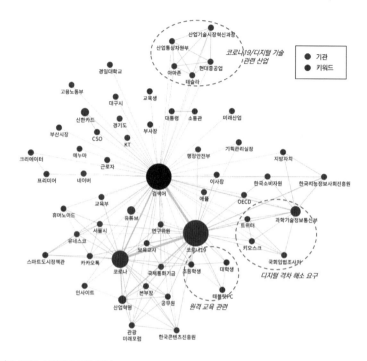

자료: BIGKinds(검색일: 2021.6.15.)

으로 보이는 '키오스크'와 디지털 기술과 관련된 기업들, 코로나19 이후 본격적으로 원격교육을 받기 시작한 학생층과 지원 장비 등이 도출되었다. 그중 '키오스크'는 과학기술정보통신부와 국회입법조사처와도 관계가 있는 것으로 나타났는데, 각 기관이 디지털 소외 계층을 지원해야 하기 때문인 것으로 보인다. 기업과 산업의 디지털 기술 도입과 그 과정에서 발생하는 활용 격차는 산업통상자원부에서 해결해야 하므로, 키워드 간 관계가 이처럼 형성되었다고 볼 수 있다.

디지털 양극화 생활 관련 키워드와 주제

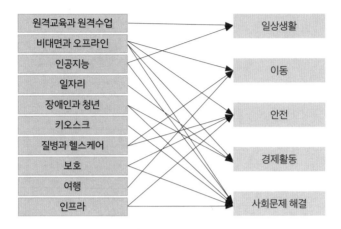

자료: 저자 작성

　이와 같은 키워드 분석은 사람들이 삶 속에서 겪는 디지털 격차와 소외감을 진단하고 대안을 찾기 위한 것으로, 그중 생활과 관련된 키워드는 열 가지다. '원격교육과 원격수업' '비대면과 오프라인' '인공지능' '일자리' '장애인과 청년' '키오스크' '질병과 헬스케어' '보호' '여행' '인프라' 모두 디지털 격차에 대한 사람들의 인식을 보여주는 결과로, 이는 다시 '일상생활' '이동' '안전' '경제활동' '사회문제 해결'이라는 다섯 가지 주제로 조합할 수 있다. 이제부터는 각각의 주제에 따라 디지털 양극화의 구체적인 모습을 이야기해보자.

코로나19가 만든
생활에서의 디지털 양극화

일상생활, 디지털 기술을 활용한 홈코노미 실현

원격교육과 원격수업을 비롯한 원격 경제의 부상은 코로나19 이후 일상에서 가장 쉽게 볼 수 있는 변화다. 특히 AI 스피커라 불리는 스마트 스피커가 폭넓게 사용되면서, 글로벌 시장에서의 규모도 2020년 71억 달러에서 2025년에는 156억 달러까지 급성장할 것으로 보인다. 특히 스마트 스피커는 디지털 기기들을 서로 연결해 안전이나 건강을 관리할 수 있는 스마트홈의 가장 큰 요소 중의 하나로, 기존에 스마트 기능을 제공하지 않았던 제품들도 기술 지원이 이뤄지면서 IoT 시스템을 기반으로 한 디지털 기술이 가정에도 적극 도입되기 시작했다.

특히 스마트 스피커는 고령층을 포함한 디지털 소외 계층이 더 많은 혜택을 누릴 수 있다는 점에서 디지털 양극화를 일부 해소할 것이라는

주거 형태에 따른 고령층의 스마트 스피커 정서적 평균값

순위	동거	독거
따뜻함	4.12	4.67
상호작용성	4.14	4.74
정서적 만족	4.42	4.88

자료: 김아연 외(2020.6.30.)

희망을 준다. 실제로 스마트 스피커의 호출 서비스는 코로나19 이후 독거노인의 돌봄 공백을 메우기도 했다. 이런 위기 상황뿐만 아니라 외부와의 소통이 제한된 사회적 약자나 고령층에게는 말벗의 기능을 해서 사회로부터 격리된 듯한 소외감이나 이로 인한 우울감을 완화해 삶의 질을 향상시킬 수도 있다. 스마트 스피커가 일상생활의 편의성과 안전성, 정서적 만족감을 채워줘 홈코노미 실현에서의 양극화를 좁히는 역할을 하는 것이다.

하지만 부작용도 있다. 스마트홈 구축에 따라 일상생활에서 누릴 수 있는 여유 시간이 늘어나고, 이를 공유하는 집단 간에 커뮤니티가 확대되는 등 대인 네트워크가 강화될 테지만, 기술 활용 수준에 따른 삶의 질적 차이를 만들어 낼 수 있다. 디지털 기술이 집 전체를 관리하고 통제하는 데 필수적인 요소로 자리 잡으면서 응용 역량에 따라 삶의 질이 결정되는 것이다.

디지털 보안 또한 문제다. 디지털 기술의 오류나 이상 징후를 스스로 관리하고 해결할 수 없는 사람들은 스마트홈 기능으로 오히려 사생활 침해 등과 같은 범죄에 노출될 수도 있다. 안전하지 못한 편리함은 오히

려 큰 위험이 된다. 디지털 기술이 우리 사회의 디지털 양극화를 해소하는 역할을 하면서도, 동시에 양극화를 심화시키는 요인으로 꼽히는 이유다.

이동, 미래형 이동 수단의 활용과 차량용 여가 문화의 발달

코로나19의 확산으로 이제 사람들은 이동이 제한된 삶을 살고 있다. 일상의 많은 부분이 비대면화되면서 오프라인 활동이 줄었으며, 여행 문화도 변했다. 여기에 감염 위험이 낮은 개인형 이동 수단이 선호되면서 전기차와 자율주행차 같은 스마트 모빌리티smart mobility에 대한 관심도 커지는 추세다. 공유 자동차 업계가 위축되고 캠핑 등 개별 여행이 증가하며, 친환경 자동차를 비롯한 미래형 이동 수단은 코로나19 이전에 비해 더욱 각광받고 있다. 2019년 기준 국내 등록된 자동차 중 일반 승용차와 전기차를 동시에 등록한 경우는 2만 2177명으로, 전기차 소유자 중 약 31퍼센트가 전기차를 '세컨카second car'로 타는 셈이다.

이렇듯 전기차의 비중은 빠르게 증가해서 전체 자동차 판매량 중 2020년 말 3.4퍼센트에서 2030년 7퍼센트로 증가할 것이라 예상된다. 하지만 전기차는 자율주행 기능과 AI, 머신러닝 등의 첨단 디지털 기능을 탑재하면서도 내연기관 차량에 비해 구조는 훨씬 간단해서 고가로 판매된다. 여기에 정부가 전기차에 대한 구매 보조금을 점차 축소하면 저소득층의 구매는 더욱 어려워질 수밖에 없기 때문에, 소득에 따

연도별 친환경 자동차 국내 등록 현황

구분	2015년 말	2016년 말	2017년 말	2018년 말	2019년 말	2020년 말
계	180,361	244,158	339,134	461,733	601,048	820,329
하이브리드차	174,620	233,216	313,856	405,084	506,047	674,461
전기차	5,712	10,855	25,108	55,756	89,918	134,962
수소차	29	87	170	893	5,083	10,906

자료: 국토교통부(2021.1.20.)

른 차량의 디지털 격차가 발생할 수 있다.

5G 기술의 확산으로 이제 차량에는 정보 전달 기능에 오락성이 가미된 인포테인먼트infortainment 서비스가 도입될 것이고, 머지않아 AI나 딥러닝 기술을 탑재한 초대형 디스플레이가 도입되어 자동차 안이 하나의 문화 공간으로서의 역할을 하는 날이 올 것이다. 전기차와 자율주행차는 전통적인 자동차보다는 전자 장비에 가깝기 때문에 IT 기업이 가진 고도의 소프트웨어 기술력이 뒷받침되어야 한다. 이에 따라 우리나라뿐만 아니라 전 세계적으로 디스플레이 기업, IT 기업, 자동차 제조사 간의 협력이 중요해지고 있다. IT 기업이 보유하고 있는 소프트웨어와 디스플레이 기업의 생산 기술을 자동차에 접목하려는 것이다.

하지만 인포테인먼트의 발달은 또 다른 디지털 격차를 가져올지 모른다. 인포테인먼트 시스템이 구축되지 않은 이동 수단을 이용하거나 미래형 이동 수단을 이용하지 못하는 경우에는 차량 운행 중에 실시간 정보를 습득하기 어려워 원격교육이나 원격근무를 수행하는 데 한계가 생길 수 있다. 자동차 제조사들은 경쟁사와 차별화된 서비스 제공을 위해 더 많은 기능을 탑재할 테지만, 이를 소유하고 향유하기 위해서는 그만큼의 구매 능력이 필요하다.

가격대에 따라 자동차 디자인은 마음에 들어도 제공되는 인포테인먼트가 마음에 들지 않거나, 아예 인포테인먼트 자체가 제공되지 않을 수도 있다. 이동 수단에 따른 활동 반경과 여가 문화 활동의 격차는 그만큼 커지는 것이다. 따라서 사회 취약 계층을 대상으로 한 스마트 모빌리티 서비스 확대 등 다양한 정책이 필요하다.

안전, 감염병에 대비하는 디지털 안전망의 일상화

디지털 격차에서 가장 큰 문제는 바로 개인의 안전과 관련된 부분이다. 재난문자는 코로나19 팬데믹 시대에 초기 국내 감염병 억제에 중요한 역할을 했다. 확진자의 동선과 발생 현황 등을 제공함으로써 스스로 접촉자인지 판단할 수 있었기 때문이다. 과거에만 해도 재난문자에 부정적인 인식이 있었지만 코로나19로 시작된 팬데믹 시대에 재난문자는 보도자료, 홈페이지, SNS 등 코로나19 정보 제공 수단 중 가장 큰 비중을 차지하며, 가장 쉽고 빠르고 효과적으로 정보를 전달하는 매체가 되었다.

우리나라는 전 세계 다른 나라들과 비교해도 ICT 기반의 디지털 서비스 제공이 잘 이뤄지고 있다. 앱과 인터넷을 통해 코로나19 발생 현황과 백신 공급 정보를 얻을 수 있고, 지금의 경험은 향후 또 다른 감염병 대비를 위해 활용될 것이다. 더욱이 현재 코로나19의 여러 변이 바이러스들이 나타나고 있는 상황에서 디지털 기술을 이용한 정보 활용은 위드 코로나 시대에 무엇보다 중요한 사회 안전망으로 자리 잡을 것이다.

그러나 여전히 사각지대는 존재한다. 휴대전화를 갖고 있지 않거나, 갖고 있더라도 재난문자가 수신되지 않는 기종을 사용하는 경우, 스마트폰 조작이 어려운 경우 등 노령층이나 장애인을 중심으로 계층 간 디지털 격차가 존재한다. 사회 소외 계층은 감염병이나 각종 안전 문제에 무방비로 노출되는 불평등한 상황에 처할 수 있다. 이렇듯 코로나19로 사회 안전망은 더 공고해졌지만, 비대면·비접촉 시대에 디지털화된 정보는 습득과 활용 역량이 낮은 사람들을 소외시키는 문제를 낳고 있다.

이는 코로나19 초기 마스크 대란 때도 여실히 드러난 문제다. 당시 민간에서 공공 데이터를 활용해 '마스크 알리미'와 같은 앱을 개발함으로써 마스크 구매에 소요되는 시간과 동선을 줄일 수 있었지만, 앱 사용이 익숙하지 않은 고령층이나 장애인에게는 먼 나라의 이야기일 뿐이었다. 잔여 백신 예약 시스템 또한 네이버와 카카오톡 등 모바일 사용이 익숙하지 않은 취약 계층에게는 닫힌 세계다. 앱 사용이 익숙하지 않아 디지털 안전망으로부터 소외되는 상황이 발생하지 않도록 취약 계층을 위한 공공과 민간 부문의 장기적인 교육이 시급하다. 누구도 차별받지 않는 사회 안전망을 구축하기 위해 디지털 안전망에 대한 인식 개선 방안 또한 마련해야 할 것이다.

경제활동, 디지털 기반 비대면 서비스 확산과 직업 다양화

코로나19 이후 변화된 삶의 모습을 한 가지만 꼽자면 사회적 거리두기라 할 수 있을 것이다. 이런 일상의 변화로 이제는 경제활동 영역에서도 비대면 산업이 각광받으며, 디지털 기술 개발 역량 또한 중요해지고 있다. 네이버, 카카오, 라인, 쿠팡, 배달의민족 등 현재 높은 성장률을 보이는 국내 IT 기업들의 개발자들은 일반 직군의 직원들보다 1000만 원 이상 높은 수준의 연봉을 받고 있다.

배달 서비스업도 이처럼 직업 선호도가 변화하며 파생된 직업 중 하나다. 배달 음식 시장의 규모는 2020년 20조 1005억 원에 달해, 2019년의 14조 36억 원 대비 약 1.44배 성장했다. 배달 음식 시장이 성장하며 배달 라이더들 또한 증가했다. 배달서비스 플랫폼인 바로고는 2020년 12월 기준으로 2만 8000명의 라이더들이 배달을 수행했다고 밝혔으며, 이는 2020년 8월의 2만 3000명보다 21.8퍼센트 증가한 수준이다. 이런 추세는 디지털 기술과 플랫폼을 활용하는 직업의 성장 가능성을 보여준다. 이들은 비대면화, 탈경계화, 초맞춤화, 서비스화, 실시간화 등의 공통적인 특징을 가진다.

이처럼 오프라인 활동이 줄고 비대면 기반의 경제활동이 증가하면서 새로운 패턴의 경제활동에 적응해 이를 적극 활용하는 사람들과 그렇지 못한 사람들 사이에는 격차가 벌어진다. 소외 계층이었다 해도 디지털 역량을 쌓아 새로운 일자리를 가질 수 있는 것이다. 이처럼 디지털 기술 혁신으로 새로운 일자리가 부상하는 현상은 개인의 디지털 활용 역

코로나19 이후 부상한 디지털 역량 기반 일자리

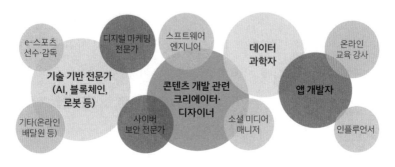

e-스포츠
선수·감독

디지털 마케팅
전문가

소프트웨어
엔지니어

데이터
과학자

온라인
교육 강사

기술 기반 전문가
(AI, 블록체인,
로봇 등)

콘텐츠 개발 관련
크리에이터·
디자이너

앱 개발자

기타(온라인
배달원 등)

사이버
보안 전문가

소셜 미디어
매니저

인플루언서

자료: 워크투데이(2020.12.30.)

량의 차이가 새로운 부의 형성에 기여할 수 있음을 보여준다.

코로나19 이후 떠오른 직업들은 비대면 서비스를 비롯한 디지털 기반의 일자리였다. 결국 일부 전통적인 직업들은 쇠퇴할 수 있고 디지털화 추세에 대응하지 못한 사람들은 생계에서도 디지털 양극화를 체감할 가능성이 크다. 물론 전통적인 일자리가 모두 사라지는 것은 아니다. 스마트 서비스나 제품의 인터페이스가 익숙하지 않은 경우 디지털 관련 직군으로 진출할 수 없듯이, 디지털 기술에 의존하는 경우에도 전통적인 일자리는 얻지 못할 수 있다. 결국 디지털 기술 및 서비스 활용 역량에 따라 직군 간에도 경계가 생기고, 경제 관련 정보 습득에서도 차이가 발생하는 만큼 경제활동에서도 디지털 양극화가 발생할 것이다.

사회문제 해결, 모두를 위한 기술과 새로운 사다리

코로나19 이후 디지털 기술과 비대면 서비스가 고도로 발전하면서 디지털 격차에 관한 문제 인식과 이를 해소하고자 하는 요구가 더욱 커졌지만, 사실 이런 움직임은 지난 20년 동안 꾸준히 있어왔다. 그러나 디지털 기술이 보편화되며 일반 지식보다 고도화된 지식에 대한 계층 간 경쟁 우위가 강화된 지금, 디지털 격차 문제는 미룰 수 없는 현안이 되었다. 특히 오늘날 폭넓게 보급되고 있는 키오스크는 디지털 격차의 상징적 의미를 지닌다. 코로나19 이전에는 영화관이나 일부 음식점에서만 볼 수 있었던 키오스크가 이제 대부분의 음식점으로 확산되면서, 고령층을 중심으로 디지털 양극화를 체감하게 만든 것이다.

정부에서는 이를 해소하기 위해 고령층 대상의 키오스크 이용 교육을 시행하지만, 이것만으로 실제 사용 환경에서 마주하는 다양한 키오스크를 이용하기는 어렵다. 비대면·비접촉이 일상생활에 만연해지면서 대부분의 서비스들이 온라인이나 키오스크를 통해 제공되는데도 사용자 인터페이스는 표준화되어 있지 않아 실제 사용에서 어려움을 겪는 것이다. 디지털 기술을 적용한 제품은 구상 단계에서부터 취약 계층에 대한 배려를 담아내야 한다. 즉 만인을 위한 설계를 의미하는 유니버설 디자인universal design이 필요하다. 아마존의 에코와 킨들, 삼성의 갤럭시 스마트폰의 사례는 유니버설 디자인이 갖춰야 할 요건을 보여준다.

그러나 이런 노력도 당장의 디지털 격차에만 효과가 있을뿐, 새로운 디지털 기술이 도입되면 또 새로운 국면을 맞이할지 모른다. 따라서 디

유니버설 디자인 사례

기업	제품	사례
아마존	- 에코 - 킨들	- 보이스 뷰 스크린 리더(Voice View Screen Reader): 시력이 약한 사람이 제스처로 네비게이션 하는 기능 - 스크린 매그니파이어(Screen Magnifier): 가시성을 높이기 위해 화면을 줌인, 줌아웃 하는 기능 - 컬러 인버전(Color Inversion): 밝은 빛에 민감하거나 색맹인 사람을 위해 컬러 값을 바꾸는 기능 - 컬러 커렉션(Color Correction): 색맹인 사람을 위해 컬러를 보정하는 기능
삼성	- 갤럭시 S20 - 갤럭시 노트10	- 보이스 어시스턴트(Voice Assistant): 시력이 약한 사용자를 위한 음성 피드백 제공 기능 - 고대비 테마: 배경은 어두운색, 아이콘과 텍스트는 밝은색으로 적용해 눈의 피로를 줄이는 기능 - 돋보기 위젯: 카메라를 사용해 글자 등을 크게 확대하거나 색상 필터를 적용해 사물을 명확히 볼 수 있는 기능 - 보청기: 보청기로 소리를 더 잘 들을 수 있도록 음질을 개선하는 기능. 저전력 블루투스(BLE)를 지원하는 보청기를 연결해 미디어 스트리밍과 전화 가능 - 빅스비 위젯-장면 해설: 캡처 장면과 다운로드 이미지를 포함한 모든 이미지를 묘사하는 기능. 시각 장애인의 주변 상황 인식 지원

자료 : 투이컨설팅(2020.12.8.)

지털 격차가 소외 계층의 생존 자체를 위협하는 디지털 양극화로 악화되지 않기 위해, 사회 취약 계층 대상의 교육 프로그램을 확대하는 등 더욱 다양한 고민이 필요하다.

디지털 양극화의
미래

디지털 기술의 내일을 상상하다

디지털 기술이 사회 전반에 활용되면 일하는 방식, 직업, 교육, 여가, 감염병 관리 등 라이프스타일 전반에 대대적인 변화가 일어날 것이다. 기존의 학력 중심 사회에서 능력 중심 사회로 바뀔 가능성이 크고, 유니버설 서비스가 도입되면 개인 맞춤형 라이프스타일을 자유롭게 누릴 수도 있다. 그러나 디지털 기술은 이런 다양한 기회 요소와 함께 위기 요인도 갖고 있다. 기술을 활용하지 못하는 사람은 결국 소외되어 편리함과 불편함의 정도가 아닌 생존의 문제에 직면할지도 모른다.

실제 코로나19 발생 후 감염병 정보의 대부분이 디지털로 관리되면서 정보격차가 발생했으며, 이는 곧 건강 격차로 이어질 위험이 있다. 더 나아가 디지털 기술 활용도가 낮은 지역은 실시간 정보를 접하지 못함으로써 특정 지역 전체가 감염병 위험에 노출되는 상황을 맞이할 수도 있다. 이처럼 디지털 양극화의 미래는 한편으로는 부족함 없는 편리한 세상을 가져올 테지만, 다른 한편으로는 차별과 위험을 내포하고 있다. 디지털 기술이 창조할 구체적인 미래상은 다음과 같다.

1. 디지털 기술을 활용한 감염병 관리

백신 예약, 병원 예약 등 감염병 관련 업무가 디지털화되면서 더 많은 사람이 감염병 정보를 접하게 된다. 그만큼 디지털 기술 활용이 익숙하지 않은 사람들을 관리하는 데도 많은 행정 비용이 들어간다. 더 많은 정보가 발생할수록 디지털 소외 계층 관리가 어려워지면서 감염병 관리에도 사각지대가 발생한다.

2. 스마트 기기를 통한 선제적 건강관리와 이동권 개념 부상

스마트 기기를 활용해 감염병을 진단하거나 실시간 정보를 파악하는 것이 용이해진다. 국제 기준에 맞춰 건강을 관리하고 디지털로 정보를 입력한 사람은 국가 간 이동이 자유로워진다. 반면 건강 정보를 업데이트하지 않으면 국내에서도 이동권이 제한된다.

3. 맞춤형 헬스케어 도입과 접근성에 따른 건강 격차 발생

맞춤형 헬스케어 기기 도입으로 직접 건강을 관리할 수 있는 영역이 넓어진다. 조기 진단과 예방의학이 발달해 병이 악화되기 전 치료받는 환자가 늘어난다. 하지만 기기 접근성에 따라 건강 격차가 발생한다.

4. 디지털 기술을 활용한 맞춤형 교육 확대

원격교육이 보편화되고 다양해지면서 맞춤형 교육 기회가 늘어난다. 질 높은 온·오프라인 교육이 무료로 오픈되며 일대일 교육도 많아진다. 기존의 공교육 커리큘럼에 대한 변화 요구가 커진다.

5. 학력보다 디지털 기술 활용이 중요한 시대로의 전환

디지털 기술을 활용한 교육이 일반화되면서 기존의 학력 체계가 없어지고 학력 차별도 사라진다. 디지털 기술을 활용한 직업도 유망 직종으로 부상하며 전문 교육 과정이 기존의 고등교육보다 중요해진다.

6. 평생 자기 개발 시대 도래

일자리 전반에 무인 기술이 접목되면서 일자리를 잃는 사람이 많아진다. 이들을 위한 재교육이 시행되지만 교육 과정에 비해 사회가 변하는 속도가 빨라 평생교육을 받아야 하는 시대가 된다. 이에 영향을 받지 않는 사람들은 여유 시간이 늘어나고 그렇지 않은 사람들은 남는 시간을 재교육받는 데 사용한다.

7. 디지털 기기 활용 교육 의무화

디지털 기기 활용이 개인의 선택을 넘어 감염병 관리처럼 사회 구성원 전체에게 영향을 주는 요소로 인식되면서 100세 노인도 의무적으로 디지털 교육을 받는 시대가 된다. 건강관리, 소통, 교육, 여가 생활 등 다양한 방면에서 활용할 수 있는 디지털 교육이 의무화된다.

8. 개인 맞춤형 정보 제공과 시간 관리 효율성 증가

개인 맞춤형 디지털 시스템이 발달해 개인 특성에 맞춰 라이프스타일을 조합할 수 있게 된다. 필요한 정보를 찾는 시간이 단축되고 효율적인 선택이 가능해져 활용할 수 있는 시간이 늘어난다.

9. 디지털 기술 활용 대중화

전 세대가 디지털 기술을 활용할 수 있게 되면서 전반적인 정보격차가 해소된다. 하지만 1퍼센트의 소수만이 접할 수 있는 특수 정보가 존재하며 1대 99의 격차는 더욱 커진다. 정보 자체에 대한 접근성이 확장될수록 정보 판별 능력이 중요해진다.

10. 디지털 기술 적응 과정에서의 정신 건강 문제 부각

디지털 기기 활용이 기본 능력으로 여겨지고 파생 경험이 늘어나면서 세상의 속도에 따라가지 못하고 있다는 압박감을 느끼는 사람들이 늘어난다. 정전으로 전깃불이 꺼지듯 디지털 기기의 작동이 중단되어 아무것도 할 수 없는 디지털 블랙아웃digital blackout을 우려하기도 한다. 정신 건강관리에 어려움을 겪는 사람들이 늘어난다.

11. 장애인을 위한 디지털 기술 발달

장애를 극복할 수 있는 다양한 방법이 고안되어 일상에서의 불편함이 줄어든다. 장애인을 비롯해 어린이나 노약자 등 사회적 약자를 위한 유니버설 디지털 기술이 적극 활용된다.

12. 가정용 AI 도입과 시간의 효율적 활용

홈 테크놀로지 기술이 발달해 냉장고를 스캐닝한 후 음식 재료를 자동 주문한다거나 청소, 세탁, 요리 등 집안일을 알아서 해주는 가정용 AI가 도입된다. AI 성능의 차이가 집안일에 투입되는 시간의 차이를 발생시킨다.

13. 원격업무 확대로 근무 방식 변화

디지털 기술을 활용해 원격업무를 하는 사람들은 그렇지 않은 사람들에 비해 시간을 효율적으로 사용할 수 있게 된다. 원격업무를 활용하는 사람에게 더 많은 업무가 부과되며 일과 여가의 경계가 모호해진다. 능력과 상황에 맞게 스스로 시간을 배분해 일하는 유연한 근무 방식이 만연해진다.

14. 메타버스 활용에 따른 온·오프라인 라이프스타일 분리

온라인 가상세계에 대한 활용도가 높아지면서 메타버스metaverse를 이해하고 활용하는 사람들과 그렇지 않은 사람들로 나뉜다. 활용도가 높은 사람들은 일상, 업무, 경제, 교육, 여가 등 삶의 대부분에 이를 활용하고 그렇지 않은 사람들은 여전히 오프라인 세계를 중심으로 살아간다.

15. 자율주행차 도입과 이용 방식의 변화

자율주행차 도입 이후에는 자동차 안에서의 삶이 집보다 중요해진다. 이동식 라이프스타일이 자리 잡으면서 이에 대한 접근이 어려운 사람과 일상적으로 누리는 사람 사이에 격차가 발생한다. 자동차 회사에서는 공공 자율주행차에서는 제공하지 않는 엔터테인먼트 경험을 제공하기 위해 다양한 기술을 도입한다.

디지털 양극화의 현실 가능성을 재단하다

디지털 양극화의 미래상 중에서 가장 바람직한 미래는 모두가 소외되지 않고 디지털 기술을 자유롭게 활용하는 모습일 것이다. 하지만 디지털 격차가 경제적 빈부 격차를 심화시킬 가능성은 지금부터도 충분히 존재한다. 앞선 열다섯 가지의 미래상에는 새로운 디지털 기술을 끊임없이 배워야 한다는 것을 알면서도, 세상의 빠른 속도에 따라가지 못할까 봐 두려워하는 우리들의 양가적 마음이 모두 담겨 있다. 디지털 양극화의 진짜 미래는 어떤 모습일까.

이를 파악하기 위해 발생 가능성과 양극화 영향력 정도에 따라 디지털 양극화의 미래상을 분석해봤다. 그 결과 발생 가능성의 경우 대부분 높은 수준이었으며 양극화 영향력의 정도는 약간 심화되는 양상으로 나타났다. 발생 가능성이 높은 사건들로 꼽힌 자율주행차와 가정용 AI의 도입, 디지털 기술 활용 대중화, 원격업무 확대, 맞춤형 헬스케어 기기 도입 등은 코로나19 이후 전 세계적으로 급격히 대중화된 디지털 기술과 관련되어 있다. 국내에도 이미 많은 기술이 소개되었고 정부에서도 해당 기술의 개발과 도입을 적극적으로 추진하고 있기 때문에 발생

디지털 양극화 미래상의 발생 가능성과 영향력 분포

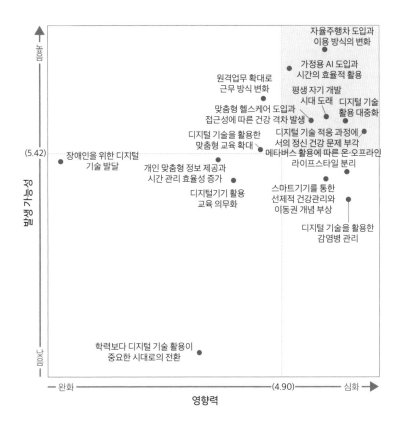

자료: 저자 작성

가능성이 높게 평가되었다고 할 수 있다. 따라서 아직 대중에게 잘 알려져 있지 않거나 가깝지 않은 영역의 기술은 발생 가능성이 낮게 측정되었다.

디지털 기기의 보유와 활용 역량의 차이로 디지털 양극화에 대한 인식 차이가 있을 것이라는 예상과 달리, 디지털 양극화가 심화될 것이라는 공감대는 전 연령대에 형성되어 있었다. 이는 코로나19 이후 디지털화가 가속화되면서 디지털 기술 혁신이 도입되는 미래상을 더욱 가까운 현실로 체감하고 있기 때문이라 할 수 있다.

하지만 20~30대와 50~60대는 학력보다 디지털 기술 활용이 중요해진다는 미래상에 대해서는 의견을 달리했다. 50~60대는 디지털 기술 활용 역량이 점차 중요해질 것으로 예상했으나, 20~30대는 여전히 학력이 디지털 기술 역량보다 중요할 것이라고 봤다. 최근 다양한 소셜 미디어의 등장으로 디지털 활용 역량이 부를 재분배할 것이라는 이야기가 나오지만, 20~30대는 여전히 사회가 학력 중심으로 돌아갈 것이라 생각했다. 이는 디지털 기술이 가져온 사회 패러다임의 변화를 어떻게 체감하느냐에 따른 차이라고 볼 수 있다.

이처럼 디지털 기술이 혁신을 거듭하면서 디지털 양극화는 이제 누구나 인식하는 미래가 되었다. 새로운 기술이 개발되고 도입될 때 기술을 활용할 수 있는 사람과 활용하지 못하는 사람 간에는 좁히기 어려운 간극이 존재할 수밖에 없다. 물론 장애인을 비롯해 소외 계층을 위한 디지털 기술이 개발되거나 학력보다 디지털 기술 활용이 중요한 시대가 올 수도 있다.

하지만 이를 제외한 대부분의 미래상은 디지털 양극화의 불가피한 현실을 예견하는 듯하다. 전방위적으로 일어나는 디지털 전환의 현실 앞에서 양극화를 더디게 할 수 있는 힘은 결국 모든 사회 구성원들에게 달려 있다. 전 세대가 공존을 위한 협의에 적극 동참하고 함께 대안을 마련할 때 모두가 바라는 디지털 기술의 미래는 현실로 나타날 것이다.

아무 데로부터

이신은 결혼을 한 번도 하지 않았다. 가족을 꾸리지 않고 평생 일과 취미에 몰두했지만, 그다지 외로운 삶은 아니었다. 노인이 될 때까지 꾸준히 돈을 벌 수 있어서 노후 자금도 무사히 마련할 수 있었다. 이신은 그 점에 감사하고 살았다. 매번 다른 신에게 감사를 하는 문제가 있었지만, 기부로 이어지는 선의였으므로 어떤 형식이든 상관은 없었다.

스스로 노인이 됐다고 인정하고도 몇 년이나 지난 뒤에, 이신은 마침내 실버타운에 들어갔다. 한창 일할 나이에 정해놓은 곳이어서 전성기는 살짝 지나간 곳이었다. 이제 최고라는 말은 듣지 못하지만, 예전의 이름값이 전통이나 관록으로 느껴질 만큼 여전히 잘 유지되는 곳이었다. 이신은 그곳 생활에 만족했고 가끔 찾아오는 조카들의 평가도 다르지 않았다.

사실 조카들은 그곳에 갈 때마다 난데없는 위기감을 느꼈다. 자기들도 어서 노후 준비를 시작해야 하는 게 아닐까 하는 깨달음 때문이었다. 집으로 돌아가는 차 안에서 이미 까맣게 잊어버리곤 하는 자각이었지만, 다음에 또 실버타운에 가까워질 때면 몇 달 더 미뤄진 경각심이 마음 한구석에 묵직하게 자리 잡았다.

'딱 이만한 시설에서 불편하지 않게 노후를 보내려면 그만한 재산을 모았어야 한단 말이지?'

이신은 조카들의 심중을 들여다보기라도 한 듯, 만나자마자 기분 좋은 수다를 늘어놓곤 했다.

"먼지 왔어? 어디 보자, 마스크를 어디에 뒀더라."

"민지 왔어요. 미세먼지 아니거든요."

"옛날에 네가 보내준 편지에 먼지라고 쓰여 있었는데."

"와! 무슨 꼬맹이 때 한 번 잘못 쓴 걸 40년도 넘게 우려먹으세요?"

평생 반듯하고 유쾌해 보였던 삼촌. 조카들에게 이신은 그런 사람이었다. 그렇지 않았다면 부모도 아닌 노인을 만나기 위해 가끔 시간을 낼 이유도 없었을 것이다.

그러던 어느 날이었다. 주차장에 차를 세워두고 엘리베이터로 향하는 길에, 삼촌의 담당 매니저가 한민지를 불러 세웠다.

"드릴 말씀이 있어서요. 놀라지 마시고, 잠깐 사무실로 가서 이야기해도 될까요?"

"네. 그런데 심각한 일인가요?"

"아니요. 아닙니다. 놀라지 마시라니까요. 가족분들은 제가 말만 걸

디지털 양극화 시나리오

면 똑같이 당황하시는데, 그런 거 아니에요. 마음 놓으세요."

한민지는 매니저를 뒤따랐다. 사무동 응접실 소파에 앉자 매니저가 말했다.

"이신 선생님께서 차를 사시겠다고 하셔서요."

"차를요? 자동차 말씀하시는 거예요?"

"그렇습니다."

"삼촌 원래 운전 안 하셨는데. 면허증도 없으시고. 게다가 지금은……."

한민지가 말끝을 흐렸다.

"휠체어를 이용하시는 일이 더 많으시죠. 시력도 예전 같지 않으셔서 면허 시험도 못 보실 거고요. 그건 문제가 안 될 거예요. 자율주행차를 사신다니까."

"사시겠다면 사시는 거지만, 그런데 왜죠? 지금도 불편하실 것 같지는 않은데. 이동에 제약이 있으신가요?"

매니저가 어깨를 으쓱했다.

"전혀요. 가시고 싶은 데는 저희가 다 모셔드리고 있습니다. 물론 돈을 쓰시는 건 아무 문제 없습니다. 그게 차라고 해도 다를 건 없고요. 허락이 필요한 일은 아니고 보호자 동의가 필요한 일도 아닙니다. 그래도 제 일이 고객분들께 적절한 조언을 해드리는 역할이다 보니 가족분들과 상의를 해야 할 것 같아서요."

"그렇군요. 음, 혹시 스포츠카 같은 걸 사시려는 건가요, 소장용으로?"

"경차 크기의 조그만 차를 봐두고 계신답니다. 실용적인 용도로요."

한민지는 멀리서 삼촌을 바라보았다. 사무실에서 나와 삼촌이 있는 곳으로 찾아가는 길이었다. 삼촌은 그늘이 드리운 벤치에 앉아 구름을 구경하는 모양이었다.

어렸을 때 본 삼촌은 부모보다도 크고 멋진 사람이었다. 여러 개의 직업을 거쳤지만 하나같이 창의적인 일이었고, 탐욕스럽거나 악독한 일은 하지 않아도 되었다. 한민지의 부모에게는 허락된 적 없는 행운이었다. 한민지는 삼촌의 몸에 밴 여유로운 태도를 좋아했다. 본능적인 끌림이었을 것이다. 어린 한민지에게 이신은 막연히 '문명인'처럼 보였다. 자유롭고 유쾌하고 반성할 줄 아는 사람, 그리고 이따금 반짝반짝 빛나던 눈도.

하지만 그런 삼촌도 이제는 어깨가 작게 움츠러든 노인이 되어 있었다. 고장 난 곳이 생길 때마다 얼른 수리해서 새것처럼 만드는 시기를 지나, 안 되면 안 되는 대로 그럭저럭 적응해 살기로 마음먹게 되는 나이. 삼촌은 이제 시력이 많이 나빠졌다. 지금도 삼촌은 구름이 아니라 하늘 전체를 바라보고 있는 것일지도 모른다. 어쩌면 그저 지구가 도는 것을 오감으로 관찰하고 있는지도 모를 일이었다.

나란히 벤치에 앉아 한참이나 말없이 오후가 지나가는 것을 구경하다가 한민지가 물었다.

"어디 가고 싶은 데가 있으세요?"

이신이 조카를 바라보았지만, 그저 방긋 웃을 뿐 아무 대답도 하지 않았다.

"말씀하세요, 어디든. 제가 모시는 게 더 좋으시면 제가 시간 낼게요. 언제든."

디지털 양극화 시나리오

집으로 돌아가는 길에, 한민지는 매니저에게서 들은 이야기를 떠올렸다. 실버타운 입주자 한 명이 직접 겪은 일이었다.

"30년쯤 전에 이분이 큰 사고를 겪으신 적이 있거든요. 건물 화재 사고였는데, 뉴스에도 크게 나오고 사상자가 많이 나온 사고였어요. 그때 소방관 한 분이 인명을 많이 구하셨답니다. 살수차가 화재를 진압하기 전에 현장에 들어가서 남아 있는 사람이 없는지 문을 하나하나 열면서 수색을 하신 거죠. 불길 속에서요. 아슬아슬한 타이밍에 열다섯 명을 탈출시키고 본인은 퇴로를 못 찾아서 4층 창문에서 뛰어내렸는데, 그 뒤로 잘 걷지 못하셨다고 합니다. 저희 쪽에서 알아보니까, 화상 치료가 끝난 뒤에 은퇴하고 외딴 수도원에 들어가서 사셨더라고요. 세상에 태어나서 할 일은 다 한 것 같다며, 더 바라는 것 없이 행복하게 사셨대요. 성인처럼요. 그 소방관이 지난달에 돌아가셨는데, 마지막 머무시던 곳이 워낙 외진 곳이라 마땅한 교통편이 없었답니다. 하지만 그 화재에서 구조된 분들은 부고를 듣고 다들 장례식에 참석하고 싶어 하셨대요. 은인이고 영웅이었으니까요. 저희 입주자분은 저희 직원이 모셔다드렸는데, 이분이 그때 뭘 보셨나 봅니다. 구조된 분 중에 그 화재로 중상을 입거나 아니면 단순히 연세가 많아서 거동이 불편해진 분들이 꽤 있었거든요. 직접 찾아뵙기는 어렵고 마음만 전하겠다고 했었는데, 그분들이 하나씩 장례식장에 나타나신 거예요."

"어떻게요?"

"자동 운전이 되는 차를 갖고 계신 분이 한 분 계셨는데 그 차가 다니면서 사람들을 실어 날랐대요. 여섯 분을. 그 이야기가 저희 입주자들 사이에서 돌았던 모양입니다. 이신 선생님도 어쩌면 그 이야기를 듣고 차를 사야겠다고 생각하신 게 아닐까 싶어서요."

"아, 그럴 수도 있겠네요."

대답은 그렇게 했지만 한민지는 삼촌이 그런 이유로 차를 사려는 건 아닐 거라 생각했다. 세월이 많이 흐르기는 했지만, 삼촌은 그렇게 감상적인 사람이 아니었다.

이신은 조카에게서 선물받은 장갑을 챙겨 들었다. 문을 나서자 곧장 차 한 대가 다가와 문 앞에 멈춰 섰다. 새로 산 차였다. 이신은 새 차를 손으로 어루만지고는 흐뭇한 표정으로 손을 휘둘러 문을 열라는 시늉을 했다. 설명서에서 본 동작이었다. 그러자 문이 저절로 열렸다. 앞문과 뒷문이 양쪽으로 열려서 몸을 크게 구부리지 않고도 차에 들어갈 수 있었다. 차 안에는 의자 네 개가 마주 놓여 있었다. 등받이가 모두 앞뒤 유리창 쪽으로 세워져 있어서 가운데 공간이 뻥 뚫려 있었다. 이신은 뒷좌석에 앉았다. 순방향으로 놓인 좌석이었다.

이신은 매니저의 말을 떠올렸다.

"자율주행차를 사시겠다고요?"

매니저는 자꾸만 그의 말을 잘못 이해했다. 이신은 몇 번이나 매니저의 말을 고쳐주었다.

"기사 없는 차를 살 거라고요."

"자율주행차는 아직 실용적이지 않을 수 있어요. 자율주행차 점유율이 전체 차량의 30퍼센트밖에 안 돼서 시내 주행은 훨씬 불편하실 거

예요. 사람이 운전하는 차가 자꾸 끼어들 거니까요. 안전하지도 않고요. 교통 상황은 선생님이 겪으신 어떤 시기보다 요즘이 더 나쁠 거예요. 다섯 배쯤."

"아니, 기사 없는 차를 살 거라니까요. 운전석 없는 차."

"예, 고집이 있으시네요."

"아니, 고집이 아니고……"

그 생각을 하며 안전띠를 채웠다. 손을 휘휘 젓자 문이 스르르 닫혔다. 그리고 차가 말했다.

"목적지를 말씀하세요."

이신이 한숨을 내쉬며 말했다.

"너도 그것부터 묻게 되어 있지? 그건 어쩔 수 없는 모양이구나."

이신은 차를 사용할 때마다 들었던 수많은 질문을 떠올렸다. "가고 싶은 데가 있으세요? 어디로 모실까요? 무슨 일로요? 언제 가실 건가요?" 도와주는 사람을 찾는 것은 어렵지 않았다. 하지만 그들의 도움을 받으려면 가는 곳과 용건을 말해야 했다. 사람들은 언제나 그런 것들을 원했다. 그래야 도울 수 있으니까. 그런데 나이 든 이신에게는 사실 목적이라는 게 딱히 남아 있지 않았다. 그런 건 아직 세상과 부대끼며 살아가는 사람들의 삶의 이유 아닌가. 정말로 급하게 필요한 건 실버타운 안에 다 있었다. 그러려고 선택한 보금자리였으니까. 이신은 그저 얼마 남지 않은 시간을 즐길 뿐이었다.

다시 차가 물었다.

"어디로 모실까요?"

이번에는 이신이 조카들에게 말하듯 장난기 어린 말투로 답했다.

"기사 양반 없는 차는 이런 것도 할 수 있다고 하던데, 할 수 있을까?"

"뭘 도와드릴까요?"

이따금 이신은 목적 없이 그저 달리고 싶었다. 그것은 누군가의 도움을 받을 수 있는 일이 아니었다. 겨우 그런 걸 하려고 용건을 지어내거나 관계에 의존하고 싶지는 않았다.

"그냥 아무 데나 가."

이신이 말하자 차가 잠깐 머뭇거렸다. 대답할 말을 생각하는 시간이었겠지만 공백은 그다지 길지 않았다. 그런 다음 들려온 말은 어쩐지 들뜬 것처럼 들리는 목소리였다.

"좋습니다. 그럼 모험을 떠나볼까요?"

바닥이 낮은 차가 도로를 달려갔다. 속도가 빨라지자 이신은 창문을 조금 열고 창밖에서 나는 소리에 귀를 기울였다. 차 안은 자동차라기보다는 마차 안 같았다. 말이 끌지도 않고, 심지어 마부가 앉는 자리도 사라졌지만, 실내 공간은 옛날 귀족들의 마차처럼 넓고 안락했다. 이신은 눈을 감고 드라이브를 즐겼다.

차가 외딴곳으로 들어서자 바람 소리, 새소리가 들려왔다. 한참을 달린 후, 차는 아무도 없는 산속에 혼자 멈춰 섰다.

"아무 데에 도착했습니다."

"잘했어. 이대로 잠시 쉬었다 가자. 문은 안 열어도 돼."

차가 가만히 잠이 들자, 바람이 나뭇잎을 쓸고 지나가는 소리가 속삭

이듯 들렸다. 이신은 여전히 눈을 감고 있었다. 커다란 나무에 달린 수많은 잎이, 지난밤부터 시작된 가을의 마법에 관한 소문을 옆 나무로 부지런히 실어 날랐다. 때마침 날아온 직박구리 몇 마리가 나무 그늘 속으로 숨어들었다.

이신은 모처럼 해방감을 느꼈다. 오랜만에 홀로 마주한 세상이었다. 다음 드라이브 때는 비가 왔으면 좋겠다고 생각했다. 이신이 눈을 뜨며 차에게 말했다.

"기사 없는 차 양반, 자주 떠납시다, 이 모험."

잠귀가 밝은 차가 잠에서 깨어났다. 그러더니 아무 대답도 하지 않고 다시 조용히 잠이 들었다.

디지털 양극화 시나리오

풋

유는 분명 웃음소리를 들은 것 같았다. 정말로 들은 건지 착각인지 확신할 수 없었지만, 웃음의 흔적은 청각 신경에만 남아 있지 않았다. 그 소리는 머릿속에서 곧바로 표정 언어로 번역되었다. 냉랭한 얼굴. 누구의 얼굴인지는 알 수 없지만, 누구의 얼굴에 씌워지든 똑같이 해석할 수 있는 짧막한 표정 신호. 비웃음이었다.

유는 뒤를 돌아보았다. 엘리베이터 안에는 네 명이 더 타고 있었다. 하나는 전혀 안면이 없는 사람이고 둘은 지나치면서 몇 번 본 적 있는 다른 부서 사람이었다. 나머지 한 명은, 소리가 난 곳에 서 있던 마지막 한 사람은, 유가 늘 의지하던 동료, 진이었다.

하지만 진의 시선은 유를 향해 있지 않았다. 진은 태블릿 컴퓨터를 유심히 들여다보고 있었다. 미간에 잡힌 주름이나 심각한 눈빛으로 볼 때 꽤 오랫동안 그러고 있었던 게 분명했다. 비웃음을 흘렸다가 유가 고개를 돌리는 순간 재빨리 표정을 바꿨을 것 같지는 않았다.

'에이, 아닐 거야. 그럴 사람이 아니지.'

문이 열리고, 유와 진을 제외한 세 사람이 엘리베이터에서 내렸다. 다시 문이 닫히자 유는 순간 난감해졌다. 13층으로 가야 했지만 13층으로 가는 버튼은 어디에도 없었다. 12층에 다다르자 진이 여전히 심각한 표정으로 엘리베이터에서 내렸다.

"수고."

늘 유에게 친절했던 진은 다급한 와중에도 인사를 건네는 것을 잊지 않았다. 생각보다 빨리 문이 닫히는 바람에 대답할 타이밍을 놓친 쪽은 오히려 유였다.

혼자 남겨지자, 유는 오른팔을 들어 얼마 전 진이 가르쳐준 동작을 다시 한번 해보았다. 교육 개발 시설이 있는 A동 13층과 14층은 엘리베이터 버튼을 눌러서 갈 수 있는 곳이 아니었다.

"천장을 봐. 저기에 동작 감지 센서가 있거든. 저 센서가 알아볼 수 있게 사인을 하는 거야. 위쪽을 향해서 이렇게."

진은 그렇게 말하며 허공에 손가락으로 그림을 슥슥 그렸다. 정확히 알아보기는 어려운 그림이었지만, 정말로 센서가 그 동작을 인식했는지 곧바로 스크린에 13이라는 숫자가 떴다. 바로 그 3차원 그림이었다. 진에게서 배워서 조금 전 유가 엘리베이터 센서를 향해 해보였던 동작. 그런데 엘리베이터는 아무 반응이 없었다. 두 번째 시도 때도 마찬가지였다. 엘리베이터는 여전히 12층에 멈춰 있었다.

잠시 후 갑자기 문이 열리더니 누군가 엘리베이터로 성큼 들어섰다.

디지털 양극화 시나리오

역시 얼굴은 본 적 있지만 이야기는 나눠본 적 없는 그 회사 동료는, 올라가지도 내려가지도 않고 엘리베이터 안에 가만히 서 있던 유를 의아하게 쳐다보더니 고개를 까닥하며 1층 버튼을 눌렀다. 유는 문이 닫히기 전에 황급히 엘리베이터를 빠져나왔다.

그때 다시 한번 그 소리가 들렸다.

풋.

유는 제빵사였다. 지방 소도시에 작은 빵집을 열어 5년 동안 영업을 했다. 빵집에는 테이블이 하나도 없었다. 진열장과 작은 계산대가 있을 뿐, 나머지는 모두 빵 만드는 공간이었다. 그곳에서 유는 70가지 빵과 케이크를 개발했고 그중 총 서른세 가지를 매대에서 팔았다. 계절마다 조금씩 메뉴가 바뀌어서 매대에 올라가 있는 빵은 열다섯 종류쯤 됐다. 제빵과 제과를 겸했지만, 유는 제과 쪽에 조금 더 애정이 있었다.

빵집은 3년 만에 자리를 잡았다. 단골이 늘고 가끔은 다른 도시에서 찾아오는 사람도 생겼다. 제일 멀리서 온 손님의 이동 거리가 100킬로미터를 넘는 날이 많아지면서, 유는 조금씩 자신감을 얻었다. 그러다 불경기가 찾아왔다. 장사를 시작한 후 첫 위기가 닥쳤을 때, 대기업 프랜차이즈에서 스카우트 제의가 들어왔다. 여건을 마련해줄 테니 회사에 들어와서 마음껏 새 메뉴를 개발해보라는 것이었다. 제과 일이었다. 유가 회사에 들어오게 된 내력이었다.

회사는 겉으로 보기에는 직육면체처럼 보이는 20층짜리 건물에 들어 있었는데, 사실 건물 내부는 따로 떨어져 있는 세 개의 건물이 한 지붕을 이고 있는 형태였다. 회사의 모든 지점이 다른 모든 지점과 이어져 있지 않았으므로 다른 부서 회의실이나 사내 자료실 같은 곳을 찾아가기란 쉬운 일이 아니었다. 처음 회사에 들어온 유가 길을 몰라 헤매고 있을 때 가장 친절하게 길을 안내해준 것이 바로 진이었다.

유의 눈에 진은 신기한 사람이었다. 우선 진은 엘리베이터를 기다리는 법이 없었다.

"아, 그거? 사무실에서 나오기 전에 엘리베이터 예약하고 나오면 되지. 나서라는 신호가 뜨면 일어나서 가면 돼. 택시 잡는 거랑 똑같아."

진이 커피를 사는 장면은 거의 광고의 한 장면 같았다. 기다리지 않고 엘리베이터를 탄 다음 버튼에 손도 안 대고 가고 싶은 층에서 내린다. 그러고는 곧장 카페 쪽으로 걸어가 픽업 데스크에 있는 커피를 들고 정문을 나선다. 마라토너가 달리는 속도 그대로 물병을 가져가듯 자연스러운 동작이었다. 몇 번 그 광경을 목격한 유는 그 커피가 공짜라고 생각했다. 그래서 어느 날은 진이 한 것처럼 픽업 데스크에서 아무 커피나 집어 들었다. 무의식적으로 한 행동이었다. 그런데 그 순간 뒤에서 "실례합니다!" 하는 소리가 들렸다. 말의 표면적인 내용과 관계없이, 욕이라는 사실을 바로 알아챌 수 있는 날 선 목소리였다.

그 이야기를 하자 진이 말했다. "어떻게 하는 거냐고? 별거 있나? 미리 주문하고 결제하면 되잖아. 나야 매일 같은 시간에 같은 걸 사가니까 그나마도 월 단위로 자동 주문하는 거고. 이런 거 별로 안 해봤나? 그래도 해보면 금방 될 텐데. 좀 복잡한 건 인공지능이 다 골라주고 너는 오케이만 하면 돼."

디지털 양극화 시나리오

그런데 '해보면 금방 되는' 일들의 가짓수가 너무 많았다. 구내식당에 가는 것도 회의실을 예약하는 것도, 회사 장비를 빌리거나 옥상 드론을 통해 물건을 받아보는 일도 다 그랬다. 유에게는 손수 재료를 구해 케이크를 만드는 일은 그다지 어렵지 않았지만, 컴퓨터나 인공지능을 상대하는 일은 영 익숙해지지 않았다. '해보면 금방 따라잡겠지' 하고 하나하나 미루는 동안 세상은 저만치 앞서가고 유는 어느덧 과거에 남겨졌다.

진을 포함한 다른 사람들이, 마치 온 세상이 그 일을 위해 준비하고 있었던 것처럼 10초도 기다리지 않고 자연스럽게 해내는 일을, 유는 묻고 허둥대고 당황스러워하며 느릿느릿 어렵게 해나갔다. 그래서 늘 시간에 쫓겼다. 하지만 회사 사람들은, 정확히 말하면 그 건물 사람들은, 유가 한가하게 늑장을 부린다고 생각했다.

"개발자니까 그런 여유도 필요하지 않을까? 예술가의 시간을 녹여내야 하니까. 다른 건 너무 신경 쓰지 마. 맛있는 것만 잘 만들면 되지."

유는 진의 말이 조금 의아하게 느껴졌다. '나는 이렇게 매일매일 서두르고 있는데.'

유는 방금 쫓겨난 엘리베이터 문을 바라보았다. 아무도 쫓아낸 적은 없지만, 가고 싶은 곳만 입력하면 아무 층이나 금방 데려다주는 기계였지만, 유에게 그 문 너머는 막다른 길이었다.

그러고 보니 그 건물 사람들은 엘리베이터 앞에서 대기하는 법이 없었다. 다른 사람들에게 그 건물의 엘리베이터는 운 좋은 날의 징표나 다름없었다. 드라마의 주인공이 아무 때나 길가에 가서 손만 내밀면 마침 지나가던 친절한 택시가 "어이쿠" 하고 그 앞에 멈춰 서는 것처럼, 언제든 타러 가기만 하면 문을 열고 환영해주는 엘리베이터가 적어도 한 칸은 있었다.

'그런데 왜 나만 여기에 서서 한참을 기다려야 하는 거지? 예약이 끝난 엘리베이터가 이쪽을 돌아볼 때까지 말이야.'

유는 자신이 엄청나게 불행한 사람 같다는 생각이 들었다. 컴퓨터로 미리 어떻게 해놓기만 하면 다 되는 일이라는데, 그 '어떻게'는 또 왜 그렇게 길고 복잡한지. 급기야 유는 이상한 의심을 하기 시작했다.

'어쩌면 이건 새 시스템을 도입하느라 생긴 부작용이 아니라, 나 같은 사람을 자연스럽게 걸러내려는 누군가의 계획이 의도대로 맞아떨어진 성과물이 아닐까.'

그런 생각이 떠오르던 참이었다. 그때 다시 그 소리가 들렸다.

풋.

이번에는 복도 쪽이었다. 소리에 연결된 비웃음이라는 표정이, 또 거기에 연결된 누구인지 알 수 없는 타인의 감정이, 지나치게 생생하게 귀로 전해졌다. 얼굴이 화끈 달아올랐다. 착각인지 정말로 들은 건지 알 수 없는 것치고는 몸의 반응이 너무나 분명했다. 조금 전에 진이 내렸던 바로 그 층에서.

모퉁이를 돌아 진이 나타났다. 아까와는 달리 홀가분한 얼굴이었다. 얼굴을 잔뜩 찌푸리고 해결하러 갔던 일이 별다른 어려움 없이 부드럽게 풀린 모양이었다. 중간에 다른 감정이 끼었으리라 짐작할 이유는 없었다. 비웃음이나 모퉁이 뒤에서 훔쳐보는 비열함 같은 감정이 중간에

끼어 있었다고 상상하는 건 역시 지나친 비약이었다.

하지만 유의 뇌리에는 이상한 신호의 흔적이 아직 남아 있었다. 신경을 긁고 지나간 짧고 강렬한 신호였다.

'이러면 안 돼. 이건 망상이야. 나는 지금 헛소리를 듣고 있는 거라고.'

유는 13층 회의실에서 열리는 대담을 보러 가고 싶었다. 그뿐이었다. 오스트리아에서 활동하는 일본인 파티시에의 강연이었다. 말이 강연이지 실은 티타임이나 미팅처럼 작은 모임일 거라고 했다. 이런 큰 회사에서 초청한 게 아니라면 그만큼 가까이에서 만날 기회는 감히 상상도 할 수 없을 만큼 유명한 스타 요리사와의 만남. 하지만 유는 13층으로 가는 길을 찾을 수가 없었다.

'단순히 암호를 바꾼 거겠지. 보안 문제 때문에 정기적으로 바꿀 거니까. 시설팀이든 보안팀이든 어딘가에 물어보면 가르쳐주기는 할 거야. 하지만 누군가는 묻기 전에 미리 공지를 받을 거 아냐. 아니야, 어쩌면 나도 공지를 받았을지 몰라. 그게 어디 있는지 찾을 수 없을 뿐.'

진이 밝은 표정으로 다가오며 말했다.

"또 보네. 수고."

진은 여전히 분주한 발걸음으로 엘리베이터 안으로 사라졌다.

'그래, 이건 환청이야. 저 상냥한 친구가 그랬을 리 없어. 누가 뭐래도 이것만은 확실해.'

유는 버튼을 눌러 엘리베이터를 불렀다. 한참이나 기다린 뒤에 엘리베이터 한 대가 등 뒤에 멈춰 섰다. 빈 엘리베이터를 타고 보안팀이 있는

디지털 양극화 시나리오

3층으로 내려갔다. 바뀐 암호를 묻기 위해서였다.

유가 엘리베이터에서 내리자 등 뒤에서 문이 닫혔다. 그때였다. 엘리베이터 문이 완전히 닫히기 직전.

빈 엘리베이터에서 그 소리가 들려왔다. 이번에는 환청이 아니었다. 분명 사람 소리였다. 기계에서 나는 소리를 잘못 들은 것도 아니었다. 누군가 실시간으로 낸 소리는 아닐지 몰라도, 적어도 녹음되었거나 합성된 사람의 음성일 것은 틀림이 없었다.

문밖으로 쫓겨난 유의 등을 향해 빈 엘리베이터가 그 소리를 내뱉었다.

풋.

방금 빠져나온 아무도 없는 공간에서 들려온 소리.

온몸에 소름이 돋았다. 의심의 여지없는 문명의 비웃음이었다.

3장

포스트 코로나 시대의
지역 양극화

지리적 위치로
나뉘는 것들

경제적 차이가 낳은 지역 갈등

우리나라의 지역 양극화는 코로나19 발생 이전부터 꾸준히 지적되던 문제로, 사회 갈등의 주된 요인 중의 하나다. 그런 만큼 지역 균형 발전이라는 사안은 역대 정부에서 꾸준히 내세워왔던 주요 정책 기조였다. 이는 크게 서울과 그 외 지역 또는 수도권과 비수도권으로 양극화되는 구도를 띠는데, 통계청에 따르면 1998년 국가 생산의 48.9퍼센트였던 수도권 지역내총생산Gross Regional Domestic Product, GRDP 비중은 많은 정책에도 불구하고 2015년 50.1퍼센트에서 2019년 51.9퍼센트로 증가하는 추세다.

또한 지난 30년간 꾸준히 증가한 수도권 인구는 2019년 비수도권 인구를 추월했다. 수도권 과밀과 비대화는 저성장, 인구 감소라는 시대적

수도권과 비수도권의 인구 및 지역내총생산 비중 변화

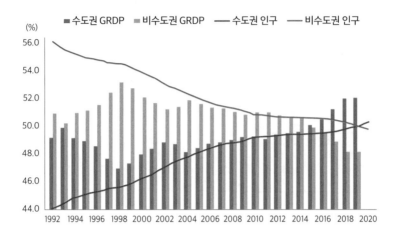

주: 2019년 지역내총생산(GRDP)은 잠정치
자료: 행정안전부, 주민등록인구현황; 통계청, 지역소득

상황과 만나 지방 소멸 문제로까지 이어지고 있다. 특히 인구 감소는 코로나19의 발생과 1인 가구 증가 등이 맞물리며 현실적인 문제로 다가오고 있다. 행정안전부의 주민등록인구현황에 따르면 우리나라의 총주민등록인구수는 2019년 5184만 9861명에서 2020년 5182만 9023명으로 줄어들었다. 결국 수도권과 비수도권의 양극화 구도는 더욱 깊어지고, 다시 비수도권에서는 지방 대도시와 지방 중소도시의 격차가 벌어지고 있는 상황이다.

이와 같은 지역 격차는 수출 주도 성장 정책에 따라 지방을 대기업의 생산 기지로 조성한 것을 주된 원인으로 들 수 있다. 1970년대부터 펼쳐진 강력한 수출 지향 정책을 통해 동남권을 중심으로 대규모 중화학산업단지가 조성되면서 공장이 위치한 지역과 그렇지 않은 지역 간의 생산력 격차가 심화되었다. 특히 정치적 갈등으로 충남, 울산, 경남 등 경부 축에 산업 인프라가 집중되며 영남과 호남 간 불균형 성장이 이뤄졌다. 이는 다시 공장이 위치한 지방에서의 소득이 수도권으로 유입되는 패턴으로 이어지며 서울은 조세 징수에 막대한 편익을 누리고 있다.

이런 이유로 우리나라에서는 지역의 양극화 문제가 지역 '차이'에 따른 자연스러운 현상이라기보다 국가 정책으로 유발된 '격차'라는 인식이 뿌리 깊다. 한 지역만이 가진 독특한 특성이나 지역 정체성으로서의 '차이'가 아니라 상대적 박탈감으로 인식되는 사회·경제의 비대칭적 '격차'로 받아들여지는 것이다. 이는 사회 갈등을 조장해 통합을 저해할 수 있는 심각한 사회문제다.

물론 지역 양극화는 산업화와 도시화를 겪은 나라라면 일반적으로 겪는 현상이기도 하다. 자유시장 작동 원리에 따르면 발전 지역은 주변 지역의 노동, 자본, 자원을 흡수함으로써 더욱 성장한다. 유럽 대부분 국가에서도 수도권을 중심으로 생산성이 높은 단일 지역이 존재하고 이들 지역 사이에는 큰 격차가 나타나며, 이는 2008년 글로벌 경제 위기 이후 더욱 선명해졌다. 많은 OECD 국가에서도 마찬가지다. 조사에 따르면 한 국가 내 생산성이 가장 낮은 지역은 가장 높은 지역에 비해 평균 46퍼센트가량 낮았다.

이와 관련해 OECD는 국가 내 생산성이 가장 높으면서 전체 고용의 10퍼센트 이상을 차지하는 지역이 국가 전체 생산성 증가율의 50퍼센트 미만을 차지하는 경우에는 '지역 분산적 생산성 성장 모델', 50퍼센트 이상을 차지하는 경우에는 '지역 집중적 생산성 성장 모델'로 구분한다. 데이터 분석이 가능한 총 31개국 중 14개국이 지역 집중적 성장 모델에 해당하며, 우리나라도 그중 하나다. 이 국가들에서는 지역 불균형이 확대되었다고 볼 수 있다.

사회에 만연한 지역 불균형

사실 지역 격차는 경제뿐만 아니라 교육, 산업, 일자리, 보건, 보육, 환경 등 다양한 차원에서의 검토가 필요하다. 고등교육을 담당하는 대학뿐만 아니라 절대적인 일자리 수로 봐도 지역에 잠재된 불균형적 요소는 다양하다. 포스트 코로나 시대에 더욱 중요해질 IT 분야의 전문 인력 수요도 그중 하나다.

지역 간 기대 수명과 건강 수명에서도 서울과 그 외 지역은 차이가 난다. 건강형평성학회의 자료를 활용해 2012~2015년 기준 기대 수명과 2008~2014년 기준 건강 수명을 시도별로 살펴본 결과 기대 수명에서는 서울 83.3, 전남 80.7로 2.6년의 차이가, 건강 수명에서는 서울 69.7, 경남 64.9로 4.8년의 차이가 났다.

이런 격차는 보건·복지 측면의 가사 간병, 노인 돌봄 등 사회 서비스에서도 마찬가지다. 대상자 수 자체가 적은 것이 아니라 제공 기관이나 인력 부족이 원인이라면 분명 불평등 문제와 이어진다고 할 수 있다. 실제로 사회복지 지출이나 시설 측면에서의 전반적인 불평등도는 감소했으나, 지역 간 상대적 불평등은 증가하고 있어 그 원인을 파악하고 격차

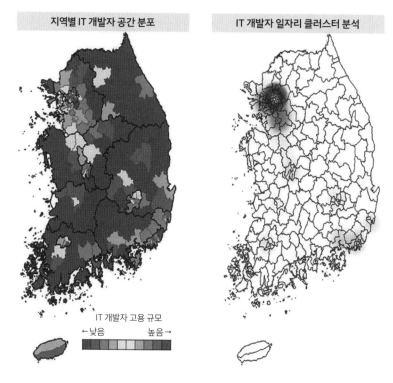

IT 전문 인력 고용 공간 분포의 지역 격차

지역별 IT 개발자 공간 분포

IT 개발자 일자리 클러스터 분석

IT 개발자 고용 규모
←낮음   높음→

자료: 조성철(2020.7.14.)

를 완화할 필요가 있다. 지역 간 이런 격차는 문화 측면에서도 마찬가지다. 우리나라에서는 이를 해소하기 위해 2001년부터 지역 문화 정책을 본격적으로 시행했지만, 여전히 문화 시설은 수도권에 약 40퍼센트가 집중되어 있다.

이와 같은 수도권과 비수도권의 인구통계적 격차, 경제와 비경제적 차원의 격차는 서로 연결되어 지역 격차를 더욱 강화하는 악순환의 관

보건·복지 공급의 불평등도 및 지역 불평등 패턴 변화

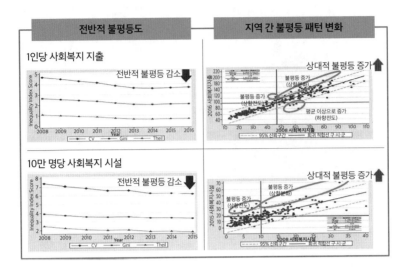

자료: 함영진 외(2018); 조흥식(2020.7.22.) 재인용

지역별 문화 시설 수

구분	총계	비율 (%)	도서관	박물관	미술관	문예 회관	지방 문화원	문화의 집	1개 시·도당 문화 시설 수
전국	2,749	100	1,043	873	251	251	231	100	161
수도권 (서울, 경기, 인천)	1,013	36.8	459	297	102	74	66	15	337
비수도권 (14개 시·도)	1,736	63.2	584	576	149	177	165	85	124

자료: 한국문화관광연구원(2019)

계를 이룬다. 특히 지역 격차 문제의 핵심인 고령화와 저출산, 수도권으로의 인구 유출과 지역 산업 쇠퇴, 그리고 일자리 부족 문제는 서로 영향을 주고받으며 쇠퇴 지역을 더욱 쇠퇴하게 만들어 불균형을 가중시

킨다. 여기에 전 세계적인 저성장 추세, 디지털 전환과 신산업 등장에 따른 산업구조 변화는 주력 제조업을 중심으로 한 지역의 산업 침체와 일자리 감소, 수도권으로의 인구 이동 증가, 지역 소득 감소로 이어지고 있다.

코로나19로 위협받는 지방

OECD에 따르면 코로나19 사망자 수도 다른 감염병처럼 인구 밀집도가 높은 대도시일수록 많고 대도시에서 멀수록 줄어드는 경향을 보인다. 그리고 같은 대도시 안에서도 취약 계층이나 사회적 약자가 속해 있는 빈곤 지역의 사망률은 다른 곳에 비해 높게 나타난다. 불가항력의 재앙 앞에서 지역 불균등이 또 다른 재해를 낳는 것이다. 코로나19가 야기한 지역 격차는 사망자 수 외에 여러 사회적 대응에서도 드러난다. 이를 크게 사회적 거리두기라는 정책 대응, 공급과 소비의 온라인화라는 경제 주체의 대응, 이동성이라는 개인 차원의 대응으로 나눠 살펴볼 수 있다.

우리나라를 비롯해 여러 나라에서 시행하고 있는 사회적 거리두기는 코로나19의 확산을 막기 위한 어쩔 수 없는 조치지만, 단기적으로 노동 공급을 제약할 수 있기 때문에 경제적 손실이 불가피하다. 특히 가장 큰 타격을 받는 분야는 재택근무의 대안을 찾을 수 없는 업종이다. 산업별로는 도소매, 숙박, 음식, 예술 계통이, 직업별로는 서비스와 판매, 기타

코로나19 봉쇄 조치 시 개인 특성별 근무 가능 지수

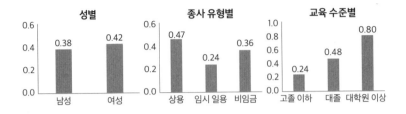

자료: 오삼일·이상아(2021)

저숙련 일자리 등이다. 그렇지 않아도 소득이나 일자리 부족으로 어려움을 겪던 지방의 경우 소득 불평등과 빈곤의 정도가 더욱 악화될 수밖에 없다.

공급과 소비의 온라인화 또한 코로나19 이후 지역 격차를 키우는 요인이다. 코로나19로 온라인 원격수업이 도입된 교육 분야를 비롯해 산업이나 기업에서의 디지털 전환도 거스를 수 없는 시대 흐름이 되었다. 보건·복지 분야에서도 코로나19를 계기로 디지털화 추세가 이어지고 있다. 그중 실제 약물이 아닌 애플리케이션, 게임, 가상현실 등의 소프트웨어를 질병 치료와 건강 관리에 활용하는 디지털 치료제는 의료 분야에서 원격의료에 대한 인식을 더욱 확산시킬 것으로 보인다.

코로나19의 직격탄을 맞은 문화·예술계 또한 마찬가지다. 디지털 기술을 활용한 온라인 방식을 도입함으로써, 단순히 공연 전달 방식이 아니라 공연·예술 생태계의 변화를 가져올 것으로 예상된다. 그러나 이와 같은 온라인화 추세는 성장의 기회인 동시에, 빈부 격차를 가속화하는 위기 요인이 될 수 있다.

한편 코로나19로 일상생활에서의 활동 반경이 좁아지면서 쇼핑 등 소비를 위한 이동은 근거리 위주로 이뤄지고 있으나, 지역 간 경기 격차가 확대되며 비수도권에서 수도권으로의 원거리 차원의 인구 이동은 많아졌다. 지역 격차에서는 인구통계학적 영향을 빼놓을 수 없는 만큼 포스트 코로나 시대 지역 양극화를 해결하기 위해서는 인구 이동에 따른 변화도 반드시 눈여겨봐야 한다.

지역 양극화
분석하기

미래 예측을 위한 글로벌 키워드

지역에서 일어나는 양극화 현상을 바탕으로 각 양상과 코로나19의 연관성을 확인하기 위해 국내외 키워드 네크워크를 분석했다. 그 결과 '인구' '일자리' '디지털' '교육' '문화' 등 다양한 영역에서 키워드가 도출되었다.

다음으로 코로나19 이후로 지역에서 발생하는 위기 현상을 파악하고자 '코로나'와 '지역' '도시' '불평등'을 조합 분석했다. 그 결과 '생산' '일자리' '성장' 등의 키워드가 두드러지게 나타났으며, 분야별로는 '제조' '정부' 'IT' '헬스케어' 등에서 관련 논의가 이뤄지고 있다는 것이 드러났다. 지역 양극화 관련 이슈는 2026년에 가장 강하게 발생한 후 다소 약해지지만, 특별한 주기 없이 장기간 지속될 것으로 예측되었다.

지역 양극화 위기 트렌드 추이

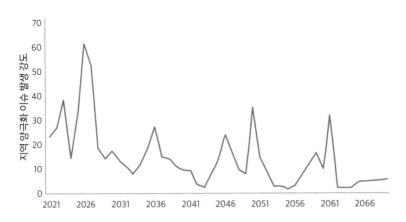

자료: Shaping Tomorrow(검색일 : 2021.5.14.)

지역 양극화 위기 관련 토픽 클라우드

키워드(keywords)

business
region growth investment
job oil GDP
company market healthcare
vaccine production country energy
industry health
product COVID-19
economy pandemic
economic demand technology
people travel

<섹터(sectors)>

Tourism & hospitality
Telecoms Energy Construction
Information Technology Science
Government Environment Water
Retail Manufacturing
Security Mining Education
Support services Healthcare
Financial services Transport
Real estate Food & agriculture Automotive

자료: Shaping Tomorrow, https://bit.ly/3AzlOto(검색일 : 2021.5.14.)

지역 양극화 위기 관련 국내 보도 건수

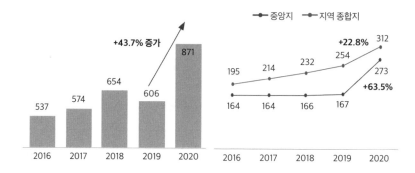

자료: BIGKinds(검색일: 2021.6.17.)

자료: BIGKinds(검색일: 2021.6.21.)

지역 양극화 키워드 네트워크와 주제

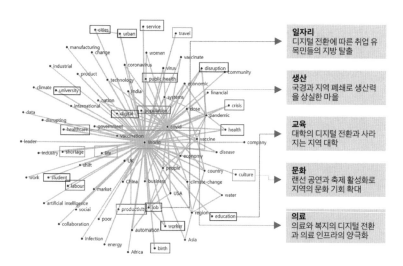

자료: Shaping Tomorrow(검색일: 2021.5.14.)

120

사회적 시선이 담긴 국내 키워드

코로나19가 우리나라의 지역 양극화에 미친 영향을 알아보기 위해 '지역' '양극화' '위기'를 키워드로 2016~2020년 5년간 국내 뉴스를 분석했다. 그 결과 지역 양극화 관련 보도는 코로나19 발생 이전 500~600건 내외에 불과하던 것이 코로나19가 발생한 2020년에는 전년 대비 43.7퍼센트 증가한 871건이나 검색되었다.

특히 지역 종합지가 22.8퍼센트 증가한 것에 비해, 중앙지는 63.5퍼센트 증가했는데 지역 양극화 위기가 지역만의 문제로 인식되지 않음을 확인할 수 있다.

이와 같은 분석 결과와 발생 추이를 바탕으로 사회에 미치는 영향과 중요도 등을 고려해 포스트 코로나 시대 지역 양극화와 관련된 핵심 주제로 '일자리' '생산' '교육' '문화' '의료' 다섯 가지를 도출했다. 이제부터는 각 주제에 따른 지역 양극화의 구체적인 모습을 이야기해보자.

코로나19가 바꾼
사회 양극화

일자리, 디지털 전환에 따른 취업 유목민들의 지방 탈출

수도권으로 일자리가 집중되며 지역의 일자리가 부족해지는 상황은 새로운 현상이 아니다. 하지만 일자리 양극화 현상이 코로나19 이후 더욱 심화되었다는 점은 분명 새로 드러난 문제다. 이를 보여주듯 '지역' '일자리' '위기' 관련 뉴스 키워드는 코로나19 발생 이전인 2019년과 비교해 2020년 87.1퍼센트 증가했다. 둘 사이의 직접적인 인과관계는 확인할 수 없더라도 사회적 관심도나 중요도는 분명 증가했음을 알 수 있다. 코로나19 발생 후 수도권으로의 인구 유입도 2020년 1월 이후 전년대비 두 배 이상 증가했다. 특히 2020년 3~4월의 수도권 유입 인구의 75.5퍼센트는 20~29세 청년층이 차지했다.

이와 같은 인구 이동 현상은 일자리 수 변화에서도 같은 맥락을 보인

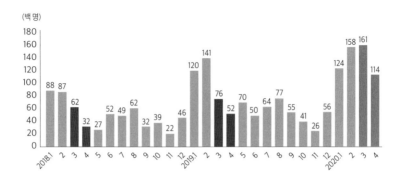

수도권 인구 유입 추이

(백 명)

자료: 이상호(2020)

다. 현재 비어 있거나 1개월 안에 새로 채용될 수 있는 빈 일자리 수를 기준으로 봤을 때, 코로나19 발생 이후 취업이 가능한 빈 일자리 수는 수도권보다 비수도권에서 큰 폭으로 감소했다. 비수도권의 노동시장이 상대적으로 악화되었다는 의미다. 1997년 외환위기 당시 대량 실업으로 수도권 인구가 급증했던 경우와 마찬가지로, 2020년 코로나19 발생으로 지역의 고용 상황이 불안해짐에 따라 젊은 층이 일자리를 찾아 수도권으로 이동한 것이다.

일자리 수는 업종 간에 차이가 심했는데, 취업 플랫폼 잡코리아에 따르면 코로나19 발생 이후 확산된 언택트 문화로 비대면 온라인 기반 산업 분야의 채용은 오히려 증가했다. 전반적인 고용 환경이 불안해졌음에도 불구하고, 비대면을 특수성으로 활용할 수 있는 전자상거래나 게임 산업, 새로운 수익 시장을 개척하는 엔터테인먼트 등의 온라인 중심 서비스 기업들의 일자리는 오히려 늘어난 것이다. 이 같은 기업들은 대

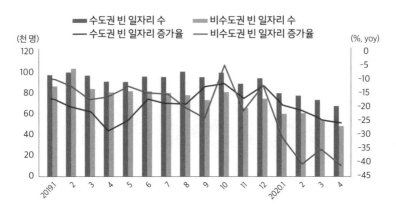

수도권과 비수도권의 빈 일자리 수 변화

자료: 국가균형발전위원회 산업연구원(2020)

부분 수도권에 위치하고 있어, 온라인 서비스에 대한 숙련도가 높은 젊은 층을 빠른 속도로 흡수하고 있다. 이처럼 디지털 전환으로 일자리가 사라지거나 새로운 직업이 생기면서 지역별 산업구조는 지역 양극화의 중요한 변수가 되었다.

전통적인 산업이 군집화된 지역의 경우 로봇이나 AI가 중숙련 일자리를 대체하면 일자리가 줄며 산업단지가 슬럼화되거나 공간 재활용 등의 사회문제가 발생할 수 있다. 반면 플랫폼 기업은 수요 증가로 급성장을 이루면서 일자리를 잃은 도시 청년들을 대량 흡수해 플랫폼 노동자로 만들게 된다. 여기에 지방의 청장년층도 수도권으로 이동하면 생산가능인구의 대규모 이동이 발생할 수 있다. 공공이나 민간 영역을 가리지 않고 일자리가 많은 지역으로의 이동이 빈번해지는 것이다. 한편 지역의 전통 시장 또한 디지털 전환에 취약한 대표적인 장소로, 디지털 기술에 익숙하지 않은 상인이나 자영업자는 경쟁력 우위에서 온라인 기반 산업을 이길 수 없게 된다.

생산, 국경과 지역 폐쇄로 생산력을 상실한 마을

코로나19 발생으로 수도권으로 인구와 소득이 집중되면서 이제 지역은 장기적인 경기 침체를 넘어 소멸을 걱정해야 할 단계에 이르렀다. 코로나19로 위축된 생산과 소비 활동이 출산율 저하와 청년층의 수도권 유입이라는 생산가능인구의 감소와 맞물려 지역의 1, 2차 산업의 생산 기반 약화라는 총체적인 위기로 발전된 것이다.

국경이나 지역 폐쇄 조치로 유입되는 생산가능인구가 줄면 지역의 고령 마을은 경제적·사회적 문제를 겪을 수밖에 없다. 코로나19 발생 초기 해외 주요 국가에서 시행한 이동 제한 조치와 국내 입국 제한으로 외국인 노동자나 계절노동자에 의존했던 산업의 생산 활동이 마비되면서 지역의 위기는 더욱 커졌다. 이를 보여주듯이 '지역' '생산' '위기' 관련 뉴스 키워드는 코로나19 발생 이전인 2019년과 비교해 2020년 105.5퍼센트 증가했다.

지역 양극화는 지방소멸위험지수를 통해 더욱 자세히 살펴볼 수 있다. 한 지역의 20~29세 여성 인구수를 65세 이상 고령 인구수로 나눈 값인 지방소멸위험지수는 1.5 이상 저위험, 1.0~1.5 미만 정상, 0.5~1.0 미만 주의, 0.2~0.5 미만 소멸 위험 진입, 0.2 미만 소멸 고위험으로 분

지방소멸위험지수 분포 및 변화

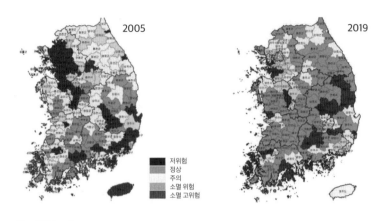

자료: 이상호(2019)

류되는데 위험 단계 대부분 지역이 비수도권에 편중되어 있다.

이런 지방 소멸 추세는 앞으로 더욱 가속화될 것으로 보인다. 코로나19 이후 20대 청년층을 중심으로 수도권으로의 이동이 증가하며 2020년 3~4월 수도권 순유입 인구는 전년 동기에 비해 두 배 이상 증가했다. 또한 전국 228개 시군구를 기준으로 한 소멸 위험 지역은 2019년 5월 93개에서 2020년 5월 105개로 증가했다.

이와 같은 지역 인구의 양적 축소 및 질적 하락은 전 세계적인 현상이지만 우리나라는 다른 국가에 비해 대도시권의 인구 집중도가 현저하게 높다. OECD 회원국들의 5만 명 이상 도시의 거주 비율은 75퍼센트에 불과하지만, 우리나라는 5만 명 이상 82퍼센트, 50만 명 이상 77퍼센트로 대도시권을 중심으로 인구가 극심하게 몰려 있는 모습이다. 또한 수도권과 비교해 비수도권의 고령화 현상은 현저하다. 15~64세

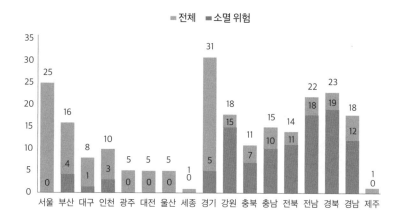

2020년 4월 기준 시군구 소멸 위험 지역 현황

자료: 이상호(2020)

의 생산가능인구 100명에 대한 65세 이상의 고령 인구의 비율을 의미하는 노년부양비는 수도권의 경우 2019년 17.4퍼센트에서 2047년 66.0퍼센트로 증가가 예상되지만, 비수도권은 2019년 23.6퍼센트에서 2047년 81.8%퍼센트로 급증할 것으로 보인다.

기존의 저출산 경향에 코로나19의 충격이 더해진 결과 고용이나 소득과 같은 경제적 측면과 비대면 문화, 산모 고령화 등 사회·문화적 측면이 복합적으로 영향을 미쳐 결혼이나 출산을 기피하게 된 것이다. 실제로 여성 한 명이 15~49세의 가임 기간 동안 낳을 것으로 기대되는 평균 출생아 수인 합계출산율은 2019년 0.92명에서 2020년 0.84명으로 떨어졌고, 코로나19 이후의 저출산 경향까지 반영된다면 2021년에는 0.7명대 이하로 낮아졌을 가능성도 있다.

출산율 감소 추세는 해외의 선진국들 또한 마찬가지다. 이탈리아, 벨

국내 시도별 노년부양비 전망

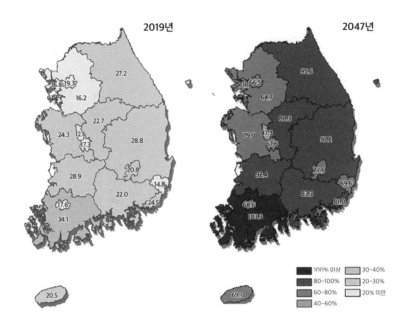

기에, 미국 등의 국가에서도 코로나19 이후 보건과 경제 위기 때문에 출산을 연기하거나 포기하는 경우가 늘며 출산율 급락을 겪고 있다. 이들 국가 역시 이전부터 저출산 추세가 지속되어 왔으나, 코로나19 이후 불확실성이 더해지며 출산율이 큰 폭으로 감소한 것이라 할 수 있다.

이와 같은 혼인과 출산 문화가 지역 양극화에 영향을 주는 이유는 주거 여건이라는 사회적 요인 때문이다. 출산율이 낮은 지역은 소아과나 산부인과가 적을 수밖에 없고, 이것이 결국 해당 지역을 아이 키우기 어려운 곳으로 고착화해 격차를 더하는 것이다. 실제로 2021년 사회안전

포스트 코로나 시대 인구 고령화의 발생 구조

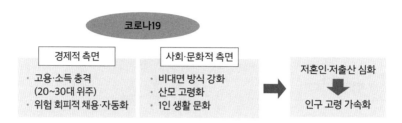

자료: 김민식 외(2020)

지수 분석 결과에 따르면 전국 155개 시군구의 경제활동, 생활 안전, 건강 보건, 주거 환경을 종합했을 때 상위 30곳 중 25곳이 수도권과 대도시에 집중되어 있었다. 병원, 치안, 일자리 등 종합적인 삶의 만족도에 영향을 미칠 수 있는 요소가 지방보다 수도권 대도시에 집중되어 있어, 사회적으로 안전하게 보호받을 기본적인 권리에서도 지역에 따라 차등이 존재했다.

이처럼 코로나19 발생 이후 고용이나 소득에서 타격을 받고 여러 불확실성이 증가하는 상황은 1인 문화의 확산과 혼인 및 출산율의 감소로 이어지고 있다. 이는 고령화 사회를 앞당기고, 특히 수도권이나 대도시보다 지역에서의 위기 요인으로 작용해 지역의 생산 활동을 위축시키는 연쇄반응을 일으킨다. 또한 생산이나 소비가 전반적으로 축소되면 공급 과잉에 대응해 콤팩트 도시로의 지역사회 축소 현상이 발생할 수 있다. 결국 인적자원의 중요성이 부각되며 이주민이나 해외 이민자에 대한 지역별 우대 정책이 강화되고, 1인 가구나 독거노인의 증가로 인간 소외를 막기 위한 주거 공동체 등 대안적 주거 형태도 등장할 수 있다.

2021년 시도별 사회안전지수

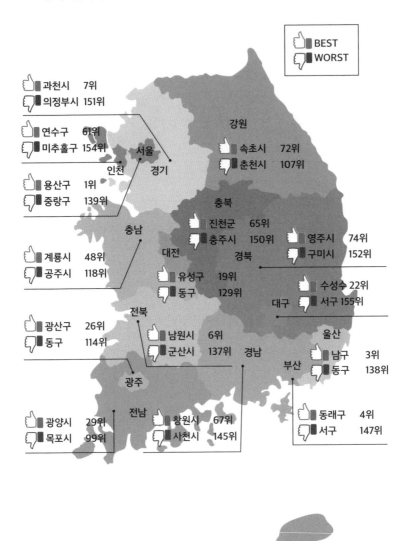

BEST
WORST

과천시　7위
의정부시 151위

연수구　61위
미추홀구 154위

서울
인천　경기

용산구　1위
중랑구　139위

강원

속초시　72위
춘천시　107위

충남

계룡시　48위
공주시　118위

충북

진천군　65위
충주시　150위

영주시　74위
구미시　152위

대전
유성구　19위
동구　129위

경북

수성수 22위
서구 155위

대구

광산구　26위
동구　114위

전북

남원시　6위
군산시　137위

경남

울산

남구　3위
동구　138위

부산

광주

광양시　29위
목포시　99위

전남

창원시　67위
사천시　145위

동래구　4위
서구　147위

자료: 머니투데이(2021.1.4.)

교육, 대학의 디지털 전환과 사라지는 지역 대학

수도권과 지방의 불균형은 저출산으로 사회 전체의 학령인구가 감소하는 상황과 맞물려 지역 대학으로까지 그늘을 드리우고 있다. 2021학년도 2월 말 기준 정시에 신입생을 채우지 못한 일반·전문대학 167개의 91퍼센트는 지방 대학이었다. 반면 2019년 기준 비수도권 청년 중 수도권 대학에 진학하는 10대의 수도권 유출은 2009년에 비해 두 배 증가해 지역 안에서의 인재 확보는 더욱 어려워지고 있다. 수도권과 지역의 사회·경제적 격차가 '기울어진 운동장'을 만들어 지역 대학을 더욱 위기로 몰고 있는 것이다.

학생 충원율은 대학기본역량진단 기준에서도 단일 평가 지표로는 가장 큰 배점을 이루고 있는 대학 유지의 핵심 영역이다. 과거에는 중국, 동남아 등에서 유학생 유치를 통해 부족한 학생 수를 확보할 수 있었지만, 코로나19 이후 이마저도 어려워진 상황이다. 코로나19 이후 지역 대학의 위기 의식은 뉴스 키워드 분석에서도 잘 드러나는데, '지역' '대학' '위기' 키워드는 코로나19 발생 이전인 2019년과 비교해 2020년 85.4퍼센트 증가한 것으로 나타났다.

지역 대학과 수도권 대학의 차이는 다른 부분에서도 나타난다. 지역 대학의 경우 전체 재적생 대비 중도 탈락생의 비율을 의미하는 중도 탈락률 증가로 수도권 대학과의 격차가 더 벌어지고 있으며, 전체 정원 대비 재학생의 비율을 의미하는 재학생 충원율 또한 늘 100퍼센트를 밑돌고 있다.

연도별 외국인 유학생 추이

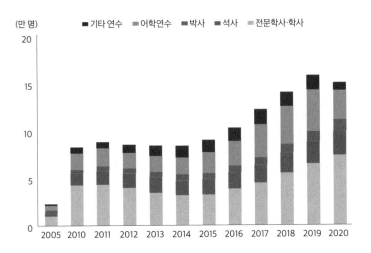

자료: 교육통계서비스(검색일: 2021.6.22.)

코로나19로 대면 수업이 어려워진 것 또한 문제다. 온라인 기반의 비대면 교육 시스템을 갖추지 못한 대학이 축소되거나 소멸하면 대학가의 부동산과 상권 붕괴로까지 이어질 수 있다. 이 경우 대학 캠퍼스 축소와 공간 전환, 재활용 등의 대안을 마련해야 할 것이다.

코로나19로 이런 상황이 오래 지속될 경우 지역 대학의 위기는 지역의 교육력 위축을 넘어 지역의 경제력에도 타격을 입히고 결국 지역 소멸을 가속화할 수밖에 없다. 지역에 존재하는 대학의 존폐는 대학 하나가 사라지는 단순한 문제가 아니다. 지역사회의 소멸이 현실이 되기 전에 해결을 위한 다각적 노력이 필요하다.

반면 이런 변화는 데이터와 영상 기반의 온라인 교육 시스템을 갖추

지방 대학의 위기와 지역 소멸과의 관계

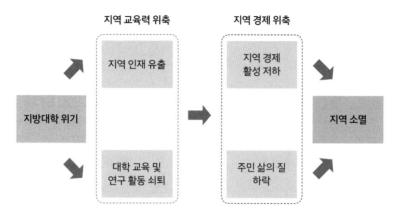

자료: 배상훈·한송이·변보경(2019)

고 있던 사이버대학에는 새로운 기회였다. 시공간 제약이 없기 때문에 대학생, 직장인, 주부, 은퇴자 등 다양한 연령층이 관심 분야의 전문성을 키우거나 진로 변경을 위해 교육을 받는 경우가 늘고 있다. 21개 사이버대학의 2021학년도 1학기 신·편입생 수는 전년과 비교해 6936명 증가했으며, 재학생도 꾸준히 증가해 현재 21만 명에 달한다.

한편 코로나19로 정상적인 학생 모집과 수업이 불가능해짐에 따라 기존의 패러다임에서 탈피한 공유 대학의 개념도 도입되기 시작했다. 비슷한 학과와 교육 과정을 놓고 인근 대학과의 경쟁을 유도함으로써 지역 대학의 위기를 극복하려는 것이다. 지역 내 대학뿐만 아니라 수도권과 지역 대학의 공유를 통해서는 학점 외에도 공동 학위 수여와 같은 높은 수준의 교류도 기대할 수 있다. 이처럼 교육의 지리적 경계가 무의해진 상황에서는 세계 유명 대학의 커리큘럼을 듣는 것도 가능할지 모른다. 오히려 대학 교육에 대한 수요가 줄고 개인 맞춤형 소그룹 교육 등 대안 교육 시장이 활성화되는 상황도 예상 가능하다.

문화, 랜선 공연과 축제 활성화로 지역의 문화 기회 확대

코로나19로 비대면 활동이 일상화됨에 따라 개인의 여가와 문화생활에도 변화가 일어나고 있다. 여행, 공연, 축제 등 오프라인 형태로만 접할 수 있었던 다양한 문화 콘텐츠들이 비대면으로 전환되거나 사라지면서, 무화 서비스의 제공자와 소비자 모두 생산하거나 이용할 수 있는 기회가 줄어들고 있다. '지역' '축제' '위기'에 대한 뉴스 키워드도 코로나19 발생 이전인 2019년에 비해 2020년 114.0퍼센트 증가했다.

해마다 지역별로 개최되던 계절 축제는 코로나19의 장기화로 2020년 들어 줄줄이 취소되었다. 그러나 지역 경제가 받는 타격이 커지며, 지자체별로 거리두기 수칙에 따라 축제를 열거나, 온라인으로 전환한 '비대면 축제', 온·오프라인 병행의 '하이브리드hybred 축제' 등으로 형태를 달리해 진행하기도 했다. 특히 보령머드축제, 횡성한우축제 등 지역 특산물 판매 비중이 높은 축제의 경우 특산물을 활용한 체험 키트나 특산물 판매 중심의 온라인 축제로 전환해 지역 경제 활성화를 위한 새로운 판로를 모색했다.

여행 산업 또한 코로나19의 직격탄을 맞은 분야였다. 규모 자체가 크게 축소되어, 한국관광공사에 따르면 2020년 BC카드 사용액은 전년

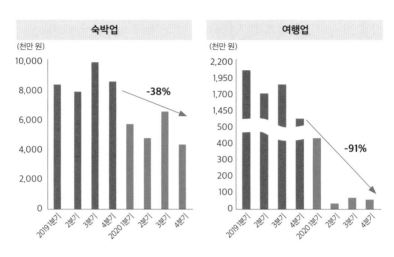

여행 산업 분야별 카드 사용액 변화

| 숙박업 | 여행업 |

(천만 원)

-38%

(천만 원)

-91%

자료: 한국관광공사(2020)

대비 숙박업 38퍼센트, 여행업 91퍼센트 감소했으며, 2020년 관광 인구 이동량 또한 전년 대비 11퍼센트 감소했다. 하지만 국내 여행, 특히 알려지지 않은 소도시 여행에 대한 관심은 증가해서 전년 대비 해외여행에 대한 관심도는 7퍼센트포인트 감소한 반면, 국내 여행지에 대한 관심도는 6퍼센트포인트 증가했다.

여행 산업 자체의 규모는 축소되었지만 불특정 다수와의 접촉을 기피하려는 경향에 따라 제주, 전주, 서울 등 유명 관광지보다 경기 포천, 경북 성주, 전남 보성 등 덜 알려진 지역 소도시에서 더 많은 소비가 일어났다. 사회적 거리두기에 구애받지 않는 여가 활동을 찾아 친환경, 저밀 지역에 대한 관광 수요가 증가한 것이다. 전년과 비교해 인구 이동 패턴이 수도권 집중형 구조에서 지방 분산형 구조로 바뀌며, 권역 내 결속

권역 내 결속력과 인구 유입 집중화 변화

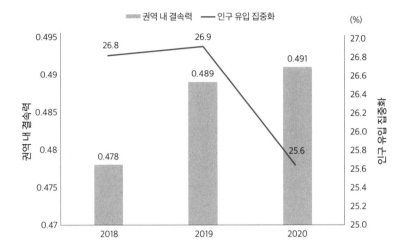

자료: 한국관광공사(2020)

력은 강화되고 인구 유입의 집중도는 약화된 것도 같은 맥락이다.

언택트와 힐링에 초점을 맞춘 여행이 증가한 것도 또 하나의 특징이다. 불특정 다수와 함께 즐기는 관광 열차, 크루즈나 유람선, 기업이나 단체의 여행 명소 소개로 이뤄진 여행이 감소한 반면, 여행지의 역사를 배우거나 자연경관을 구경하고 랜선 또는 직접 체험하는 여행 등에 관심이 증가했다. 힐링이나 '소확행'을 목적으로 떠나는 여행이나, 코로나 블루 극복과 언택트를 실현할 수 있는 캠핑도 증가했다.

한편 연극, 뮤지컬, 콘서트 등의 공연 또한 코로나19가 지속되며 피해를 입은 대표 분야다. 코로나19 이후 줄줄이 취소된 공연으로 2020년 공연 기획업 및 공연장 매출은 전년 대비 82퍼센트 감소한 것으로 나타

코로나 시대 여행 관심도 변화

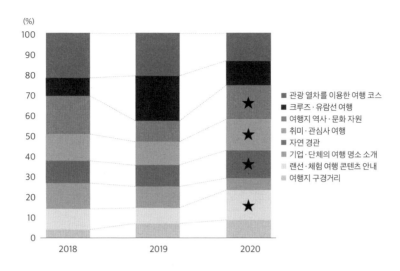

자료: 한국관광공사(2020)

났다. 전국 공연·예술 기관의 45.8퍼센트가 휴업 또는 폐업을 하고, 전 년보다 공연 횟수가 줄어든 시설은 전체의 97.4퍼센트에 이르렀다. 공연 을 개최해도 당시 방역 지침을 준수하려면 객석 가동률을 30~50퍼센 트만 유지해야 했으므로 소규모 공연장의 경우 공연을 여는 것이 더 손 해다. 영세 업체의 경우 온라인 공연을 위한 영상 송출 비용과 기술력 문 제로 쉽게 온라인으로 전환하지 못하는 한계도 있다.

하지만 이런 상황은 공연 문화 인프라가 부족한 비수도권 지역에는 오히려 전환의 계기가 될 수도 있다. 2019년 기준 문화 시설은 5년 전과 비교해 약 16퍼센트 증가했으나, 수도권에 집중 공급된 상태였다. 서울, 경기, 인천 세 지역에 전체 시설의 36.7퍼센트가 들어서 있으며, 비수도권 14개 시도에 63.3퍼센트에 해당하는 1786개의 시설이 나눠 입지하고 있다. 하나의 시도에 들어서 있는 문화 시설 수는 수도권이 345.7개, 비수도권이 126.7개로 두 배 이상 차이가 난다.

하지만 코로나19 이후 온라인 플랫폼 기반의 비대면 문화가 전 세계적으로 확산되며 개인의 여가 활동이나 문화생활에 큰 변화가 일어났다. 랜선으로 문화를 향유할 수 있는 다양한 방법이 개발되면서 초기 유료로 제공되던 공연 영상도 무료화되는 등 수도권 외 지역에서도 공연, 축제, 전시 등의 문화생활 참여 기회가 확대되고 있다.

이런 변화는 예술과 기술의 결합을 통해 산업을 혁신시키고 수도권 중심의 문화를 분산함으로써 공연 인프라가 부족한 지역에도 새로운 기회로 작용할 것이다. 디지털, 인터넷 인프라가 발달한 도시 공간에서는 온라인 공연을 즐기고, 시골 지역에서는 오프라인 공연을 즐기는 등 공연의 장소가 분화되는 것이다. 여기에 VRVirtual Reality 기술이 더욱 발전하면 지역별 오프라인 계절 축제도 랜선 축제로 대체될 수 있을 것이다.

코로나19로 외부 활동이 자유롭지 못한 오늘날 나만의 안전한 공간에서 자유롭게 문화생활을 즐기려는 욕구는 점점 커지고 있다. 이들을 지칭하는 홈루덴스home ludens라는 신조어까지 생겼을 정도로 이제 사람들은 집 안에서의 여가를 중요하게 생각한다. 그중 인터넷을 통해 영화나 드라마 등 미디어 콘텐츠를 제공받는 OTTOver The Top 서비스는 가장 대표적인 유형이다.

글로벌 OTT 사업자 1위인 넷플릭스의 경우, 2020년 기준 국내 결제 금액 5173억 원을 돌파하며 우리나라에서 가장 많은 사람들이 사용

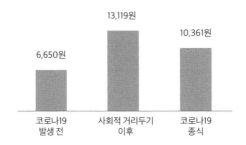

코로나19 이후 OTT 서비스 지출 비용 변화

13,119원

10,361원

6,650원

코로나19
발생 전

사회적 거리두기
이후

코로나19
종식

자료: 이양환(2020)

하는 애플리케이션으로 분석되었다. 이외에도 유튜브, 티빙 등 다양한 OOT 서비스 이용이 증가하고 있으며, 코로나19가 종식된 후에도 이들 서비스 이용을 위한 지출은 크게 줄지 않을 것으로 보인다. OTT가 문화생활의 새로운 패러다임으로 정착한 것이다.

의료, 의료와 복지의 디지털 전환과 인프라의 양극화

코로나19 발생으로 지역 의료 체계가 붕괴되고 대형 병원이나 거점 병원으로 환자가 몰리면서 지역 의료 위기는 더 선명해지고 있다. '지역' '의료' '위기' 뉴스 키워드 분석에서도 코로나19 발생 이전인 2019년과 비교해 2020년에는 217.7퍼센트 증가한 것으로 나타났다. 지역 의료 체계 위기에 관한 사회적 관심도와 중요도가 그만큼 증가했다고 볼 수 있다.

이처럼 지역 의료에 위기감이 도는 이유는 대도시권에 비해 불평등한 의료 체계가 오랜 시간 고착화되었기 때문이다. 지역 양극화가 결국 의료 양극화로 이어진 것인데, 통계청에 따르면 모든 종합병원, 병원, 요양병원, 의원, 치과병원뿐만 아니라 상급 종합병원과 의료 인력은 대도시에 집중되어 있으며, 지역에 따라 상급 종합병원이 아예 존재하지 않는 경우도 있다.

지역 간 의료 격차를 완화하기 위해 설립한 지역 거점 공공 병원 역시, 일부 대도시를 제외한 대부분의 지역에서 충분한 양질의 의료 서비스를 제공하지 못하는 것으로 나타났다. 의료원과 적십자병원 중 지역의료원 34개소의 진료과별 전문의 수는 서울의 경우 평균 29.7명을 훨

2019년 시도별 의료 기관 현황

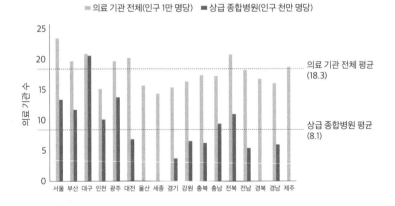

주: '의료 기관'에 상급 종합병원, 종합병원, 병원, 요양병원, 의원, 치과병원 등 모든 종류의 요양 기관 포함
자료: 국가통계포털, 지역별의료이용통계: 시도별 요양기관 현황; 국가통계포털, 주민등록인구현황 바탕으로 저자 작성

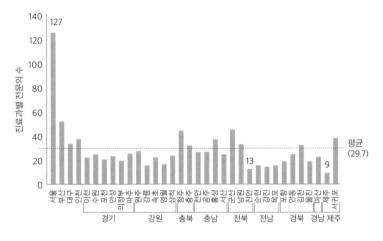

2019년 전국 지역 거점 공공 병원 진료 현황

주: 지역 거점 공공 병원(의료원 및 적십자병원) 중 지방 의료원 34개소의 진료과 별 전문의 수
자료: 지역 거점 공공 병원 알리미(검색일: 2021.5.13.)

씬 웃도는 127명이었지만, 진안은 13명, 제주는 9명에 불과했다.

　이와 같은 의료 불평등에 대한 문제 인식은 코로나19 이후 사회 전반에 벌어진 디지털 전환과 더불어 원격의료, 디지털 복지 등의 새로운 개념들을 확산시키고 있다. 전화, 이메일, 화상 전화, 채팅 등으로 의료 서비스를 제공하는 '비대면 의료telemedicine'가 그중 하나인데, 여기에는 원격 진료, 원격 수술, 원격 환자 모니터링을 포함하는 원격의료와 디지털 치료제가 포함된다.

　우리나라에서는 2020년 2월 24일 비대면 의료를 한시적으로 허용했는데, 원격 환자 모니터링과 원격 수술을 제외한 화상 진료, 전화 진료, 2차 소견, 데이터 판독에 한정되었다. 당시 3853개의 병원이 전화 진료에 참여했다. 1990년대 미국, 1997년 일본, 2009년 중국, 2018년

프랑스 등 다수의 국가에서는 의료 인프라가 충분하지 않은 낙후 지역의 의료 서비스를 개선하기 위해 일찍부터 비대면 의료를 도입한 상태다. 비대면 의료에 대한 국가 차원의 법률이나 정책이 없는 국가도 국가 의료법에 따라 이를 허용하는 경우도 다수 존재한다.

코로나19 팬데믹 이후 디지털 치료제와 함께 원격의료를 이용한 디지털 헬스케어에 대한 관심은 전 세계적으로 높아지고 있다. 실제 미국의 원격의료 이용률은 코로나19 발생 이전 11퍼센트에서 46퍼센트로

비대면 의료의 개념 및 범위

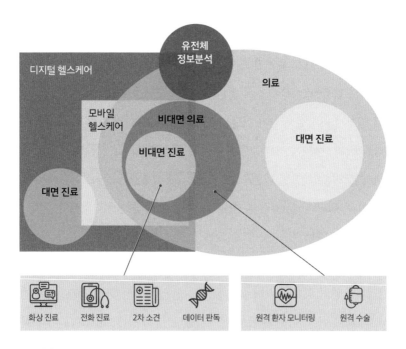

자료: 삼정KPMG(2020)

크게 증가했으며, 영국은 1퍼센트에 불과하던 원격 진료가 매주 두 배씩 증가하는 추세다. 프랑스도 연간 6만 건 정도였던 원격 진료가 코로나19 발생 이후 한 달간 88만 건이나 이뤄졌다. 우리나라도 코로나19를 겪으며 접근성 향상이라는 측면에서 원격의료에 대한 관심과 중요성이 크게 증가하고 있다.

그러나 원격의료 시스템에는 긍정적 효과만 있는 것은 아니다. 의료비 절감, 의료 질 향상, 불필요한 이동 축소, 소외 지역의 의료 접근성 향상이라는 OECD의 예측과 달리, 디지털 기술 활용력이 낮은 노년층의 원격의료 서비스 이용률은 젊은 층에 비해 현저하게 떨어진다. 또한 비대면 의료가 소외 계층이나 지역의 웰빙 수준을 높이는 것이 아니라 스마트 거점 병원을 중심으로 대형화·계열화를 이뤄 지방의 1차 병원 등 소규모 의료 기관을 소멸시킬 수도 있다. 이와 같은 차이는 상대적으로 소득과 교육 수준 등이 낮고 고령 인구 비율이 높은 지역의 경우, 원격의료 혜택을 누릴 수 없게 만든다.

또한 오늘날처럼 이동이 자유롭지 못한 팬데믹 상황에서는 인프라가 부족하지 않은 수도권이라 해도 의료 기관 접근성은 낮을 수밖에 없다. 그런 의미에서 위험성이 높은 도시일수록 원격의료가 더욱 잘 활용될 것이다. 이 경우 의료 빅데이터 산업에서도 의료 취약 지역은 더욱 소외되어 지역별 건강 격차가 심화될 수 있다. 감염병 확산에 잘 대응하고 공간 안전성을 확보할 수 있도록 도시 내 물리적 구조의 변화도 필요할 것이다.

지역 양극화의
미래

지역 갈등의 내일을 상상하다

지역 양극화는 디지털 기술이 의료, 교육, 업무, 여가 등의 부문에서 어떻게 활용되느냐에 따라 서로 다른 결말로 나타날 것이다. 디지털 기술의 발달로 가상세계와 메타버스가 일상화되면 기존의 지역적 구분은 더 이상 유효하지 않을 테고, 지역 양극화의 문제 또한 자연스럽게 해소될지 모른다.

하지만 디지털 인프라 격차는 또 다른 양극화를 낳을 수 있다. 가상세계 정보에 접근할 수 있는지에 따라 가상세계에서의 일자리 격차가 발생하고 삶의 방식에서도 차이가 벌어질 수 있다. 적응에 성공한 사람들은 비대면 라이프스타일을 기회 요소로 활용할 수 있지만, 일자리를 찾지 못한 채 아르바이트를 직업 삼아 살아야 하는 경우도 생길 것이다.

원격의료 또한 두 가지 미래를 그려볼 수 있다. 어느 지역에서나 의료 서비스를 받을 수 있다는 강점도 디지털 인프라를 보유하지 못한 사람들에게는 의미가 없고, 이런 접근성의 문제가 수도권과 지방 간 원격의료의 질적 차이로 이어질 수 있다.

이를 해결하기 위해서는 인프라를 갖추는 것뿐만 아니라 고령층 등 디지털 활용이 어려운 사람들을 위한 교육도 반드시 필요하다. 가까운 미래에 AI 기술이 도입된 진료가 가능해지고 이를 통해 의료 기술이 선진화된다면 디지털 기술이 가져온 강력한 변화를 느끼는 동시에 건강 격차까지 좁힐 수 있을 것이다. 디지털 전환과 맞물려 다가올 지역 양극화의 구체적인 미래상은 다음과 같다.

1. 디지털 인프라 차이에 따른 기회 격차

업무, 교육, 여가 등 일상 전반에 비대면 라이프스타일이 정착하면서 디지털 인프라 차이에 따른 기회 격차가 발생한다. 수도권을 중심으로 메타버스 활용 교육이 활성화되고, 가상세계 일자리 정보가 공유된다. 디지털 인프라가 약한 지역은 정보 접근 자체가 어려워진다.

2. 아르바이트가 직업이 된 지방 청년들

지방 청년들이 일자리를 찾기 위해 수도권으로 이주하지만 수도권 일자리의 절대 수가 감소하면서 청년들의 취업이 어려워진다. 아르바이트가 하나의 직업이 되어 청년 다수가 장기간 아르바이트만 하며 살아간다.

3. 비대면 라이프스타일 정착으로 청년 인구 분산

온라인 여가 생활 비중이 높아지고 원격업무가 활성화되면서 일은 지방에서, 놀이는 가상세계에서 하는 청년들이 늘어난다. 청년 인구의 수도권 편중 현상이 완화된다.

4. 디지털 변화에서 소외되는 고령층

사회 전반에 디지털 기술이 활용되면서 이에 대한 접근이 어려운 노인 소외 문제가 심각해진다. 특히 디지털 인프라가 부족한 지방 고령층은 점점 고립된다. 이들이 디지털 시대에 적응할 수 있도록 노인 디지털 교육이 필수로 자리 잡는 등 사회적 대안이 마련된다. 지방에서는 디지털 인프라를 갖춰 지방 인구 유입을 위한 시도를 이어간다.

5. 공공시설 감소로 안전 격차 발생

지방 인구 감소로 경찰서, 소방서 등 지방의 필수 공공시설이 줄어든다. 지방은 수도권에 비해 안전하지 못하다는 인식이 생기면서 지방 기피 현상이 심해진다.

6. 생산 능력을 상실하고 사라지는 마을

디지털 전환이 가속화되며 경쟁력을 잃은 지역 산업은 더 빨리 위축된다. 소아과, 산부인과가 없는 지역이 늘어나며 일자리와 육아 인프라를 찾아 중장년층이 이탈하며 소멸의 길을 걷는 고령 마을이 빠르게 증가한다.

7. 지방 외국인 이주민 비율 증가

농어촌 지역을 중심으로 외국인 이주민 비율이 증가하면서 사회 전반에 이주민의 영향력이 커진다. 비수도권 노동력의 50퍼센트 이상이 이주민으로 대체된다. 이주민의 지역 정치 참여도 활발해진다.

8. 온라인 공유 대학 활성화

온라인 수업이 교육의 주된 방식으로 자리 잡으면서 전국의 대학교들이 연합해 공유 커리큘럼을 개설한다. 공유 대학에 참여하지 못한 지방 대학들은 경쟁력을 잃고 소멸한다.

9. 지방 대학의 흡수와 통합

대학 교육에서 온·오프라인 선택지가 넓어지면서 수도권 대학이 지방에 캠퍼스를 다수 신설한다. 수도권 대학에 입학하더라도 온라인으로 수업을 듣고 오프라인 등교는 지방 캠퍼스로 할 수 있게 된다. 학생 수가 부족한 지방 대학은 수도권 대학에 통폐합된다.

10. 학위 중심 교육의 약화와 국내 대학 경쟁력 감소

전 세계의 다양한 교육 커리큘럼이 온라인에 무료로 공개되면서 독학으로도 학습할 수 있는 환경이 조성된다. 학위를 따기 위해 공부하는 문화에서 벗어나며 수도권과 지방 대학의 격차가 줄어든다. 외국 대학의 온라인 수업에도 접근할 수 있어 국내 대학의 경쟁력이 떨어지고, 지방 대학뿐만 아니라 수도권 대학도 정원 채우기가 어려워진다.

11. 원격의료 도입으로 지역 격차 완화

디지털 헬스케어 발달과 원격의료 도입으로 지방에 거주하는 사람들도 시간과 장소에 상관없이 진료를 받을 수 있는 기회가 확대된다. 의료 서비스의 핵심이 되는 고령층이 소외되지 않도록 디지털 교육이 의무화된다.

12. 원격의료 보편화와 여전히 중요한 물리적 병원

원격의료 보편화로 지방의 의료 접근성이 높아지지만 질 높은 의료 시설은 여전히 수도권에 편중된다. 간단한 진료나 처방은 원격으로 대체되지만 중증 질환이나 수술이 필요한 경우 양질의 의료 혜택을 받기가 더 어려워진다.

13. 온라인 문화생활 보편화

온라인 문화생활이 보편화되면서 공연장으로의 접근성이 떨어져 문화생활이 어려웠던 지방에서도 다양한 문화를 경험할 수 있게 된다. VR 기술이 적극 활용되어 집에서도 온라인 공연을 실감나게 즐긴다.

14. 배송 기술 발달로 장소와 거리에서 자유로워진 배달 서비스

드론 등 무인 비행 장치가 발달하면서 한 시간 내 배달 가능한 거리가 확연히 증가하고 지역 주민의 수도권 상권 접근과 수도권 주민의 지방 상권 접근이 용이해진다. 자영업자의 서비스 범위가 넓어지며 수도권과 지방 자영업자가 경쟁한다.

지역 양극화의 현실 가능성을 재단하다

　지역 양극화의 미래는 디지털 기술을 어떻게 사용하느냐에 따라 달라질 것이다. 누구도 소외시키지 않는 모두를 위한 기술이 될 것인지, 기존의 격차를 더 벌려 양극화를 고착화할 것인지는 오늘을 사는 우리 모두에게 달려 있다. 이를 위해 앞서 언급한 미래상을 다시 발생 가능성과 양극화의 영향력 정도에 따라 분석해봤다.

　그 결과 지역 양극화의 미래상은 대부분 발생 가능성이 높게 나타났다. 생산 능력을 잃고 사라지는 지역이 있을 것이라는 예측이 가장 실현성 높았으며, 비대면 라이프스타일이 정착되어 청년 인구가 분산될 것이라는 예측의 실현성이 가장 낮았다.

　또한 대부분의 시나리오가 양극화를 더욱 부추길 것이라 예측되었는데, 지방 청년들을 중심으로 아르바이트가 직업이 될 것이라거나 생산 능력을 상실한 지역이 사라질 것이라는 미래상은 양극화의 부정적 영향력이 가장 높게 측정되었다. 반면 원격의료의 도입으로 지역 격차가 줄어든다면 양극화가 완화될 것이라 전망되었다.

　지역 양극화의 미래상 모두 발생 가능성과 영향력 측면에서 많은 의미를 내포하고 있다. 지역 양극화의 경우 구체적인 미래상에서부터 긍정적·부정적 방향성을 모두 갖고 있기 때문에 앞으로 어떻게 대비하느냐에 따라 미래의 모습도 달라질 것이다. 코로나19로 새로운 생활 방식이 시작된 지금, 기술로부터 소외된 개인을 돌보는 노력은 디지털 양극화뿐만 아니라 지역 양극화까지 해결하는 출발점이 될 것이다.

지역 양극화 미래상의 발생 가능성과 영향력 분포

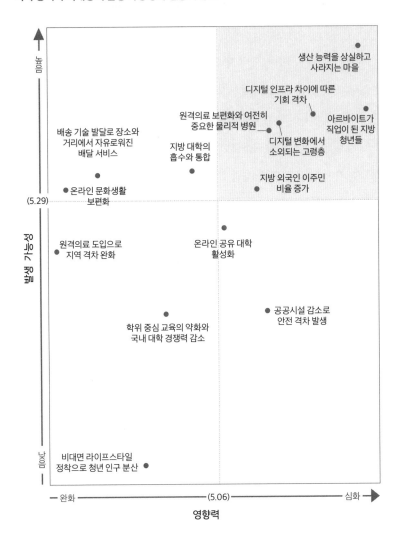

자료: 저자 작성

숲의 소리

"드디어 왔구나!"

민정은 집에 들어서자마자 울리는 우편 도착 알림음에 서둘러 텔레비전을 켰다. 우편을 열어 보니, 고대하던 합격 통지서였다. '백두대간 재조성 사업 음향 작업 안내.' 민정은 신발을 대충 벗고 작업실로 뛰어들어가, 수도 없이 방문했던 국립공원에 접속했다.

민정은 설악산에 가본 적이 없다. 그러니까, 고전적인 의미의 여행을 한 적은 없다는 뜻이다. 현대적인 의미로는 국립공원 전역을 적어도 수백 번은 다녀왔다. 일주 여행으로 따져도 수십 번은 거뜬히 넘을 것이다. 한국은 대규모 공원 조성이 소위 선진국들의 유행이 되기 전부터 국립공원을 메타버스로 옮기고, 자연 보존을 위해 실제 방문을 제한하기 시작했었다.

민정은 어릴 적부터 공원이 좋았다. 게임보다도 소셜 미디어보다도 훨씬 좋았다. 민정이 특히 좋아한 것은 거대한 바위와 계곡이었다. 민정의 키보다 훨씬 높은 곳에서 접속해 천천히 지면에 다가가면, 계곡을 따라 흐르는 강물이 보였다. 멀리서는 작은 종소리 같지만 가까이 내려서면 큰 천둥처럼 물소리가 울렸다. 새들이 날아오르는 소리, 나뭇잎이 서로 부딪히며 흔들리는 소리도 들렸다. 가끔은 산책로의 시작점에서 출발해 완만한 숲길을 따라 걷기도 했다. 같은 길도 계절마다, 시간마다 달랐다. 공원은 빛과 색깔과 소리로 가득 차 있었다. 그중에서도 소리는 민정을 늘 부드럽게 감쌌다.

그 소리를 공원의 나무와 돌들에 더한 원작자가 있다는 사실을 깨달은 것은 열일곱 살 때였다. 민정은 처음으로 실재하는 국립공원에 갔다. 교육과정에 한 번 있는 오프라인 수학여행이었다. 소백산 국립공원이었다. 민정이 탄 차가 숲길을 따라 달렸다. 민정은 눈높이에 보이는 나무껍질을 만져보고 커다란 나뭇잎을 주웠다. 큰 바위도 보았다. 곳곳에 핀 야생화도 보았다. 사람을 거의 만난 적이 없는 동물들이 놀라기보다는 신기해하며 다가오는 모습도 보았다. 아래로 산등성이에 걸린 구름도 보았다.

그러나 무언가가 아쉬웠다. 민정은 대체 실제 국립공원에서는 무엇이 부족했는지를 계속 생각했다. '진짜' 국립공원은 민정이 그동안 수없이 찾았던 국립공원과 크게 다르지 않았다. 위로 쑥 떠올라 조감하고 싶은 장소에서조차도 물리적인 제 키를 벗어나지 못하니 눈에 들어오는 범위가 작은 점이 조금 아쉽긴 했지만, 어쩐지 단순히 시야의 문제는 아닌 것 같았다.

지역 양극화 시나리오

민정은 집에 돌아와 평소 찾던 국립공원에 접속하고서야 차이를 깨달았다. 소리가 달랐던 것이다.

그날부터 민정의 장래희망은 음향 엔지니어였다. 음향 엔지니어 중에서도 대규모 공원의 음향을 담당하는 사람이 되고 싶었다. 늦게 시작했지만, 평생 어디서나 배움을 구할 수 있는 시대에 열일곱 살은 꿈을 꾸기에 어림없을 만큼 늦은 나이는 아니었다.

민정은 서울에 있는 학교에 진학했다. 물론 실제로 이사를 간 것은 아니다. 민정은 바닷바람이 부는 반도 끝자락에 살고 있었고, 지금의 고향에 만족했다. 온라인 캠퍼스에서 작업을 했다. 종종 동기들과 밤을 새워 작업실에서 소리를 만졌다. 연극 동아리에도 들었다. 1년에 한 번 연극제를 했다. 학생 연극에서는 다들 1인 다역을 맡았고, 민정은 음향 담당이자 조연인 여자3이었다. 라이브 음악이 있어야 무대가 산다는 동아리원들의 의견에 따라 키보드와 베이스를 연주하고, 연주 사이에 얼른 옷을 바꿔 입고 주인공들 뒤를 지나갔다. 악기를 연주하고 주인공 뒤를 걷는 틈틈이 연애도 했다. 졸업 후까지 사귄 남자친구는 민정의 동선을 그려주었던 연출 보조, 지훈이었다.

졸업 후에는 베를린예술대학에 들어갔다. 모교와 베를린예술대학의 온라인 공유 학위 과정 협정 2기였다. 공유 강의로 정원 제한이 풀려 한국인이 거의 없던 톤마이스터 과정에 진학할 수 있었다.

민정이 베를린에서 가장 좋아하는 곳은 물론 도시를 가로지르는 대공원, 티어가르텐이었다. 민정은 수업이 끝나면 바로 접속을 끊지 않고, 티어가르텐 곳곳을 거닐었다. 한국의 국립공원과는 또 다른 나무와 수

풀과 공기와, 소리가 있었다. 민정은 티어가르텐의 소리를, 때로는 한참을 서서 해가 저물 때까지 식사도 거르고 들었다. 티어가르텐의 소리는 아름다웠고, 무엇보다도 그 공원에 꼭 어울렸다. 공원의 공간을 소리로 딱 알맞게 채운 것처럼 완벽했다. 민정은 그 소리를 타고 높이 나는 상상을 했다. 그런 날에는 한국의 국립공원에 들어가 산봉우리 사이를 날아다니는 꿈을 꾸었다.

"하늘을 나는 꿈을 꾸면 키가 큰다던데."

민정의 꿈 얘기를 들은 지훈이 놀리듯 말했다.

"이 나이에 키가 크겠냐."

민정은 지훈의 어깨를 장난스레 치며 깔깔 웃었다.

"여기서 키우면 되지."

지훈이 어깨를 으쓱하며 주위를 둘러보았다. 둘은 대전에 있는 카페에 접속해 있었다. 지훈의 집 근처로, 민정이 데이트로 몇 번 놀러간 적이 있는 곳이었다. 그러니까, 실제로 말이다. 민정은 장난치듯 키를 조금 늘렸다. 지훈의 시선이 위로 조금 기울었다.

"좋은 걸 크게 보니까 더 좋네."

지훈이 씩 웃었다. 민정은 어쩐지 수줍어져, 키를 원래대로 되돌렸다. 저런 재미없는 수작에 반응하면 조금 창피하니까, 신체 반응 민감도를 얼른 살짝 내리는 것도 잊지 않았다.

민정은 더 크고 싶었다. 더 멋진 소리를 만들고 싶었다. 한국 국립공원들의 소리도 썩 괜찮았지만, 공부를 하면 할수록 빈 부분이 보였다. 소리가 덜 차 휑한 공간, 자연은 바뀌었는데 소리는 그대로라 조금씩 어굿난 곳들이 보이기 시작했다.

그러던 중 백두대간 공원 재조성 사업이 시작되었다. 백두대간을 따라 있는 국립공원을 모두 통합하고 확장해 하나의 초대형 녹지로 재조성하는 사업이었다. 이 사업이 완료되면, 하나의 국립공원에 접속했다가 다음 국립공원에 들어갈 때 접속을 끊고 재접속하지 않아도 된다. 공원 안에서 공원의 경로를 따라 죽 이어 진짜 일주를 할 수 있는 것이다.

공원이 아니던 지역에는 새로이 녹지가 조성되었다. 산과 강의 흐름을 따라 공원 구역이 지정되었다. 원래 있던 국립공원도 재정비에 포함되었다. 장기간 보존되며 달라진 모습대로 새로운 공원 구역과 매끄럽게 연결되려면 여러 방면에서 많은 작업이 필요했다.

그 작업에는 물론 음향도 포함되어 있었다. 민정은 과거에는 고성군이었던 설악산 27구역의 음향 작업에 지원했다. 비교적 작은 구역이라 경쟁률이 낮을 것 같아서였다. 민정의 포트폴리오는 아직 많지 않았고, 대부분 과제작이었기 때문에 새로 만들어지는 구역의 작업을 맡기에는 부족했다. 국립공원 사업 참가를 위해 음향 엔지니어를 구한다는 팀원 모집 공고가 플랫폼에 몇 올라왔지만, 다른 것도 아니고 무엇보다 고대하던 공원 작업에 잘 모르는 이들과 함께할 엄두가 나지 않았다. 민정과 같은 방식으로 공원의 소리를 좋아하는 사람을 찾기가 쉽지 않다는 것은 창원과 서울과 베를린을 지나며 깨달았었다. 모두들 다른 경험을 하는 만큼, 제각기 다른 방식으로 다른 것을 좋아하는 시대였다. 민정이 여러모로 자신과 가장 비슷하다고 생각한 사람은 지훈이었는데, 지훈의 관심사는 플랫폼 알림창 유니버설 디자인이었다. 다시 말해, 애인과 일을 같이할 경우의 장단점을 다 빼놓고 생각해도, 국립공원 음향과는 아무 상관이 없었다.

27구역은 민정이 어렸을 때부터 좋아하던 곳이기도 했다. 꽤 일찍부터 출입 제한이 되어, 사람들이 오가던 시절 훼손된 자연이 멋지게 회복된 곳이기도 했다. 사람의 흔적보다 동물의 흔적이 확실히 많고, 때와 자리를 잘 잡아 기다리면 노루를 눈앞에서 볼 수 있는 곳이었다.

민정은 합격 통지를 받은 기념으로 설악산 종주를 했다. 재조성 사업 때문에 동선이 막힌 구역이 있어 몇 번은 잠깐 나갔다가 새로 접속해야 했지만, 그럴 때 외에는 정석적으로 내설악광장에서 출발해 꼬박 일주일을 산속에 머물렀다. 항상 밖에서만 보던 폭포 아래로 오랜만에 들어가 머리 위로 쏟아지는 물을 맞았다. 민정의 몸과 산이 만나는 경계를 따라 물방울이 반짝거렸다. 돌계단을 달음박질쳐 금강굴 안에 들어가 손으로 동굴 벽을 쓸었다. 동굴에서 눈앞의 암벽으로 뛰어내려, 커다란 바위 사이사이로 크게 자란 소나무의 잎을 훑었다. 민정의 손가락이 닿자, 소리가 입혀지지 않은 솔잎들이 조용히 휘었다.

민정은 지금의 설악산 국립공원을 채운 소리를 들었다. 더 꼭 맞는 소리를 찾기 위해 귀를 열고, 온몸을 열고 소리에 오감을 묻었다.

민정은 이제 이 모든 소리를 누가 만들었는지 안다. 민정보다 먼저, 공원에 소리를 채워야 한다고 생각한 사람들이 있었다. 그저 현장의 소리를 실시간으로 틀기만 해서는 오히려 산과 강의 소리처럼 들리지 않으니, 정말 숲속에서 숨 쉬는 감각을 만들어내기 위해 이 공간에 맞는 소리를 공들여 빚어낸 사람들이 있었다. 진짜를 만들어낸 사람들. 민정이

산을 사랑할 수 있도록 해준 사람들.

민정은 때로는 능선을 걷고 때로는 숲 위를 날고 때로는 가파른 암벽 사이를 뛰었다. 흙바닥에 몸을 붙여 귀를 땅에 대고, 민정의 몸과 산의 흙이 만나는 지점마다 입혀진 소리를 들었다. 새로 만들어지는 공원에 맞는 소리를 찾기 위해, 더 완전한 숲을 만들기 위해. 이 드넓은 공원에 있는 산 하나의 수백 개 구역 중 하나에 민정의 소리를 채워, 다음 사람을 환영하기 위해.

어쩐지 웃음이 났다. 민정은 바닥에 귀를 댄 채 웃었다. 민정의 웃음소리가 땅을 타고 민정의 귀에 다시 울렸다. 귀 밑에서 바스락거리는 작은 나뭇가지 소리와 함께.

재정비 통지

'결국 왔구나.'

민희는 우편함에 꽂힌 새빨간 테두리 봉투를 보자마자 생각했다. 쳐다보고 있은들 이미 온 통지서가 사라질 리 없다. 민희는 한숨을 쉬고 봉투를 꺼냈다. 배달 드론이 집어 나른 자리가 구겨져 있었다.

지금까지 몇 번이나 보았던 봉투였다. 진섭의 가족이 이 봉투를 받았던 날에는, 그 집 거실에서 통지서까지 함께 읽어보기도 했었다. 어쩔 수 없이, 진섭의 집이었던 곳에 시선이 갔다. 어릴 적부터 보았던 파란색 대문, 모기가 그렇게 많이 생긴다던 작은 연못, 떫은 감만 열리던 마당의 감나무, 강아지가 많을 때는 네 마리나 살던 개집, 콘크리트조 2층 건물, 그 위 초록색 페인트를 칠한 옥상. 그 모든 것들이 사라진 자리에 네모 반듯한 흙바닥만 남아 있었다. 바닥 위로 측량을 위해 뿌렸던 스프레이가 아직도 선명했다. 진섭의 가족은 저 땅을 팔지 못했다. 한때는 3세대

7인 가족이 살고, 그에 더해 두 아이의 친구들이 파자마 파티를 하며 하룻밤 놀기에도 넉넉했던 집이었지만, 팔리기에는 너무 작았다. 너무 작고, 너무 멀었다. 단 하나의 도심, 서울에서.

재정비 대상지의 집들은 거대하고 비싼 쓰레기에 불과했다. 진섭의 가족은 오랫동안 살았던 집을 철거하고 연못을 메웠다. 철거 비용은 진섭과 진아가 반씩 냈다. 진아는 요양보호사로 일하고 있었고, 진섭도 군 복무 후 철거 현장을 돌며 모아둔 돈이 있었다. 다른 사람에게 땅을 팔아 수용비보다 얼마라도 더 받아볼 기대에 바닥을 다진 집터를 내놓았지만 아무도 사지 않았다. 결국 진섭의 가족은 집터의 재정비 수용에 동의했다. 수용 보상금은 집 철거 비용보다 적었다. 놀랍지 않았다. 마을의 다른 집들이 하나씩 푼돈을 받고 이사를 나가는 모습을 이미 보았던 터였다. 진섭의 집은 단독주택이라 그나마 땅값이라고 할 만한 돈이라도 받았지, 고층 아파트에 살던 사람들이 받은 보상금은 이주비에 영 못 미쳤다고들 했다.

"어디로 갈 계획이야?"

민희는 진섭의 집 거실에서 진섭과 진아에게 물었었다.

진섭은 계속 일을 찾아다닐 생각이라고 했다. 전국 재정비 사업이 시작되고부터 재정비 현장 일감이 좀 있고, 현장에서 일하면 숙박도 해결이 되니 한동안은 괜찮을 거란다. 진섭의 말은 계획이라기보다는 기대였다. 사실 사람이 필요한 현장은 거의 없다. 마땅한 기술도 없는, 경영학과를 나와 그나마 가진 경쟁력이라고는 한국어 원어민이라는 점밖에 없는 진섭이 할 수 있는 일은 그중에서도 더 적었다.

지역 양극화 시나리오

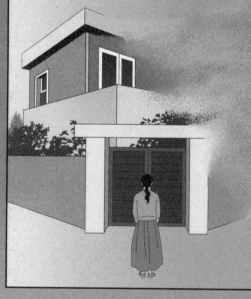

그래도 민희는 진섭에게 다행이라고만 했다. 그나마도 진섭이 남자니까 일자리가 더 많겠다 싶어 부럽기까지 했다.

진아는 요양보호사 일을 계속하겠다고 했었다. 요양병원에 딸린 기숙사에 살면 되니, 가족 중에서는 진아가 가장 형편이 나은 축에 속했다. 민희는 둘에게 아버지는 어디로 모실 건지 묻지 않았다. 반세기를 그 집에 살아온 아저씨가 70이 넘은 나이에 어디에서 살 수 있을지, 무슨 일을 할 수 있을지 도저히 가늠이 되지 않았다.

민희는 집에 들어가 봉투를 열어보았다. 예상대로였다. 재정비 통지서. 6개월 후에 퇴거해야 했다. 토양을 다지고 쓰레기를 걷어내고 나면, 이 동네는 거대한 공원의 일부가 된다. 한국에는 녹지가 필요하다. 정확히 말하자면, 도시는 넓은 배후 녹지와 도시민들이 편안하게 접할 수 있는 공원을 필요로 한다. 대규모 녹지 공간을 조망할 전망대, 서울에서의 접근성을 높인 도로와 대중교통. 평일을 인구밀도 높은 도시에서 바삐 지낸 사람들이 찾아 숨 돌릴 수 있는 탁 트인 넓디넓은 땅.

정부가 인구밀도가 낮아진 지역 전체를 거대한 공원으로 바꾸는 재정비 프로젝트를 시작한 것은 10년 전이었다. 민희의 마을도 2개 군과 1개 시를 통합한 계획에 포함되었다. 일자리도 없고 젊은 사람도 거의 없고 아무것도 생산하지 않는 지역을 있는 그대로 남겨두는 것은 비효율적이고, 차라리 계획 녹지를 만들고 해당 지역에는 사람을 남기지 않는 편이 더 효율적이라고 한다. 지방에 남은 인구를 그대로 두면 결국 그 사람들을 지원하기 위한 인력과 시설이 소진된다. 생산성 없는 지역에 투입되는 인력과 시설은 낭비였다. 아예 사람이든 뭐든 싹 걷어치우고

지역 양극화 시나리오

자연을 살린 공원을 계획적으로 조성하는 편이 낫다.

추억은 쓸모가 없다. 살던 대로 사는 것은 대체로 비효율적이다. 이미 마을은 한산했다. 빈집도 없다. 위성 관측으로 재정비 진척도를 판단하기 위해 사람의 퇴거와 건물의 철거를 동시에 진행하기 때문이다. 한때는 개발의 상징이었고, 그 뒤로도 수십 년 구도심의 상징이었던 아파트 단지도 사라졌다. 15층짜리 아파트 다섯 동이었다. 민희는 그렇게 큰 건물들이 그렇게 순식간에 무너질 수 있는 줄 몰랐었다.

민희는 집을 둘러보며 집 곳곳에 남은 기억을 떠올리지 않으려고 애썼다.

그래도 오래 버텼다. 재정비 통지를 받지 않기 위해 민희는 무슨 일이든 닥치는 대로 했다. 이 집에서 가치를 생산하는 한, 민희가 생산하는 가치가 소모하는 비용보다 높은 한, 재정비 대상자 지정을 미룰 수 있었다.

아프지 않기 위해 매일 스트레칭을 하고 2만 보를 걸었다. 작업에 몰두했다가도 한 시간마다 스마트워치의 지시대로 몸을 움직였다. 병원 방문과 진료 내역이 확인되면 민희의 집에서 병원까지의 이동 경로, 시간, 소진된 공공 비용이 전부 자동으로 계산된다. 그 비용이 너무 높으면 재정비 대상자로 지정될 위험이 있었다. 쉽게 말해, 민희가 도심에 있는 병원을 오가는 것보다 민희를 도심에 데려다 놓는 것이 더 돈이 적게 드는 일이라면 민희를 집에서 쫓아낸다는 말이다.

일감이 들어오지 않을 때면 뭐라도 했다. 파손된 배달 드론 부품을 수거하기도 하고, 포트폴리오를 고쳐 여기저기 홍보 연락을 돌리기도 했다. 도보 배달 플랫폼에도 등록했다. 드물게, 아직 사람이 있는 동네에서 콜이 왔다. 자격증도 땄다. 요양보호사와 호스피스 자격증이었다.

결국 다 시간 끌기였을 뿐이다. 민희가 여기에서 무엇을 얼마나 생산했든, 그것은 이 마을의 생산력이 아니라 민희의 생산력이었다. 민희가 도시에 살면 더 적은 비용으로 더 많은 가치를 생산할 수 있으리라는 현실은 달라지지 않았다.

익숙한 공간, 익숙한 공기, 익숙한 풍경에는 매겨진 값이 없었다. 민희를 더 편안하고 행복하게 만드는 환경과 이 환경이 주는 영감에도 매겨진 가격이 따로 없었다. 아니, 어쩌면 마이너스였다. 이 쓸데없이 커다란 콘크리트 구조물, 민희 한 사람이 사용하기 위해 여기까지 들어온 전력과 통신, 민희의 차를 포함한 고작 몇 대의 주민 차량을 위해 아직도 철거되지 않은 전기차 충전소는 다 비용이었다. 민희가 도시로 들어가기만 하면 해결되는, 불필요한 지출이었다.

대학생 때, 민희는 수몰 지역의 영상을 본 적이 있었다. 아주 오래전에는 강에 댐을 만들면 댐 아래의 마을이 물에 잠겼다. 민희가 본 것은 수중카메라로 촬영한 수십 년 전 수몰 지역의 영상이었다. 기이한 폐허였다. 집과 담, 도로는 여전했다. 부서진 콘크리트와 드러난 철근 사이로 사람들이 살았던 공간과 걸었던 길을 짚어 따라갈 수 있었다. 그러나 사람은 없었다. 사람 대신 물풀이 흔들렸고 먼지가 일었다. 영상에는 소리가 없었다. 그 영상에 어울리는 소리를 만들어 넣는 과제였다. 민희는 그때, 수업을 마치고 접속을 끊으면 들리는 동네의 소리들을 생각했다. 큰 차들이 달리는 소리, 크고 울창한 나무가 바람에 흔들리는 소리, 그 바람의 끝에 희미하게 매달려 들려오는 짐승들의 울음소리를 떠올렸다.

민희는 그 작업으로 A+와 교수의 추천서를 받았다. 교수는 어디서도 들을 수 없는 소리를 표현해 영상의 몽환미를 돋보이게 했다고 평했다. 민희는 교수의 평을 받고, 그가 서울 사람이리라고 확신했다. 어쩌면 아예 한국이 아니라 다른 나라에 사는 사람이었을지도 모르지만, 여하튼 도시민이었으리라.

이곳에 계속 살지 않았더라도, 나는 음향 일을 선택했을까?

이곳을 떠나도, 지금까지처럼 작업을 할 수 있을까?

도시민이 되면 어떤 소리를 만들 수 있을까?

어떤 소리든, 만들 수 있을까?

민희는 통신을 켜고 초거대 공원 사업을 먼저 시작했던 나라를 검색하고 무료로 접속 가능한 공원을 찾아 들어갔다. 낯선 하늘 위 허공에 서서, 아득하게 펼쳐진 숲을 내려다보았다. 가까이 다가가 이곳과는 사뭇 다른 낮고 동글동글한 나무들을 들여다보았다. 공원의 음향을 끄고 마음속에 떠오르는 소리가 있나 기다려보았다. 아무것도 들리지 않았다. 음향을 켰다. 이 이국의 숲과 잘 어울리는 낯선 소리가 가상공간을 가득 채웠다. 민희의 소리가 생겨날 여백은 없었다.

민희는 공원에서 나와 진아에게 메시지를 보냈다. 안부 인사를 몇 줄 썼다 지우고 용건만 남겼다.

"네가 요새 다니는 병원에서 혹시 사람 구하고 있어?"

진아는 사정을 바로 눈치챌 것이다. 민희나 진아처럼 도시에서 자라지 못한 20대 후반 여성의 일자리는 한정되어 있었다. 민희는 내친김에

요양보호사와 호스피스 플랫폼에 이력서와 연락처를 남겼다. 6개월 안에 기숙사가 있는 직장을 구해야 했다. 한곳에서 오래 일할 수는 없겠지만, 아직은 젊으니 일단 첫 직장을 구하고 좋은 평점을 받아 생산성을 어느 정도 증명하면, 그 뒤로는 어디로든 옮겨 다니며 일할 수는 있을 터였다. 도시에서 태어나지 못한 사람답게, 아마도 삶보다는 죽음에 가까운 일자리를 떠돌겠지만. 아마 남은 평생을 이런 집이 아니라 도시 외곽의 기숙사에 짐을 풀며 살겠지만. 그리고 아마, 한 번쯤은, 새로 생긴 거대한 공원에 접속해 수십 년을 살았던 동네를 덧없이 찾겠지만.

민희는 마지막으로 음향 프리랜서 플랫폼의 자기소개에 '3개월 이내 단기 작업만 가능'이라는 문구를 추가하고, 접속을 끊고, 재정비 통지서 봉투의 빨간 테두리를 손톱으로 꾹꾹 눌렀다.

창밖에서 숲이, 바람에 몸을 맡기며 크게 울었다.

지역 양극화 시나리오

4장

포스트 코로나 시대의
기업 양극화

성장의 격차가
만든 것들

21세기형 부의 불평등

사유재산제에 바탕을 둔 자본주의 체제하에서 시장은 더 많은 이윤을 획득하기 위해 상품과 서비스를 생산하고 소비하는 경쟁 공간이며, 이로부터 발생하는 경제적 격차는 필연적이다. 개인뿐만 아니라 모든 경제 주체들은 이런 시장 원리를 바탕으로 경제활동을 해나간다. 어느 정도의 경쟁과 격차가 경제성장의 원동력이 되는 것이다. 하지만 격차가 계층 간 차이를 넘어 불평등 문제와 중첩되면 양극화라는 문제가 생긴다. 사람들이 체감하는 경기는 점점 더 악화되고, 소위 유리천장과 유리바닥 때문에 계층 간 이동도 막히게 된다.

일반적으로 경제적 충격은 기반이 취약한 경제 주체에게 더 큰 영향을 미친다. 개인적 차원에서는 성별, 인종, 학력, 나이, 소득수준 등에 따라 다르다. 실제로 2000년대 말 글로벌 금융 위기는 백인보다 유색인종에게, 중장년층보다는 사회 초년생에게, 대졸 이상의 학력자보다 고졸자에게 더 부정적 영향을 끼쳤다. 이런 원리는 코로나 시대에도 예외는 아니다. 결국 사회적 대립과 갈등이 나타날 수 있는 상황에서 정부는 정책을 통해 소득의 재분배에 관여한다.

사실 사회·경제의 양극화 추세는 코로나19 이전부터 전 세계적으로 존재해온 문제다. 가구별로 집계된 소득을 가구원 1인당으로 환산한 균등화 가처분소득 지니계수는 미국의 경우 꾸준히 증가해 2018년 0.49에 이르렀다. 국가별로 조사 기간이 다르지만, 독일, 영국, 캐나다, 핀란드, 스웨덴, 스페인, 호주, 뉴질랜드, 인도, 인도네시아 등 대부분 국가에서도 수십 년간 증가하는 추세를 보인다.

우리나라의 경우 무역자유화, 기술 변화, 자본자유화, 고령화 등으로 반도체, 통신기기, 자동차, 컴퓨터, 조선 등 일부 중화학 공업과 경공업, IT와 비IT 기업, 수출 기업과 내수 기업의 격차가 벌어졌다. 선진국의 경우에는 노동집약적 상품을 개발도상국으로부터 조달하면서 제조업은 큰 타격을 받았지만, 자유화의 영향이 상대적으로 낮은 서비스 부문은 타격이 적었다.

기술 변화에 따른 산업과 기업의 구조적 변화와 이로 인한 양극화는 지금까지의 산업혁명을 통해 이해할 수 있다. 토마 피케티Thomas Piketty는 『21세기 자본Capital in the Twenty-First Century』에서 1, 2차 산업혁명이 1800년부터 1910년까지 유럽과 미국의 양극화를 확대한 주요 원인이며, 3차 산업혁명이 1970년부터 다시 양극화를 확대하고 있다고 본다. 이후 디지

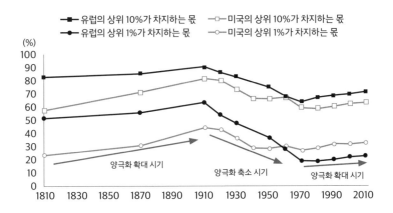

자료: 토마 피케티 『21세기 자본』을 인용한 하인환(2019.10.15) 재인용

털 전환이라고도 불리는 4차 산업혁명이 2016년 세계경제포럼에서 처음 등장한 후로 주요 각국은 이 흐름을 선도하기 위해 노력하고 있다. 사람과 사물, 공간을 모두 잇는 초연결, 초고속, 초지능화로 특징지을 수 있는 AI, IoT, 클라우딩, 빅데이터, 모바일 관련 산업은 어떤 미래를 열 것이며, 또 어떤 방식의 격차를 만들지 세계가 긴장하고 있다.

코로나19의 차별적 영향

2019년 말 시작된 코로나19가 2020년 3월 전 세계로 급격히 확산되자, 결국 WHO는 팬데믹을 선언했다. 2022년 3월 15일 기준으로 전 세계의 누적 사망자는 600만 명이 넘으며, 우리나라도 1만 명이 넘는

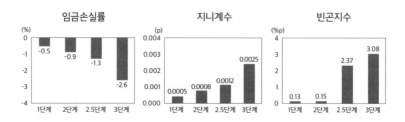

사회적 거리두기 단계별 경제적 영향

임금손실률

지니계수

빈곤지수

주: 해당 방역 조치가 1개월 동안 시행되는 경우를 가정
자료: 한국노동패널 자료를 이용한 오삼일·이상아(2021) 재인용

사망자가 발생했다. 팬데믹 선언으로 많은 국가가 국경을 폐쇄했고, 허용한다고 해도 자가 격리의 부담 때문에 이동이 쉽지 않다. 국가들은 도시 봉쇄, 사회적 거리두기 등 감염을 차단하기 위한 정책을 실시하고, 기업들도 재택근무나 원격근무로 대체하며 사회·경제적 활동은 급격히 감소했다. 사회적 거리두기의 단계에 따라 악화된 경제 상황은 임금손실률, 지니계수, 빈곤지수라는 경제지표를 통해 드러났다.

초연결, 초고속, 초지능화라는 4차 산업혁명의 새로운 흐름 앞에 발생한 코로나19 팬데믹은 일상에 적지 않은 변화를 가져왔다. 비대면 라이프스타일을 위한 디지털화, 무인화 등의 추세는 팬데믹 종식 이후에도 지속되거나 더욱 가속화될 것으로 보인다. 이제껏 겪어보지 못한 감염병의 등장과 새로운 생활 방식이라는 두 종류의 충격이 세계경제 구도를 어떻게 변화시키고 어떤 방식의 격차를 가져올지, 그리고 새롭게 바뀐 삶은 어떤 모습일지에 관한 고민이 필요한 시점이다.

코로나19에 가장 큰 타격을 받은 숙식 서비스나 소매업 등은 코로나

19 이전부터 상대적으로 연 소득이 낮았던 업종으로, 대졸 이상의 학위가 필수적이지 않은 경우가 많다. 반대로 코로나19에 대체로 덜 취약한 과학기술, 경영, 금융이나 보험, 교육 관련 전문직은 상대적으로 높은 연 소득과 대졸 이상의 학력일 가능성이 높다. 빅 테크Big Tech 기업들의 수익이 코로나19 기간에 오히려 더 급증한 것도 같은 맥락이다. 구글의 모회사 알파벳은 2021년 2사분기에 전년 동기 대비 34퍼센트 증가한 553억 1000만 달러의 매출을 올렸으며, 순이익은 두 배 이상 증가한 179.3억 달러를 기록했다.

　　OECD 자료에서도 저임금 직업군이 고임금 직업군에 비해 코로나19에 더 큰 악영향을 받았음을 알 수 있다. 코로나19 발생 직후인 2020년 2사분기 저임금 직업군은 근로시간이 가장 많이 감소했으며,

OECD 국가 평균 직업군별 코로나19의 영향

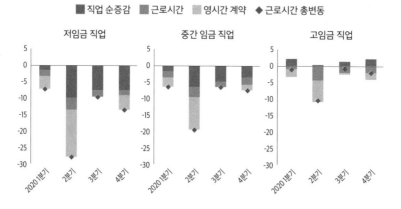

자료: OECD(2021)

고임금 직업군은 변화가 가장 적었다. 직업 자체도 저임금 직업군과 중간 임금 직업군은 순감소했으나, 고임금 직업군은 오히려 순증가했다. 또한 미리 정해둔 근로시간 없이 사용자의 필요에 따라 일하고, 그 시간만큼의 임금을 받는 영시간 계약에서도 저임금 직업군과 고임금 직업군의 차이가 컸다. 저임금 직업군의 영시간 계약이 14.4퍼센트 감소할 때, 고임금 직업군은 6.4퍼센트밖에 줄어들지 않았다.

기업의 위기가 만드는 연쇄 작용

경제 주체인 가계의 근로자를 고용하고, 이들의 가계소득을 창출하는 기업의 변화를 살피는 것은 산업구조의 변화, 노동시장의 변화를 파악하는 핵심이다. 산업과 기업의 양극화가 결국 개인이 경험하는 고용의 양극화, 소득 양극화로도 이어지기 때문이다. 코로나19는 이전의 다른 충격들과 달리 사회 전반 모두에 영향을 미친 거대한 충격이다. 따라서 기업을 중심으로 코로나19의 경제적 영향을 살펴볼 때도 공급과 수요 두 측면을 모두 따져봐야 한다.

코로나19로 국경이 폐쇄되고 무역이 차단되면서 국제 원료 수급이 불안정해지자 전 세계에는 원료비 상승과 수출입 불안정이라는 위기가 찾아왔다. 우리나라 또한 해외 시장 중심의 기업과 내수 중심의 기업 간에 필연적인 격차가 벌어질 수밖에 없었고, 국내 기업에서 일하기 위해 입국하려던 많은 외국인 노동자들이 입국하지 못하면서 제조업, 특히

기업 양극화의 파급효과

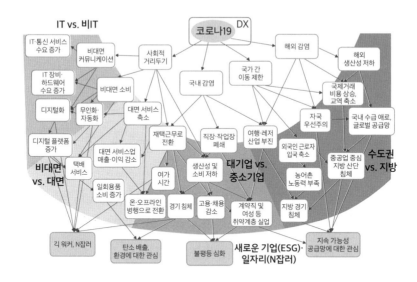

자료: 저자 작성

지역에 있는 중소기업들을 중심으로 생산성 저하와 비용 상승의 문제가 생겼다. 사회적 거리두기 영향도 다면적으로 나타났다. 많은 기업이 재택근무를 실시했지만 그런 기반이 갖춰지지 않은 작은 기업이나, 재택근무로 대체할 수 없는 업종, 특히 대면 서비스에서 상당한 차질이 벌어졌다.

이런 변화는 수요 측면에서도 마찬가지였다. 사회적 거리두기로 다수가 모일 수 없게 되고 오프라인 회의나 모임이 제한되면서, 이를 대체할 수 있는 온라인 회의나 교육에 대한 수요도 커졌다. 이에 따라 컨퍼런스 영상을 송출하는 업체, 비대면 커뮤니케이션 프로그램을 만드는 IT, 테크 기반의 서비스에 대한 수요가 급증했다. 특정 제조업의 경우는 회복을 넘어서 예전보다 더 큰 호황을 누리기도 한다. 오랜 시간을 집에서 보내고, 비대면 회의까지 준비해야 하는 상황에서 대형 TV, 스마트폰, PC, 랩탑뿐만 아니라 웹캠, 마이크 등 영상 장비에 대한 수요가 급증했기 때문이다. 급기야 반도체 품귀 현상까지 나타났다.

이동 제한으로 폐업 직전까지 몰린 여행업이나 공연계와 달리 온라인으로 여가를 즐길 수 있는 영화, 게임, 웹툰 등 비대면 엔터테인먼트 산업도 이전보다 더 큰 호황을 누리고 있다. 마찬가지로 온라인 쇼핑, 비대면 매장, 배달 음식 등이 인기를 얻으면서 배달업이 성행하고, 온·오프라인을 병행하거나 심지어 무인 상점, 온라인 판매만 하는 상점도 생겨났다. 도심 안에 짓는 물류센터 등 새로운 산업 형태도 속속 등장했다.

기술의 큰 변화, 급격한 충격 속에서도 많은 기업은 빠르게 그 변화의 흐름에 적응하고 새로운 환경에 맞는 비즈니스 모델로 구조적 변화를 감행했다. 대한상공회의소가 2021년 초 국내 300여 개 업체에 코로나 19 사태가 미친 영향을 조사한 결과 응답 기업의 84퍼센트는 피해를 입었거나 생존에 위협을 받았다고 응답한 반면, 도움이 되었다고 응답한 기업도 약 16퍼센트에 이르렀다. 지난 역사가 그랬듯이 시대의 흐름을 따르지 못한 기업은 도태되고, 선제적으로 흐름을 주도하는 기업은 미래 시장의 주역이 될 것이다.

중요한 점은 이런 산업적 변화가 해당 산업에 종사하는 사람들의 소득과도 직결된다는 점이다. 그리고 같은 기업이나 산업 내에서도 고용의 측면에 따라 양상은 또 다르게 나타난다. 정규직과 비정규직, 대면 업무를 주로 하는 직군과 비대면 업무로 전환 가능한 직군, 고도의 기술을 가진 전문직과 일반 사무직 등 일자리의 유형에 따라 개인이 받는 영향은 각자 다르다.

기업 양극화 지표

기준	지표	정의
기업	매출액	영업 활동을 통해 얻은 총수익
	영업이익	영업 활동을 통해 순수하게 남은 이익
		매출액-매출 원가(제작비 및 상품 매입비)-판매비 및 일반 관리비
	매출액 영업이익률 (판매 마진)	매출액 중 영업 외 활동을 제외하고 순수 영업 활동으로 얻은 이익의 비율
	부채 비율 (타인 자본 의존도)	기업의 자산 대비 부채 비율
		부채 총액/자기 자본
	이자 보상 배율 (채무 상환 능력)	기업이 부채에 대한 이자 지급 의무를 이행할 수 있는 능력
		영업이익/이자 비용
	주가	주식의 시장 가격
일자리	임금	근로자가 노동의 대가로 사용자에게 받는 보수
	종사자 수	기업에 고용되어 있는 근로자 수
	근속 연수	근로자가 동일한 기업에서 계속 근무한 연수
	소득 계층 간 이동성	세대 간 소득 계층의 이동성 정도를 나타내는 지표 소득탄력성(부모와 자녀 소득 간 상관성)이 작을수록 계층 간 이동이 활발
	지니계수 (임금 분배)	가계소득 분배의 불균형 정도를 나타내는 지표 '0'(완전 평등)에 가까울수록 평등, '1'(완전 불평등)에 근접할수록 불평등
	비정규직 비율	전체 근로자 중 정규직을 제외한 비정규직 근로자가 차지하는 비율
	상대적 빈곤율	가구 총소득이 중위 소득의 50퍼센트 이하에 속하는 계층의 비율

자료: 사전 등 바탕으로 저자 작성

양극화란 계층 간 격차가 점점 더 벌어지고 관계가 멀어지는 현상을 의미한다. 그런 의미에서 기업의 양극화는 기업의 '성과' 측면과 고용으로 발생하는 '일자리' 측면 모두에서 계층 간 경제적 격차를 살펴봐야 한다. 쉽게 말해 계층의 격차를 심화하는 양극화의 기준을 기업의 성과 지표와 사람의 일자리 지표로 나눠 분석해야 한다. 이때 기업의 성과는 매출액, 영업이익, 부채 비율, 이자 보상 배율, 주가 등 주로 기업의 재무적 성과로, 일자리는 기업의 임금, 종사자 수, 근속 연수, 임시직과 비정규직의 비율 등으로 파악할 수 있다.

이를 토대로 코로나19와 디지털 전환의 복합 충격에도 더 크게 성장할 기업과 도태될 기업 사이에는 어떤 차이가 있으며, 이런 변화로 개인은 일자리와 소득에서 어떤 영향을 받을지 예측할 수 있다. 사회의 구조적 변화가 우리 삶에 미치는 영향을 진단하고 미래의 흐름을 선도하는 산업구조로의 전환을 위해 기업의 양극화에 대해 살펴보자.

기업 양극화
분석하기

미래 예측을 위한 글로벌 키워드

전 세계적으로 코로나19는 극심한 경제 양극화를 초래했다. 이를 보여주듯 '코로나19'와 '불평등'을 중심으로 수행한 키워드 분석에서 '무역' '경제학' '비즈니스' '제조업' 등과 같이 경제 관련 키워드가 높은 빈도로 도출되었다. 사회·문화적 양극화보다 경제적 양극화가 더 중점적으로 일어나고 있으며, 특히 기업과 관련된 영역에서 두드러진다는 것을 알 수 있다.

또한 '질병' '헬스케어' '경제학' '변화' '비즈니스' 등의 키워드가 높은 빈도수로 나타났는데, 이를 통해 감염병으로 인한 건강 문제 다음으로 대두되는 것이 경제적 양극화 문제라는 것을 알 수 있다.

이 밖에도 코로나 시대 기업 및 산업 분야에서의 양극화 이슈를 탐색

코로나19와 불평등 키워드 레이더

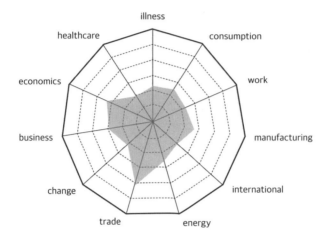

자료: Shaping Tomorrow

하기 위해 '코로나19' '경제' '회사' '비즈니스' '산업' '불평등' '양극화' 등의 키워드를 조합해 분석한 결과, '시장' '지역' '디지털' '인공지능' '기후변화' 등의 단어가 도출되었다.

사회적 시선이 담긴 국내 키워드

기업 양극화와 관련해 국내 언론에서 자주 등장한 키워드는 '일자리' '이익공유제'였다. 특히 '소상공인' '자영업자' 등 취약 계층과 저소득층 관련 언급이 높았다. 경제 부문의 기사에서는 'K자형' '업종별' '반도체' '제조업' 등의 키워드가, 사회 부문에서는 '비대면' '재택근무'

'인공지능' '비정규직' '최저임금' '수도권' 등의 키워드가 관찰되었다.

이에 따라 각 키워드 간의 연결도와 관련성을 고려해 '규모' '비대면' 'IT' '지역' '일자리' 다섯 가지 주제를 선정했다. 이는 기업의 성과나 일자리 관련 분야에서 양극화의 원인이 되는 현상적인 주제들을 꼽은 것이므로 한 가지 주제에 두 개 이상의 양극화 현상이 복합적으로 녹아들거나 층위가 다른 개념들과 섞일 수 있다. 특히 마지막 '일자리' 주제는 앞선 주제들과 다른 층위에 존재할 뿐만 아니라, 이들 현상이 융합해 발생하는 변화이기도 하다. 디지털 전환이나 코로나19의 직접적인 영향을 받았다기보다는 사회·경제적으로 한두 단계를 더 거친 현상이라 할 수 있다.

코로나19가 키운
경제 양극화

규모에 따른 대기업과 중소기업의 격차

거대한 자본, 안정적인 재무구조와 자금 조달 여건, 두터운 고객층, 잘 갖춰진 시스템, 높은 노동생산성, 뛰어난 연구 개발 역량. 모두 대기업을 표현하는 수식어다. 웬만한 경제적 타격으로는 쉽게 무너지지 않을 만큼 막강해 보인다. 실제로 대기업은 중소기업에 비해 불경기에도 굳건한 모습을 유지한다.

그러나 4차 산업혁명의 바람이 불면서 이제는 대기업도 변하지 않으면 살아남을 수 없게 되었다. 대기업의 보수적이고 기민하지 못한 문화가 빠른 변화 속에서 적응력과 유연성 부족이라는 문제로 드러났기 때문이다. 이제는 오히려 작은 기업들이 유연한 움직임으로 대기업이 파고들지 못하는 시장의 구석을 차지하기도 한다. 예전과 달리 상품과 서비스는 일방적으로 만들어 판매하는 것이 아니라 고객의 니즈를 충족시켜야 하는 영역이 되었다. 따라서 대기업도 자금과 시스템이라는 장점은 살리되 불필요한 요소들을 과감하게 제거해야만 선택받을 수 있다.

그러나 코로나19가 대기업, 그리고 고소득자에게 더 유리하다는 것 또한 부인할 수 없는 사실이다. 재택근무로 전환해야 하는 상황에서 대기업은 하드웨어, 근태 관리 등에 시스템적으로 빠른 대응이 가능하지만, 중소기업은 기존에 시스템이 마련되어 있지 않은 경우가 많아 비용에 대한 부담도 크고 곧바로 대응하기도 어렵다.

미국 노동통계국Bureau of Labor Statistics, BLS의 최근 고용 통계 설문조사Current Employment Statistics survey, CES에 따르면 2020년 3~9월 모든 기간에 가장 높은

2020년 미국 무고용 기업 비율

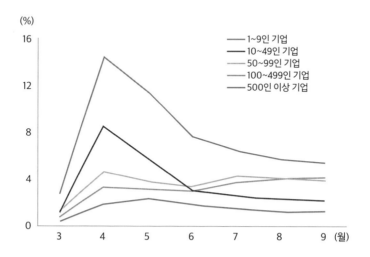

자료: 미국 노동통계국(2020.10.)

무고용 비율을 보인 기업은 규모가 가장 작은 1~9인 기업이었다. 특히 코로나19의 충격이 가장 컸던 4~5월에는 기업의 규모순으로 무고용 비율이 높았다. 다만 6월 이후로는 50~99인, 100~499인 사업장의 무고용 비율이 올라가기도 했다. 자금과 시스템의 힘으로 버티는 대기업과 고용을 크게 줄여 회복을 시도하는 작은 기업 사이에서, 중기업들은 하나의 방향만 고집하기 힘들었던 것은 아닐지 예상해볼 수 있다.

이런 차이는 중소기업 내에서도 벌어진다. 2020년 10~11월 미국의 2393개 기업을 대상으로 진행한 설문조사에 따르면 규모가 큰 기업일수록 매출 타격을 적게 받고 빨리 회복할 것으로 예측되었다. 20인 이상의 기업은 매출이 2020년 2사분기에 약 22퍼센트 감소했으나 직원

임직원 수에 따른 코로나19의 영향 변화

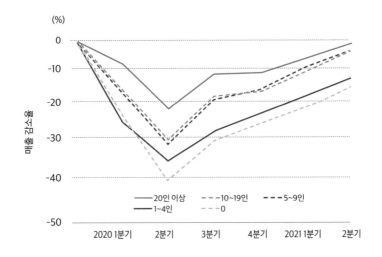

자료: Bloom·Fletcher·Yeh(2021)

이 없는 1인 사업자는 40퍼센트 넘게 감소했다. 조사 당시 회복에 대한 기대 또한 달랐다. 20인 이상의 기업은 2021년 2사분기가 되면 완전히 회복할 수 있을 것으로 봤으나, 1인 사업자는 여전히 16.4퍼센트의 매출을 회복하지 못할 것이라 예측했다.

이런 사정은 우리나라도 다르지 않다. 한국은행의 분석에 따르면 3분위, 즉 상위 25퍼센트에 해당하는 기업의 이자 보상 배율은 2019년 7.51배에서 2020년 코로나19가 발생한 중에도 8.51배로 상승했다. 그러나 중위수(2분위)의 경우 1.97배에서 1.86배로 하락했고, 1분위(하위 25퍼센트) 기업의 경우도 마찬가지로 하락했다. 코로나19의 영향으로 큰

국내 기업 규모별 이자 보상 배율

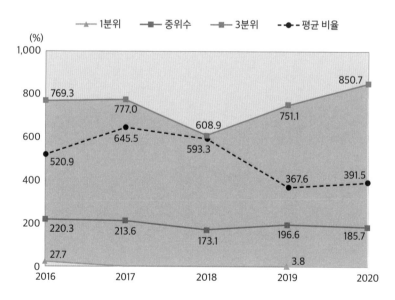

자료: 한국은행 경제통계국 기업통계팀(검색일: 2021.6.3.)

기업과 작은 기업의 재무 격차가 더 커지고 있음을 알 수 있다.

또한 한국은행은 상장 기업 2013개 및 비상장 기업 중 재무제표를 공시하는 기업 285개 등 1219개의 대기업과 1079개의 중소기업 총 2298개 기업을 대상으로 이자 보상 배율을 분석했다. 이에 따르면 코로나19 시기에 이자 보상 배율이 1 미만인 기업은 대기업 32.4퍼센트, 중소기업 52.8퍼센트로 상승했다. 이자 보상 배율이 1 미만이면 기업이 창출한 영업이익이 이자 비용보다 낮다는 의미다. 즉 이자만큼도 벌지 못하는 상황이다. 대기업은 세 곳 중 한 곳, 중소기업은 두 곳 중 한 곳이 이자도 내지 못할 만큼 힘들었다. 그러나 코로나19 이전과 비교해 그 격차가 더 벌어진 것은 아닌 것으로 보인다.

이자 보상 배율 1 미만 기업 비중

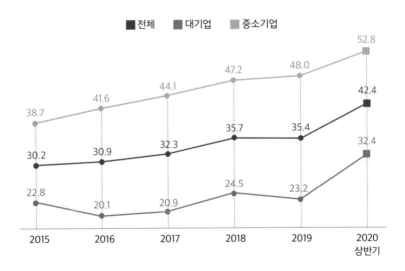

자료: 한국은행 자료를 이용한 <news1>(2020.12.28.) 재인용

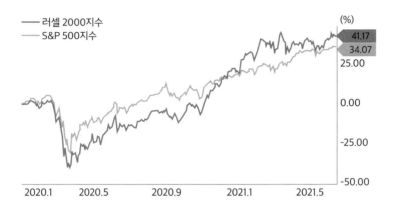

미국 러셀 2000지수와 S&P 500지수 회복세 비교

자료: Ycharts(2021.6.17.)를 이용한 The Motley Fool(2021.6.22.) 재인용

    또한 대한상공회의소가 국내 업체 302개를 대상으로 한 조사에서 도 코로나19 종식 이후 경영 환경 변화에 대응하고 있는지에 대한 질문에 중견 기업은 71.8퍼센트가 대응을 추진하는 반면, 중소기업은 52.6퍼센트만이 대비하고 있다고 응답했다.

    한편 근로복지공단이 300인 미만의 7개 중소기업 노동자 184명의 스트레스를 조사한 결과 대기업을 포함한 일반 기업 노동자보다 5점 이상 높았고 수면장애도 동일한 패턴이었다. 코로나19에 따른 고용 불안과 소득 감소 우려, 재택근무 불가 직종의 감염 스트레스 등이 작용한 것으로 보인다. 코로나19의 백신 예방접종 휴가 또한 의무가 아니라 사업자의 재량에 달려 있어 상대적 박탈감을 느끼는 목소리도 상당했다.

    그러나 중소기업의 저력을 볼 수 있는 사례도 있다. 미국 증시 시가총액 상위 1001~3000위까지 2000개의 중소형 기업을 대상으로 한 러셀 2000지수는 우량주를 대상으로 한 S&P 500지수와 함께 경기 민감도를 보여주는 대표적인 지표다. 2020년 1월 대비 3월 S&P 500지수는 30퍼센트, 러셀 2000지수는 40퍼센트까지 하락하며, 코로나19의 영향을 받은 모습이었다. 하지만 6월에 기존 수준을 거의 회복한 S&P 500지수와 달리 러셀 2000지수는 1월의 90퍼센트 수준으로, 대형 우량 기업에 비해 중소기업이 충격과 회복에서 더 취약하다고 해석되었다. 그러나 2020년 연말을 지나고 2021년에 접어들며 러셀 2000지수는 S&P 500지수를 능가할 정도로 더 많이 회복되었다. 경기 회복에 대한 기대감, 바이든 정부의 대규모 재정 정책으로 내수 관련 기업에 대한 기대가 작용한 결과로 보인다.

비대면 트렌드의 확산과 대면 산업의 위기

코로나19로 각국 정부가 시행한 이동 제한 조치는 국경뿐만 아니라 국가 안에서도 확산이 급증된 도시로의 이동을 제한하거나 폐쇄하는 등 강력하게 이뤄졌다. 우리나라도 사회적 거리두기에 따라 사람들의 접촉을 최대한 막았고, 경제활동이 급격히 축소되며 사회·경제는 큰 위기를 맞이했다.

가장 먼저 직격탄을 맞은 산업은 관광업이었다. 한국문화관광연구원에 따르면 코로나19 발생 직후인 2020년 2사분기 우리나라를 찾은 관광객은 9만 7159명으로 전년 동기 459만 6958명 대비 97.9퍼센트

연도별 2사분기 방한 외래 관광객 및 국민 해외 관광객

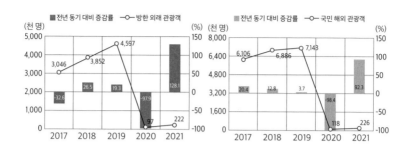

자료: 한국문화관광연구원(2021)

감소했다. 2021년 2사분기에는 조금 증가했으나 22만 1604명으로 여전히 2019년의 4.8퍼센트에 불과했다. 해외여행을 떠나는 사람들 역시 2020년 2사분기 11만 7580명으로 2019년 동기 714만 3419명 대비 98.4퍼센트 감소했고, 2021년 2사분기 22만 6164명으로 늘어나긴 했지만 2019년에 비하면 4.9퍼센트에 불과했다.

　세계적으로 백신 접종률이 꾸준히 증가하고 있음에도 여전히 거리두기가 강조되는 만큼, 비대면 라이프스타일은 앞으로 하나의 생활 방식이 될지도 모른다. 여기에 가상현실에서의 엔터테인먼트와 같은 요소가 산업의 중요한 축으로 자리 잡으면, 대면과 관광 산업의 경우 적지 않은 타격과 한계에 직면할 것이다.

　반면 특수를 맞이한 업종도 있다. 기존에 오프라인 방식이 주를 이뤘던 근무, 교육, 쇼핑 분야는 재택근무, 온라인 교육, 온라인 쇼핑이나 무인 점포 등으로 발전했다. 물론 PC 사용 사무직처럼 재택근무를 할 수 없는 현장 근로직 등 대면업은 예외였다. 미국 2393개 기업을 대상

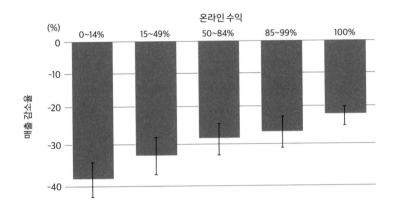

코로나19에 더 취약한 오프라인 기업

온라인 수익

자료: Bloom·Fletcher·Yeh(2021)

으로 한 분석에서 수익을 100퍼센트 온라인으로 창출하는 기업들은 2020년 2사분기 평균 수익의 23퍼센트가 줄었으나 15퍼센트 이하를 온라인 수익으로 갖고 있는 기업들은 거의 두 배인 평균 39퍼센트의 수익이 줄었다. 코로나19 이후 사회적 거리두기에 따라 대면 서비스를 기반으로 한 자영업자와 소상공인이 직접적인 타격을 받았음을 알 수 있다.

또한 온라인 매출이 85퍼센트 이상인 기업은 2021년 2사분기의 매출이 6.6퍼센트 감소할 것으로 예상한 반면 오프라인 매출이 85퍼센트 이상인 기업은 18.4퍼센트의 매출 감소를 예상했다. 실제 수익뿐만 아니라 미래 전망에서도 비대면 트렌드에 따른 기업과 그렇지 못한 기업 사이에는 차이가 나타났다.

비대면 매장도 가파르게 증가해 셀프 계산대 방식의 단순한 무인 형

온라인 매출율에 따른 코로나19의 영향

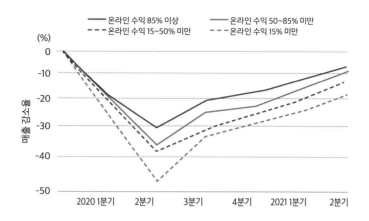

자료: Bloom·Fletcher·Yeh(2021)

태부터 아마존 고처럼 지능형 CCTV, 영상 분석 시스템을 동반한 첨단 방식까지 여러 방식의 무인화가 진행되고 있다. 포스트 코로나 시대에 비대면과 무인 서비스가 증가하며 뉴노멀로서 자리 잡은 언택트 문화는 디지털 전환을 더욱 가속화할 것이다.

오프라인 산업의 수익 부진 현상은 우리나라도 마찬가지다. 2020년 상반기 국내 100대 기업(시가총액 기준)의 매출액과 영업이익은 모두 감소했다. 이동 제한의 직격탄을 맞은 강원랜드, 호텔신라, 대한항공 같은 여행 및 레저 산업이 상위권에 포진되었고, 중국 여행객들에게 인기 있던 아모레퍼시픽 등의 화장품, 생활용품 기업도 포함되었다. 세계 경기 침체에 따른 교역 부진으로 자동차, 석유화학, 중공업 역시 부진했다.

반면 집에 머무르는 시간이 늘면서 온라인 식품 시장 규모는 기존의 성장세에 더해 더욱 커졌다. 통계청에 따르면 2020년 1월을 기점으로

온라인 식품 시장 규모 추이

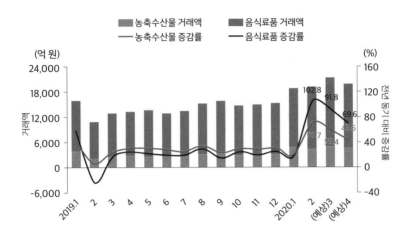

자료: 통계청 자료를 바탕으로 삼정KPMG(2020) 재인용

크게 성장했고, 2020년 3월 음식료의 온라인 거래액은 2조 원을 넘어섰다. 농축산물의 온라인 거래액도 4600억 원을 넘어섰다.

퍼스널 모빌리티의 사용이 증가한 것도 눈에 띄는 변화다. 온라인에서 생활에 필요한 대부분을 해결할 수 있게 되었지만 여전히 물리적 거리를 이동해야 하는 경우도 있기 때문이다. 코로나19 발생 직전인 2019년 12월부터 2020년 5월까지의 서울시 교통정보센터의 135개 수시 조사 지점의 교통량과 대중교통 카드 자료를 분석한 결과, 거리두기로 전체 통행량은 잠시 감소했다가 회복되었지만, 대중교통 이용량은 최대 63.6퍼센트까지 떨어졌다. 또한 대중교통 수단 이용률은 65퍼센트에서 최대 55.8퍼센트까지 9.2퍼센트포인트 감소했다. 불특정 다수가 사용하는 대중교통 대신 혼자 탑승하는 승용차 사용이 증가한 것이다.

평일 교통수단의 변화

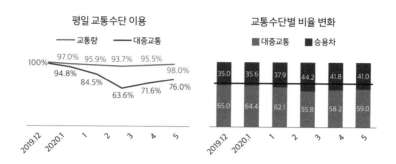

자료: 삼성교통안전문화연구소(2020.7.13.)

젊은 층을 중심으로는 자전거 따릉이나 전동 킥보드 이용이 증가했다. 짧은 거리를 효율적으로 이동할 수 있어서 기존에도 인기가 있었으나, 코로나19 이후 개인성이라는 강점이 더해져 사용자가 폭발적으로 늘었다. 안드로이드 월 사용자 기준 씽씽, 킥고잉, 라임 등 전동 킥보드 카테고리 앱 사용자는 2020년 4월 21만 4451명으로 전년 대비 여섯 배 증가했으며 20대가 35퍼센트, 30대가 28퍼센트를 차지했다.

IT 산업과 비IT 산업 사이의 부의 편중

정보통신 기기 제조업 및 서비스업을 의미하는 IT 산업은 커뮤니케이션과 인터넷 혁명으로 표현되는 3차 산업혁명 때부터 이미 각광받기 시작해, 비IT 산업과의 격차를 꾸준히 벌려왔다. 우리나라 역시 기존 제조업 중심에서 IT 중심의 산업으로 빠르게 재편을 이뤄갔으며, 이후 발생한 코로나19로 비IT 산업과의 격차는 더욱 커지고 있다. 미국의 글로벌 투자은행 모건스탠리의 MSCIMorgan Stanley Capital International 지수로 보면 IT 기업의 순수익은 2008년부터 일반 기업을 넘어서기 시작했으며 코로나19 초기 세계경제가 주춤할 때를 제외하고는 꾸준히 성장세를 더하고 있다.

이처럼 코로나19 이후 IT 산업이 호황을 누릴 수 있었던 것은 생활과 밀접한 변 화가 곳곳에서 나타났기 때문이다. 특히 이동 제한으로 학생들은 학교에 등교할 수 없고 직장인들은 재택근무를 해야 했기에, 오프라인 커뮤니케이션을 대신할 만한 하드웨어나 소프트웨어 수요가 급증했다. 웹캠은 한동안 제품이 고갈되는 사태까지 갔고 PC, 랩탑, 프린터 등의 소비도 폭증했다. 화상회의 솔루션 등 협업 툴 사용자도 2019년

IT 종목 누적 순수익 비교

자료: MSCI Index(검색일: 2021.5.31.)

11월 대비 2020년 9월 531퍼센트 늘었다. 비대면 생활을 도와주는 도구로 IT 관련 산업이 폭발적으로 성장한 것이다.

이에 따라 인터넷망이나 네트워크를 갖고 있는 통신사 역시 약진했는데, 우리나라 이동통신 3사의 실적을 살펴보면, 2021년 1사분기 KT는 4년 만에 최고인 4400억 원을 기록했고, SKT 역시 2020년 동기 대비 30퍼센트 늘어난 3900억 원을 달성했다. LG유플러스까지 합하면 3사의 영업이익은 1조 원을 넘는다.

IT 산업의 이런 호황은 세계적인 IT 빅 테크 기업의 성장세에서 더욱 잘 드러난다. 특히 미국 5대 IT 빅 테크 기업인 메타, 아마존, 애플, 마이크로소프트, 구글은 다른 기업에 비해 더욱 큰 성장을 이뤘다. 2020년 1년 동안 S&P 500지수가 18퍼센트 오른 데는 빅 테크 5대 기업의 영향 덕분이었다. 이들 기업을 뺀 나머지 기업들의 주가는 11퍼센트 정도

2020년 5대 IT 빅 테크 기업의 주가

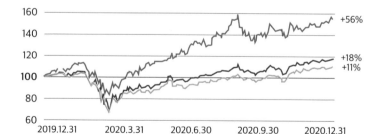

자료: 골드만삭스 자료를 이용한 tossfeed(2021.2.5.) 재인용

5대 IT 빅 테크 기업의 순수익 비교

■ 2020 1분기　■ 2021 1분기

↗ +110%
$23.6B
$11.2B
애플

↗ +162%
$17.9B
$6.8B
알파벳
(구글 모회사)

↗ +44%
$15.5B
$10.8B
마이크로소프트

↗ +94%
$9.5B
$4.9B
페이스북
(현 메타)

↗ +220%
$8.1B
$2.5B
아마존

자료: Statista(검색일: 2021.7.30.)

성장했다. 순수익 역시 5대 기업 모두 대폭 늘었다. 2020년 1사분기 대
비 2021년 1사분기 동안의 순수익을 비교했을 때 애플은 110퍼센트,
아마존은 220퍼센트 증가했다.

　이와 같은 기업 간 격차는 임금의 차이뿐만 아니라 주식을 보유한
자와 그렇지 못한 자 사이의 간격도 더욱 벌려놓는다. 미국의 억만장
자 400명 중 가장 부유한 5인, 테슬라의 일론 머스크Elon Musk, 아마존
의 제프 베이조스Jeff Bezos, 마이크로소프트의 빌 게이츠Bill Gates, 메타의
마크 저커버그Mark Zuckerberg, 버크셔 해서웨이의 워런 버핏Warren Buffett의 부
는 모두 합쳐 2020년 3월부터 2021년 1월까지 약 1년간 3578억 달
러에서 6611억 달러로 85퍼센트 증가했다. 전체 부가 2조 9475억 달
러에서 4조 850억 달러로 1조 1375억 달러, 약 39퍼센트 증가한 것

미국 전체 부자들 중 상위 5대 억만장자의 부

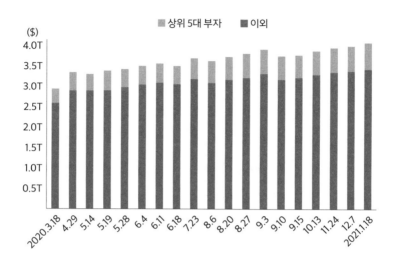

자료: Forbes Institute for Policy Studiies and Americans for Tax Fairness를 이용한 INEQUALITY 재인용

과 비교해도 부의 피라미드 꼭대기에 있는 5인의 자산 성장세는 더욱 두드러진다.

수도권과 비수도권의 차별적 성장

코로나19로 국가 간 교역이 제한되면서 글로벌 공급망에도 차질이 생겼다. 우리나라 또한 자동차, 석유화학, 중공업 관련 기업들이 위치한 지역에 코로나19가 확산되어 대규모 작업장이 폐쇄되고, 많은 기업이 문을 닫았다. 엄태영 의원실이 한국산업단지공단과 전국경제인연합회로부터 제출받은 자료에 따르면 상대적으로 생산 물류 인프라가 열악한 비수도권 지역의 산업단지는 더 큰 피해를 받았다. 지방 산업단지의 2020년 2사분기 생산액은 전년 동기 대비 17.9퍼센트 감소해 수도권에 비해 두 배 이상 하락했다. 또한 수출액 하락 폭도 수도권의 10.4퍼센트에 비해 지방의 경우 30.1퍼센트로 더욱 컸다.

이는 업종별 영업이익과도 관련이 있는데, 지방의 경우 영업이익이 큰 폭으로 하락한 중화학, 철강 금속, 기계 산업이 밀집한 반면, 수도권에는 전기 전자, IT 등 영업이익이 높은 첨단 제조 산업이 주로 분포하기 때문이다. 대법원이 매달 발표하는 법인 파산 사건 통계에서도 2019년 대비 2020년 지방의 법인 파산 접수는 크게 늘었다. 서울의 법인 파산 접수는 2019년과 2020년 445건으로 동일했지만, 지방은 486건에서 624건으로 28.4퍼센트 증가했다.

2019~2020년 업종별 영업이익 증감률

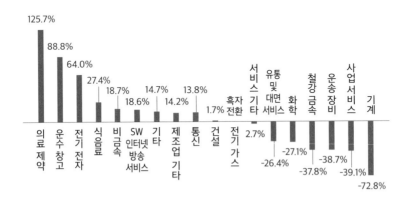

자료: 한국경제연구원(2021)

지방의 농어촌도 어려움을 겪고 있다. 코로나19로 국가 간 이동에 제한이 생기면서 외국인 노동자가 채우던 일손이 부족해졌기 때문이다. 2019년 자진해 출국한 불법체류자는 매주 1000명대였으나 코로나19가 본격적으로 확산된 3월 첫 주에는 7000명을 넘어섰다. 2015년 이후 국내 농어촌에서 단기로 일한 외국인 계절노동자만 1만 명에 이르는 만큼 농수산품 생산에도 차질이 빚어졌다. 2020년 정부가 입국을 계획했던 외국인 노동자 1만 1317명 중 실제로 입국한 인원은 12퍼센트에 불과한 1388명에 그쳤다.

한편 선진국 제조업을 중심으로 탈중국 리쇼어링reshoring이 글로벌 트렌드로 떠올랐다. 리쇼어링이란 기업이 생산 거점을 해외로 진출했다가 다시 본국으로 돌아오는 것을 말하는데, 제조업 경쟁력을 상실한 미국과 유럽을 중심으로 2010년 초반부터 제기되었다. 그러다 코로나19로 교역이 어려워지며 글로벌 공급망의 위기를 체감하면서 다시금 논의가 재점화되고 있다. 우리나라 역시 관심을 보이고 있어 귀추가 주목된다.

새로운 기업 경영과 일자리의 등장

코로나19 이후 극심해진 계층, 지역, 산업별 양극화를 해결하기 위해 이제 복원력 및 지속 가능성을 고려한 ESGEnvironment, Social, Governance로 패러다임이 전환되고 있다. 이는 기후 위기 대응을 위한 전 세계적인 움직임과 맞물려 향후 기업의 지속 가능성과 경쟁력을 판단하는 중요한 지표로서의 역할도 할 것이다. 기존의 CSRCorporate Social Responsibility이 기업이 이미지 개선과 더불어 사회적 책임을 다해야 한다는 선택 영역의 윤리 의식이었다면, 새로 등장한 개념인 ESG는 기업이 의무적으로 지켜야만 하는 새로운 평가 척도로 자리 잡았다.

코로나19는 불평등 심화, 기후변화, 공급망 차단 등 다양한 문제에 관심을 촉발시켰고 지속 가능성에 대한 사회적 의식을 높였다. 배달 서비스 사용으로 증가한 일회용품 사용에 대해 자성의 목소리가 여기저기서 나오고, 전반적인 생산 활동의 정체로 미세먼지 농도 수준이 좋아지는 것을 목격하며 탄소 배출이나 환경에 대한 관심이 높아지고 있다. 실업 등 취약 계층의 불평등이 심화되고, 글로벌 공급망에 차질이 빚어지면서 나타난 자국 우선주의 또한 지속 가능성, 사회, 그리고 거버넌스에 대한 논의에 불을 지폈다.

이에 따라 기업이 환경, 사회, 지배 구조 등 비재무적 요소에 관심을 가져야 한다는 움직임이 일며 영국은 2025년까지 모든 상장사의 ESG 정보 공시를 의무화했고, 이미 자율 공시를 시행하고 있는 미국에서도 의무화해야 한다는 목소리가 커지고 있다. 이는 ESG 관련 투자 열기로도 이어지고 있다. 지속 가능성 기준을 충족하는 회사만으로 산정한 S&P 500 ESG 지수는 비ESG 지수보다 시장 침체 시 조금 더 나은 성과를 보여주고 있다.

IT 산업을 기반으로 한 공유 경제의 확산으로 긱 워커Gig Worker로 살아가는 이들 또한 많아졌다. 긱 워커란 고용주의 필요에 따라 적게는 몇 시간의 단기 계약으로 일하는 임시직으로, 우버, 리프트, 에어비앤비와

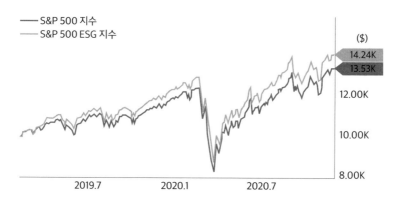

S&P 500 ESG 지수의 성장세

S&P 500 지수

S&P 500 ESG 지수

($)

14.24K

13.53K

12.00K

10.00K

8.00K

2019.7   2020.1   2020.7

자료: Ycharts(2020.12.1.)를 이용한 The Motley Fool(2020.12.2.) 재인용

같은 공유 플랫폼이 늘어나면서 등장했다. 원할 때 자유롭게 일하고 여유롭게 돈을 버는 사람들도 있지만, 이런 일자리를 전업으로 삼아 여러 개의 임시직을 병행하는 사람들도 있으므로 구성이 일률적이지 않다. 근로자와 자영업자의 경계에 있는 이들의 보호 수준에 대한 논의는 여전히 뜨겁다.

긱 워커에 대한 수요는 공유 경제와 비대면 전환의 활성화로 코로나 19 이후 더욱 늘었다. 어려워진 사정 탓에 고용을 줄인 기업, 재택근무로 상대적인 여유 시간이 늘어난 직장인, 육아로 경력이 단절된 퇴직자, 고용 감축으로 수입이 끊기거나 줄어든 근로자 등이 모두 긱 워커의 수요와 공급을 키우고 있다.

배달 플랫폼인 배달의민족이 운영하는 '배민 커넥트'도 그 예다. 누구나 원하는 시간에 도보, 자전거, 킥보드 등 여러 가지 운송 수단을 이용해 배달 아르바이트를 할 수 있기 때문에, 간단하게는 퇴근길에 집 근처 이웃에게 배달해주는 것도 가능하다. 배민 커넥트의 누적 등록 인원은 2019년 12월 1만 명에서 2020년 12월 5만 명 정도로 다섯 배 늘었다.

그런가 하면 전문성을 바탕으로 한 프리랜서 시장을 긱 워커가 흡수하기도 한다. IT 기술과 함께 자라난 젊은 세대는 긱 이코노미에 더욱 익숙하다. 이들은 전문 프리랜서를 연결해 주는 '크몽', 각종 과외나 레슨을 받는 '숨고'와 같은 플랫폼에 쉽게 사용자가 되고, 또 때로는 제공자가 되기도 한다. 이렇듯 단순 밥벌이를 넘어 자신의 욕구에 따라 여러 일을 자유롭게 하는 사람들이 계속해서 늘어난다면 긱 워커가 미래의 지배적인 노동 형태가 될지도 모른다.

기업 양극화의
미래

기업의 내일을 상상하다

기업 양극화에서 가장 큰 변수는 IT 기술이다. 한마디로 디지털 기술을 어떻게 활용하느냐가 기업을 넘어 개인의 생존 여부를 결정한다. 디지털 기술이 적용된 무인 시스템이나 AI가 도입되면 산업구조의 재편으로 기존의 일자리는 줄어들 수밖에 없다. 그런 만큼 기업 양극화에서 일자리 문제는 산업적 전망만큼 중요한 이야기다.

대부분의 서비스가 무인 자동화되고 대면 서비스가 희소성 있게 바뀔 것이라거나, 실질소득 감소로 한 사람이 여러 개의 직업을 가질 것이라는 예측은 비교적 실현성이 높다. 여기에 ESG를 도입한 윤리적 기업이 부상한다는 꿈에 그리는 미래상도 그려볼 수 있다. 한편으로는 외국인 노동자 증가에 대응하기 위해 자국민 할당제와 같은 제도를 고민하고, 또 한편으로는 가상세계의 일자리라는 새로운 기회를 상상할 수도 있다. 기업 양극화의 미래상에는 코로나19 이후 급변하는 산업구조와 이에 적응하려는 치열한 인간의 모습이 담겨 있다.

1. 대기업의 성장과 중소기업 도태

무인 자동화 시스템과 보안 관리 시스템을 도입한 대기업은 사업 매출이 증가하고 기존 시스템을 유지하던 중소기업은 매출이 점점 줄어든다.

2. 중소기업의 협업과 연대

기술을 가진 강소 중소기업들은 더 이상 대기업 하청 업체로 머무르지 않는다. 비슷한 혁신 기업끼리 협업해 새로운 연대를 만들어 대기업과 경쟁한다.

3. 국내 스타트업 증가와 글로벌 기업의 인수 합병

전문 인력을 주축으로 다양한 스타트업이 생긴다. 글로벌 기업이 국내 스타트업을 인수하는 사례가 급증한다. 국내 기술 유출에 대한 우려와 스타트업 성장에 대한 기대가 공존한다.

4. 수도권 기업과 지방 기업의 격차

공공 일자리, 플랫폼 일자리 등 비정규직이라도 구하기 위해 수도권으로 청년 구직자들이 떠난다. 지방 기업은 구인난을 겪는다.

5. 외국인이 더 많은 지역 등장

지방의 노동 인력 대부분이 외국인 노동자로 대체되면서 특정 지역은 내국인보다 외국인 인구가 더 많아진다. 외국인 노조가 생기고, 국내 노동자는 자국민 할당제를 요구한다.

6. 리쇼어링에 따라 국내로 돌아오는 제조업

코로나19를 겪으면서 위기 발생 시 글로벌 공급망 체계가 무너질 수 있다는 것을 체감했다. 해외에 진출했던 제조 기업들이 돌아와 지방 산업단지를 채우면서 제조업 일자리가 증가한다.

7. 아바타로 소통하는 디지털 세상, 메타버스의 등장

가상현실과 증강현실 기술이 중요해지면서 3차원 가상세계인 메타버스 관련 산업이 발달한다. 이와 관련한 직업도 다양해지면서 인터넷 인프라가 갖춰진 환경이 더욱 중요해진다.

8. 데이터를 지배하는 IT 기업의 대성장

데이터를 기반으로 하는 IT 회사는 그 데이터를 이용해 신사업으로 확장하고 계속 덩치를 키운다.

9. IT 기업 중심의 산업구조 재편

IT 기업이 경제의 주요 동력이 되면서 투자가 늘고 IT 기술 직종의 임금도 상승한다. IT 기술에 취약한 경우 좋은 일자리 찾기가 어려워진다.

10. 국경 없는 전문직, 더 낮아지는 비전문직 임금

물리적 사무실을 두지 않는 기업이 늘어난다. 전문성을 가진 사람들은 국내에 거주하며 외국의 일자리도 자유롭게 선택할 수 있지만 단순 사무직이나 비전문직은 비대면 고용과 원격근무로 전환되어 임금이 더 낮아진다.

11. 늘어나는 무인 점포, 갈 곳 없는 영업직

AI를 이용해 사람을 아예 고용하지 않거나 로봇 종업원만 있는 무인 점포, 온라인 전용 서비스를 운영하는 신종 기업이 등장한다. 비대면 라이프스타일이 자리 잡으며 대면 서비스를 부담스러워하는 탓에 영업직 일자리가 줄어든다.

12. 소수를 위한 프리미엄 유인 서비스 탄생

무인 서비스가 보편화되지만 여전히 유인有人 대면 서비스에 대한 요구가 존재한다. 고급화된 유인 대면 서비스는 무인 서비스보다 비싼 가격을 지불해야만 이용할 수 있다.

13. ESG 모범 기업의 부상

기후변화 등 환경문제가 심각해지고 친환경 산업이 주목받으면서 기업의 ESG 의무가 강화된다. ESG 실천에 모범적인 기업이 글로벌 투자를 받으며 미래 유망 기업으로 부상하는 반면 실천에 소극적인 기업은 소비자들로부터 외면받는다.

14. 긱 이코노미 시대, N잡러 증가

프리랜서의 형태로 필요에 따라 임시직으로 일하는 긱 이코노미가 발달한다. 멀티형 인재상이 부상하고 다양한 직업을 가지는 N잡러가 증가한다.

기업 양극화의 현실 가능성을 재단하다

기업의 양극화가 산업 전반과 일자리 시장을 어떻게 바꿔놓을지 전망하기 위해 앞서 언급한 미래상을 발생 가능성과 양극화 영향력 정도로 분석해봤다. 그 결과 수도권과 지방 기업, 대기업과 중소기업의 격차가 커지고 무인 점포의 증가로 영업직이 감소되는 등의 예측이 양극화 영향력이 높은 것으로 나타났다. 반면 국내의 상황이 좋아지는 리쇼어링, 중소기업 협업 미래상은 양극화 정도가 낮게 측정되었다. 발생 가능성은 주제별로 나뉘는 경향을 보였는데, 비대면과 대면, IT와 비IT에 관한 미래상이 상대적으로 높게 측정되었다. 발생 가능성이 낮은 미래상은 양극화 영향력과 동일했다.

발생 가능성과 양극화 영향력 모두 높게 측정된 미래상은 총 여섯 가지로, IT 산업이 여전히 굳건한 자리를 차지하고 무인 점포가 늘며 전문직이 각광받는다거나 수도권과 지방 기업, 그리고 대기업과 중소기업의 격차를 예측한 미래상이 여기에 속했다. 발생 가능성은 높지만 양극화에 대한 영향력이 상대적으로 낮은 미래상은 N잡러, 메타버스 시대,

기업 양극화 미래상의 발생 가능성과 영향력 분포

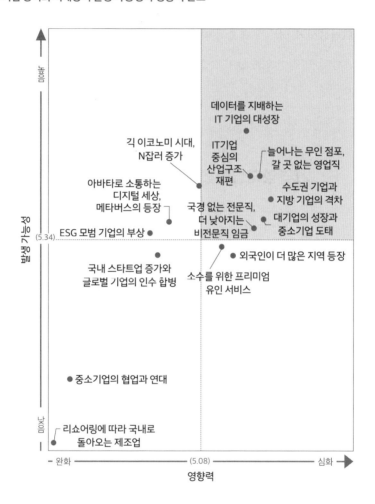

데이터를 지배하는
IT 기업의 대성장

긱 이코노미 시대,
N잡러 증가

IT기업
중심의
산업구조
재편

늘어나는 무인 점포,
갈 곳 없는 영업직

아바타로 소통하는
디지털 세상,
메타버스의 등장

국경 없는 전문직,
더 낮아지는
비전문직 임금

수도권 기업과
지방 기업의 격차

ESG 모범 기업의 부상

대기업의 성장과
중소기업 도태

(5.34)

외국인이 더 많은 지역 등장

국내 스타트업 증가와
글로벌 기업의 인수 합병

소수를 위한 프리미엄
유인 서비스

중소기업의 협업과 연대

리쇼어링에 따라 국내로
돌아오는 제조업

완화   (5.08)   심화
영향력

발생 가능성

높음

낮음

자료: 저자 작성

ESG 모범 기업의 부상 등이었다. 외국인 노동자가 증가하고 프리미엄
유인 서비스가 생길 것이라는 미래상은 양극화 영향력은 높지만 발생

가능성은 상대적으로 낮게 측정되었으며, 리쇼어링, 중소기업의 연계, 스타트업 증가와 글로벌 기업의 인수 합병에 관한 예측은 영향력과 발생 가능성 모두 낮게 나타났다.

코로나19는 디지털 전환을 가속화함으로써 비대면 문화를 확산시켰다. 자동화와 무인화 추세가 강해지며 기존의 대면 서비스 업종과 단순 사무직 일자리는 점차 감소할 것이다. 기업들도 디지털 전환에 속도를 붙여 IT 업종과 데이터 플랫폼 기업을 중심으로 산업구조가 재편될 것으로 보인다. 결국 전문직은 구직 기회가 많아지고 임금 또한 상승하면서 기업의 양극화가 개인의 소득 격차로까지 이어질 수 있다. 이처럼 일자리 변화는 대기업과 중소기업, IT와 비IT 산업, 대면과 비대면 산업, 수도권과 지방 등 규모, 업종, 지역에 따른 양극화를 심화시킬 것이다.

한편 N잡러의 증가, 메타버스의 부상과 같이 새로운 기회 또한 창출될 수 있다. 외국인이 대규모 유입되고 대면 서비스가 고급화될 가능성도 있다. 이 경우 양극화를 막기 위한 자국민 고용 할당제를 도입하거나 사회적 고립 문제를 해결하는 다양한 단계별 대응 전략을 수립해야 한다. 특히 ESG 모범 기업을 육성하고 안정적인 글로벌 공급망을 구축해 지속 가능성의 위기에 장기적으로 대비할 필요가 있다.

손 편지

"송이 할머니, 지금 어디 계신다고요? 아니, 제가 이따 3시에 도착한다고 미리 음성 메시지 드렸는데 왜 벌써 나와 계세요? 케어 로봇이 제 음성 안내 안 해줬어요? 댁에 가 계세요. 원 참, 알았어요. 제가 일 처리 하나만 하고 빨리 갈게요."

아이고, 오늘도 여유롭게 새참 먹는 일은 물 건너갔다. 이장 일이 이렇게 바쁠 줄은 꿈에도 몰랐다. 처음 이장으로 부임했을 때는 한가한 전원 생활을 꿈꾸기도 했다. 지금 생각하니 너무 무식해서 낭만적인 꿈을 꾼 거였다. 아니, 한마디로 속았다!

주민센터 근무가 아닌 현장 거주형 공무개발자(직급으로 치면 10급 공무원)에 지원해 도시 근교 지천이라는 마을로 이주한 지 3년. 이장이라는 공무원 직위 부여와 전원주택 임대는 30대 신혼부부에게 매력적인 조건이었다. 내가 관리해야 할 담당지는 전자동화된 시민 농장이었다.

마을 곳곳엔 센서와 연동된 긴급 안전 연락망, 무인 편의점, 그리고 집집마다 케어 로봇까지 구비되어 있었다. 개발자 경력, 시스템 관리자 경력으로 이장이 되다니. 농사는 꿈꿔본 적도 없었지만 시작하기 전엔 막연한 자신감도 샘솟았다.

그런데 냉정하게 생각해보면 사람 사는 일이 역사상 그리 단순한 적이 있었던가?

대학 때 작성했던 리포트에 자동화가 대량 인력 감축과 해고를 촉진한다고 쓴 적도 있었다. 하지만 훌쩍 일상이 된 자동화 시스템은 어미 새에게 밥을 갈구하는 새끼 새들처럼 사람의 손길을 요구했다. 사람이 수행하던 일이 무인 시스템으로 교체되어 인력 감축을 초래한 것은 사실이었다. 반면 이전에는 사람이 신경 쓰지 않았던 부분의 틈새를 메우는 일이 늘기도 했다. 사람이 임기응변으로 처리하느라 매뉴얼화되지 않았던 업무가 이렇게나 많았다는 걸 사람들은 확인했다. 사실, 컨베이어 벨트 위에서 일어나는 일이 아니라면 예외는 언제나 일어났다. 아니, 컨베이어 벨트 위에도 예외적인 일들은 언제나 일어났다. 컨베이어 벨트 위에서 유유히 낮잠 자는 고양이를 발견한 사람이라면 당장 쫓아낼 것이다. 그런데 컨베이어 벨트 위에 고양이가 올라갈 일은 상상하지 않고 디자인된 공장 시스템은 고양이를 분석되지 않는 예외로 간주했다. 시스템 가동이 멈추는 일도 생겼다. 나는 시스템이 디자인하지 않은 예외들을 끊임없이 찾아다녔다. 한마디로, 전자동화된 마을에서 이장으로 사는 일은 숨 가쁘게 바빴다.

오늘도 내가 책임지고 있는 지천 스마트팜에 들어섰다. 구획마다 재배 로봇이 온갖 작물을 재배하고 있었다. 농장 어시스턴트 로봇 '바지런이'가 다가와 승인을 요청했다.

"이장님! 가뭄이 이어져 이번 달 수도 요금이 지난달보다 약 17퍼센트 상승할 예정입니다. 다음 달 수확 예정인 애호박 판매 금액 단가를 10퍼센트 높여서 매매하겠습니다. 승인하시겠습니까?"

"오케이, 승인."

"음성 지문을 확인했습니다. 승인 완료."

농사의 농자도 모르던 나 같은 도시 사람이 이렇게 넓은 실내 농장을 관리하고 있다니, 나도 종종 놀라웠다. 물론 전자동화 시스템이 관리 중인 데다 바지런이가 곁에 있었다. 지식과 경험이 다소 부족해도 어시스턴트 시스템의 가이드를 따르면서 시도해봄 직했다.

"이장님! 최종 배송 리스트 확인해주세요."

또 한 대의 바지런이가 다가왔다. 이 녀석은 발송 담당이었다.

"응? 이 농부님은 토마토 스무 개가 발송되는 걸로 알고 있을 텐데 열다섯 개잖아?"

수확할 때 손상을 입은 작물이 누락된 거였다. 바지런이가 순진무구한 디폴트 표정으로 나의 처리를 기다렸다. 나는 그 자리에 앉아 유사한 패턴을 처리하는 코드를 추가해 배포했다. 해당 농부님 메일로 수확 과정 영상을 함께 송신하는 처리도 추가했다. 지난번엔 빈 박스만 배송됐다는 항의도 들었다. 수확 작물이 하나 이하면 배송 취소하고 기부하겠냐고 메시지를 보내도록 설정했다. 나는 개발 어시스턴트 AI에게 오늘

기업 양극화 시나리오

추가 배포한 패턴과 유사한 방식을 골라내도록 데이터 분석을 명령했다.

"다 됐다. 업데이트 완료되면 배송 시작해."

"네, 이장님!"

이장이라고 불리고 있었지만 실제로 내 일은 농장의 예기치 못한 문제들을 직접 관리하면서 시스템 오류를 잡아내는 역할을 하는 엔지니어다.

실제로 농장을 움직이는 것은 내가 아니다. 유저들이 자신의 텃밭을 원격으로 관리한다. 유저 화면은 게임 화면과 같다. 게임 속에서 싹을 틔우고 물을 주는 등 농작물 육성 게임을 즐기면 지천시 스마트팜 작물 재배와 연동되어 실제 배송을 받을 수 있는 것이다.

자동화는 편리하지만 여전히 사람의 손길을 필요로 했다. 아니, 시스템 오류 발생 여지를 포착해낼 판단력과 경험이 필요하다는 점에서 농부라는 원직업의 자질보단 개발자 소양이 더 필요했다. 즉 요즘 농장에는 개발자가 더 많이 필요하다. 농업 관련한 스타트업 기업도 크게 늘고 있는 추세였다.

변화는 농업에 한정되지 않았다. 인건비가 저렴했던 해외 제조 기업들이 국내로 돌아오면서 제조업 일자리가 늘었고 공장 자동화 시스템을 유지 관리하는 개발자들도 지방의 공장으로 꽤 많이 흩어졌다. 공장에서 일하는 동료 개발자들은 자신을 옛날식 막일꾼이라는 식으로 농담했지만 개발자 연봉은 옛날 공장 노동자에 비하면 비교할 수 없을 정도로 높았다.

오전 출하 점검이 끝나자 몸이 뻐근했다. 농장 구석구석을 이동하는 자기부상 킥보드가 있긴 하지만 현장 구석구석을 확인하려면 체력은 필수적이었다. 나는 허리를 통통 두드리며 송이 할머니를 만나러 가는 발걸음을 재촉했다. 남편에게서 전화가 왔다.

"여보, 점심 어떻게 할 거야?"

"송이 할머니가 벌써 나와 계신대. 거기 좀 들렀다 갈게."

"그럼 당신 새참은 드론으로 보내둘게."

"응. 고마워."

나는 남편과 통화한 뒤 자율주행 트랙터에 엉덩이를 내려놓았다.

송이 할머니가 기다리고 있다는 버스 정류장 근처의 무인 가게가 눈에 들어왔다. 시골에는 전에 없던 상점들이 폭발적으로 늘었다. 무인 시설이 늘면서 도시에서 외롭게 살아가던 어르신들도 상당수 지방으로 분산되었다는 분석도 있었다. 물품은 많지 않았지만 필수품과 상비약, 음료 등 기본 상품이 있었다. 재고는 무인 상점 전용 자동화 물류 회사로 탈바꿈한 포털 사업자가 관리했다. 재난 시에는 긴급 구호품으로 사용하도록 상점 문이 개방된다. 산 깊은 곳이나 교통 인프라가 열악한 곳에 점포가 더 많이 설치된 이유가 여기 있었다. 무인 상점은 이익도 잘 창출되지 않는 작은 상점이 아니었다. 긴급 상황을 대비한 인프라의 일부로 의미가 바뀌었다. 초기에 우려했던 상점의 파손이나 약탈은 거의 없었다. 간혹 카드 없이 꼬깃꼬깃한 현금만 손에 쥔 어르신이 상점에 들어가지 못해 나를 부르는 예외는 있었지만.

기업 양극화 시나리오

점포에 비상등이 켜 있었고 들어가 보니 언제 들어갔는지 산토끼 한 마리가 서성거리고 있었다. 나는 천천히 토끼를 몰아 밖으로 내보냈다. 센서가 움직임을 포착한 모양이었는데 사람일 경우엔 구조대에 통보하지만 짐승의 경우엔 비상 통지만 주고 구조대를 보내진 않았다. 다친 토끼나 사슴이었다면 야생동물 구조대에 통보하는 게 좋을 것 같지만 수의사 일은 아직 자동화되었다는 말이 없으므로 인력이 충분하진 않을 거였다.

"어이 제47대 젊은 이장! 우리 둥이 좀 봐줘."

"안녕하세요. 제37대 이장님!"

점포를 나서자 37대 이장님이 강아지를 안고 나를 불러 세웠다. 둥이는 할아버지의 반려 로봇이었다. 둥이가 격렬하게 꼬리를 흔들었는데 털이 걸렸는지 모터 움직임이 원활하지 못했다. 요즘 반려 로봇과 함께 생활하는 노인분들이 많았다. 언제 죽을지도 모르는데 외롭다고 무턱대고 키웠다가 개가 혼자 남으면 어떡하냐고 걱정하시는 분들이 반려 로봇을 선택하곤 했다.

반려 로봇의 디자인은 다양했다. 털이 복슬복슬하고 체온이 따듯한 디자인, 생체 타입과 가장 유사한 디자인이 연로한 분들에게 선호됐다. 생체 타입은 캐릭터 타입이나 외계 생물 타입보다 세심한 관리가 필요했다. 둥이처럼 관절 모터에 털이 엉키기도 했고 전자식 열 발생기가 고장나 본체 체온이 식기도 했다. 온기를 재현하길 원할수록 세심한 메인터넌스가 필요했다. 그리고 수리와 점검은 여전히 사람의 일이었다.

나는 둥이의 관절에 엉킨 털을 잘라내고 할아버지 앞에서 반려 로봇용 미용 로봇을 예약해 배송처리했다. 둥이의 펌웨어를 살펴보니 옛날 버전이었다. 얼마 전에 둥이가 아파서 공장 초기화시켰다고 말씀하셨던 게 기억났다. 그 후로 업데이트가 안 된 모양이었다. 정이 들었을 텐데 새 모델을 사라고 말씀드리기도 쉽지 않았고 이용자에게 펌웨어를 신경 쓰라고 말하기도 힘들었다. 이용자들의 IoT 기기 제어 능력도 평균적으론 향상되었다지만, 쓰던 냉장고에 문제가 있을 때 기기 뒤편을 열어 계기판을 업그레이드하라고 말할 순 없으니까. 만약 서비스센터마저 사라진 중소기업이라면, 이것도 이장이 살펴야 하는 일이 되었다.

"처음엔 47대 이장이 너무 젊어서 동네 머슴 일을 잘할지 걱정했는데 말이야. 나 한창때만큼 잘하는 것 같아. 나 때는 말이야. 그 댁에 쌀독 비었는지 다 들여다보고 다녔어."

"하하, 37대 이장님 따라가려면 저는 아직 멀었죠!"

요즘엔 독거노인의 집에 안전 센서가 달려 있어서 만 48시간 움직임이 포착되지 않으면 지천시 복지센터에 자동 통보된다. 옛날로 치자면 쌀독 들여다보는 일과 비슷하달까?

37대 이장님이 둥이를 안고 가시는 뒷모습을 바라보고 나는 발걸음을 재촉했다. 애써 서두르긴 했지만 벌써 1시 40분을 지나고 있었다. 약속했던 3시보단 한 시간 20분 정도 일찍 도착했지만 아침 10시부터 나와 계신 송이 할머니는 무려 세 시간 40분을 버스 정류장에 앉아 계신 거였다. 점심도 안 드셨을 게 뻔했다.

"송이 할머니!"

할머니가 케어 로봇에게 몸을 기대며 자리에서 일어나셨다. 피곤한

기업 양극화 시나리오

표정이 역력했지만 반가운 표정이었다.

"우리 손주 편지가 오늘 온다고 했으니까. 내 기억이 정확하지?"

"오늘이 맞긴 맞는데요. 너무 일찍 나오셨어요. 이제 날씨도 추워지는데."

나는 케어 로봇에게 그 자리에서 명령했다. 할머니가 예약 스케줄보다 일찍 집을 나서면 예약 시간을 반복해 주지해드리라고.

"할머니, 음성으로 승인해주세요."

"그래봐야 소용없어."

할머니가 승인은 하지 않고 내 말을 막았다.

"뭐가 소용없어요?"

"얘가 아무리 반복해 알려줘도 우리 손주 편지가 오는 날엔 아침부터 여기 앉아 있을 거니까. 내가 치매가 아닌 게 확실하단 뜻이지."

이런 똥고집 할머니 같으니라고. 나는 할머니께 억지로 미소를 보였다. 다음 달엔 아침 10시에 배달하도록 일정을 바꿔야 할 것 같았다. 그런데 다음번에 10시에 가져다 드리면 그 다음번엔 새벽 5시부터 앉아 계실 텐데? 한겨울이 되면 그것도 위험했다.

"할머니, 다음번 편지 배달 날짜를 아예 비밀로 설정하면 어떨까요? 언제 오려나 기다리는 재미도 있고 갑자기 배달되면 기쁘기도 하잖아요?"

"그럼 매일매일 종일 여기 앉아 있을 건데?"

아, 그것도 문제였다. 결국 문제는 시스템이 아니라 할머니였다! 나는 할머니께 들리지 않게 끄응, 하고 숨을 참으며 편지를 건넸다.

어쩌다 이장인 내가 편지, 그것도 손 편지를 배달하는 우체부 일까지

하고 있냔 말이다. 각종 통지서가 완전 전자화된 후 손 편지 문화는 진즉에 사라졌다. 우체국이 담당하던 택배 배달도 드론 배달로 변경되면서 우정사업본부가 폐지된 마당에 말이다.

자동화되어 사라졌지만 잊히지 않는 영역일수록 사람들은 전통적인 방식을 고수하길 원했다. 손 편지를 쓰는 사람이 있었고 받길 원하는 사람이 있었다. 이용자 수가 많지는 않았지만 꾸준히 있었다. 틈새 사업이었고 대규모로 확장되지 못하는 사업은 공공 영역으로 흡수됐다. 즉 이런 일도 이장의 일이 되었다.

송이 할머니가 앉은 자리에서 편지를 펼쳐 읽기 시작했다. 할머니의 얼굴에 미소가 번지더니 눈물이 한 방울 뚝 떨어졌다. 편지 속 글자가 번지는 게 보였다.

남미에 거주 중이라는 손주의 편지는 디지털로 작성되어 내 메일함에 들어와 있었다. 유저의 손 글씨 서체로 변환해 우리 집 프린터로 출력해온 거였다. 요즘 같은 세상에 눈물 한 방울에 잉크가 번지는 건 제품이 매우 불량하거나 아니면 눈물에 번지게 하기 위해 애초에 디자인된 감성 잉크이거나, 둘 중 하나였다. 우리 집 프린터에 세팅된 잉크는 당연히 후자였다.

차라리 할머니 댁에 손 편지 전용 프린터를 놓아드리는 게 궂은 날씨에 위험한 외출을 방지하는 방법이 아닐까 생각했지만 곧 그만두었다. 이건 할머니의 즐거움이었다. 무엇보다 할머니는 이 편지를 손자가 직접 손으로 썼다는 걸 추호도 의심하지 않으셨다. 그 기쁨을 방해할 순 없었다. 그러니 이장으로서 나의 역할은 할머니의 안전을 고려하며 손 편지

기업 양극화 시나리오

서비스를 충실히 수행하는 것뿐이다.

할머니는 연신 고맙다고 말씀하신 뒤 전동 휠체어 모양으로 변신한 케어 로봇을 타고 댁으로 돌아가셨다. 나는 할머니의 뒷모습을 잠시 지켜본 뒤 벤치에 앉았다. 마침 드론으로 날아온 새참이 도착했다. 늦은 점심을 허겁지겁 먹어치웠다. 세상이 변했지만, 노동의 형태와 땀의 의미도 바뀌고 있지만 땀 흘린 뒤에 먹는 밥은 언제나 맛있었다.

나는 할머니의 상태를 지천시 주치의 시스템에 보고했다. 대화는 원활했다. 건강 상태도 비교적 양호해 보였다. 다만 전동 휠체어에 올라타실 때 힘겨워 보였다. 그리고 대화 내용으로 추측해 보건대 알츠하이머 증세는…. 전보다 가속되진 않았으나 여전하셨다.

할머니의 자녀와 손주는 해외에서 불의의 사고로 돌아가셨다. 할머니는 손주의 일기장을 유품으로 받은 뒤 이를 AI 다이어리에 등록했다. 그리고 이전 일기장을 기반으로 해 편지를 자동으로 생성하는 서비스를 신청하셨다. 그게 벌써 10여 년 전 일이었다.

얼마 전, 송이 할머니는 알츠하이머 초기 증상을 진단받으셨다. 자신이 서비스를 신청했다는 사실조차 잊으셨지만 정해진 날짜에 정기적으로 손 편지가 도착하는 것을 케어 로봇을 통해 통보받고 있었다. 편지를 전달하고 있는 이장의 입장에선 손주의 편지를 AI가 쓴 거짓말이라고 단정해 말하긴 어려웠다. 편지는 할머니의 추억을 어떻게든 지지하고 있었으니까. 이장으로 살면서 처음 알았다. 누군가를 위해 일한다는 의미가 이렇게 다양하고 다채로울 줄은.

새참을 맛있게 먹은 뒤 지천시 스마트 목장으로 트랙터를 향했다. 추

기업 양극화 시나리오

수가 시작되는 누런 들녘에 춤추는 허수아비 바지런이들이 새를 쫓고 있었다.

필요한 사람

변이에 변이를 거듭한 바이러스의 위세는 10년이 넘도록 여전했다. 위드 '온갖' 바이러스의 세상이 되었다. 이상 기온에 빙하가 녹으면서 고생대 바이러스가 대량으로 유출되었다는 소문은 상당히 그럴듯했다. 인간이 바이러스와 공존하는 사이, 인간과 인간은 공존할 수 없는 사이가 되어갔다.

"그러니까, 원격 고객센터에서 처리가 안 되니까 직접 온 거잖아? '담당자에게 직접 연락하기'는 메뉴에 없잖아? 일부러 찾아왔는데 여기서도 담당자는 못 나와?"

연우는 웬만하면 화면 속 가상 인간에게 화를 내지 않으려고 했다. 그럴수록 자신이 초라해질 따름이었다.

"아, 그러시군요? 원하시는 처리 내용을 다시 선택해주세요!"

메타버스 '은하수' 오프라인 서비스센터 로비. 귀여운 분위기를 두른 가상 인간들이 사람 크기만 한 화면 속에서 지치지도 않고 활기차게 대응 중이었다. 저들은 아무리 심각한 내용을 말해도 냉정을 잃지 않았고 이른바 '쿠션어'를 생략하는 일도 없었다. 1차 민원 처리 과정이 자동화되면서 노동자의 감정 소모는 축소되었고 (일자리가 박탈되었으니 노동에 수반되는 일체 감정도 함께 박탈된 셈이다) 그에 반비례해 이용자의 감정 소모는 증대되었다.

연우가 목소리를 높였다.

"일부러 온 거라니까. 답답하네. 상담원이나 연결해."

왜 가상 인간 앞에선 자연스레 반말이 튀어나오는 건지…. 정중하게 경어체를 쓰는 건 매우 자존심이 상했기에 어쩔 수 없었다.

"그러셨군요! 번거롭게 해드려 죄송합니다. 상담원 연결에는 1분당 1000원의 이용료와 100원의 대면세가 부과됩니다. 결제 방법을 선택해주세요. 생체 인식 결제 이외 구형 카드 및 앱 결제에는 전자 폐기물 재활용세가 부과됩니다."

연우는 음성 안내 후 표시된 화면에서 전의를 상실했다.

"예상 대기 시간은…, 48분, 입니다."

가상 인간의 귀여운 목소리는 연우에게 단념을 강요하는 듯했다. 우린 어차피 가상 인간이라고요! 근데 우리가 아니면 꽤 비쌀걸요? 그리고 우리 같은 존재에게 폭력성을 보이면 가상 인격 학대로 신고돼요!

연우는 크게 심호흡을 하고 침착하게 의견을 전달했다.

"경찰에도 신고했어. 운영진이 나서서 피싱을 원천 차단하란 말이야. 그것만 전해."

연우는 메시지만 녹음한 뒤 서비스센터를 나왔다. 유연한 판단이 가능한 곳이 창구 아니던가? 여기서도 원격센터와 똑같이 처리하려면 뭣하러 오프라인 창구를 유지하고 있는 것인지 연우는 이해할 수 없었다.

집에 돌아오자 가슴이 답답했다. 요즘 들어 정체 모를 갑갑증이 연우를 괴롭히고 있었다. 연우는 예약 리마인더 자동 전화를 받고 디지털 주치의 서비스에 접속했다. 사흘 전에 신청한 예약이었다. 사흘이나 지나 화면에 얼굴을 비친 의사에게 왈칵 화가 났다. 말이 주치의지, 매칭 후 진료 개시까지 너무 느렸다. 디지털 주치의들은 1인당 담당 환자 수가 너무 많고 업무량이 과다하며 그에 반해 소득은 낮다고 하소연했다. 의사 사회 안에서도 디지털 주치의는 고소득 창출 분과는 아닌 모양이었다. 상당히 정교한 로봇 시술이 시작되었고 의사 중에서도 원격 제어를 잘하는 사람, 이를테면 게임을 잘하던 사람이 수익이 올라갔다는 말에는 피식 웃음이 나왔다.

'이게 정말 진료 대기 시간을 절약하는 거냐?'

연우는 의사의 등 뒤, 진료실 창문 밖에 보이는 휴양지 풍경을 노려봤다. 저건 가상 배경 화면 이미지겠지?

"혈색은 좋아 보이시는데 지금 카메라 필터 끄신 거 맞죠? 검사 키트에 오늘 아침 소변 넣으신 거 맞고요?"

감기 같은 웬만한 질병은 디지털 주치의로 다 잡아낸다더니? 의사는 확실한 진단을 다시 한번 미뤘다.

'또 스트레스가 원인이라고 말하겠지?'

"스트레스성인 것 같은데요. 한 번 내원하시는 게 나을 것 같습니다.

데이터만으로는 파악되지 않는 게 있을 수 있으니까요. 제가 현재 시차 있는 곳에서 원격근무 중이라 예약은 다음 달 이후에…"

"그래서 내가 찾아간다고 전부터 몇 번이나 말했잖아요. 여기서 기본 문진을 하지 않으면 방문이 아예 안 된대서 빙빙 돌아 이렇게 된 거잖아요?"

연우가 목소리를 높이자 얼굴을 찡그린 의사가 곧장 간호사 아바타를 작동시켰다.

"고객님. 지금부터 제가 확인 및 예약 절차를 돕겠습니다. 최신 건강 정보 입력을 원하시면 버튼을 눌러주세요. 정보 입력 후 내원 절차를 안내하겠습니다."

항의하는 고객에게 자동으로 재생되는 안내인 모양이었다. 귀여운 아바타 뒤에 숨은 의사가 비겁하게 느껴지기까지 했다. 서비스 제공자들은 이용자에게만 높은 시민 의식을 요구하는 것 같았다.

'대면세를 추가로 내는 의료 서비스는 비용이 얼마나 추가될까?'

연우는 대면세 가격 비교 사이트를 동시에 펼쳤다. 간신히 다음 달 예약을 잡은 후, 연우는 주치의 서비스를 종료시켰다.

'앓느니 죽지.'

그래도 예약이 잡혀 다행이었다. 가정 내 디지털 주치의 세트를 들이지 않은 사람 중엔 병원에 이송되지도 못하고 급사하는 일도 있어 종종 뉴스가 되었다.

매직 정수기에 크래프트 맥주를 주문한 뒤 소파에 쓰러진 연우는 스마트홈 시스템을 작동시켰다. 어렸을 때 최첨단 일상이라고 말하던 광고 같은 미래 풍경이 제 삶으로 다가왔는데 현재가 된 미래는 꿈꿔왔던 것만큼 행복하진 않았다. 3D 쿠커로 찍어낸 갈비에선 숯불 향이 났지만 고작 각종 향신료를 조합한 화학 성분이었다. 조합된 데이터를 리얼한 실체로 느끼려면 상상력으로 메꿔야 할 부분이 꽤 컸다. 숯불 향을 숯불이라고 믿어야 했다. 서비스에 만족했냐는 메시지를 받을 때마다 행복하다는 대답을 억지로 강요받는 기분마저 들었다. 사람이 없는 곳에서 세심하고 꼼꼼한 서비스를 받았다고 느끼기 힘든 것과도 비슷했다.

연우는 대면세 부담 때문에 제대로 된 서비스를 받지 못하는 자기 처지가 민망했다. 아무도 자신을 만나길 원치 않는 듯했다. 사람 없는 곳에서 일괄적으로 자동화된 처리 위에서 살다 죽을 인생이구나. 컨베이어 벨트 위에서 살다가 납골당에 들어갈 때도 홀로 컨베이어 벨트 위에 누워야겠구나, 싶었다. 좋든 싫든 사람과 부대끼던 서비스는 갑자기 가격이 폭등했다. 사람의 온기를 포기한 자리를 대체하기엔 가상 인간은 역부족이었다.

연우는 인터랙티브 영화를 틀었다. 좋아하는 배우들로 설정한 배우의 AI 얼굴, 그리고 선호하는 옵션에 의해 결론이 출력되는 영화였다. 매번 너무 같은 스타일만 소비하나 하는 반성에 간혹 배우를 바꿔보기도 했지만 아무래도 선호하지 않는 스타일은 편하게 즐길 수 없었다. 인터랙티브 영화가 준비한 옵션 중에 자신이 선택한 것을 원래 선호하던 것이라고 믿으며 사는 기분마저 들었다.

영화를 틀어놓고 연우는 은하수 살롱에 연결했다. 엊그제까지 여자친구 라미와 살롱에서 만났는데…. 연우는 낮게 한숨을 쉬었다. 라미와는 바로 엊그제 헤어졌다. 아니, 라미와의 이별을 헤어졌다고 표현할 수 있을까?

혼자는 외롭고 둘이면 짜증 났다. 2가 아니라 1.5 정도가 딱 좋았다. 메타버스 안에서 결혼하면 1.5가 될 것 같았다. 라미와는 결혼까지 생각했다. 그런데 고작 0.5를 원했던 마음이, 욕심이라고 생각하지도 않았던 작은 욕망까지 배신당했다. 메타버스에서 가상 연애는 가능했지만 현실에서 결혼은 불가능에 가까웠다. 연우는 자신에게 인간적인 매력이 있을까 생각했다. 음, 영화 보면서 잘 우는 것?

화장실에서 거울을 들여다보았다. 추레한 모습이었다. 변명이지만 도통 사람을 만나지 않아 겉모습에 신경 쓰지 않았다. 어차피 세상은 홀로 살아가는 곳이라는 말이 이만큼 체감되던 시절이 또 있었을까? 고독의 진짜 의미를 알게 한 시대임이 분명하다. 인간은 각각의 무인도로 살아갈 뿐이다.

연우는 습관처럼 라미의 개인 채널을 열었다.

'오빠가 사준 거라고 자랑해놓고선….'

선물을 보내면 그녀는 즉각 개인 채널에 자랑했다. 그런데 그게 연애가 아니라 마케팅이었다니. 업체는 변명했다.

'당신은 여자친구가 행복해할 순간을 구매한 겁니다.'

아무리 새로운 마케팅 방법이라고 이해하려 했지만 그건 피싱이었다. 라미가 연우의 고루한 사고방식에 맞춘 챗봇이라는 것을 알기까지 무려 반년이 걸렸다. 반년 가까이 연우는 정기적으로 여성들이 선호한다는 물품들(업체가 추천하는 제품들)을 사서 배송했다. 사기당한 수천 명의 유저들과 똑같이. 연우는 채 0.5가 되려다 만 물품들을 부랴부랴 주문 취소시켰다.

　다음 날 연우는 형광 조끼를 입고 출근했다. 얼마 전부터 호객 로봇과 자율주행 킥보드 등의 불법 주차를 감시하는 교통과 안전 요원 단기 아르바이트를 시작했다. 옛날로 치면 불법 방치 자전거를 수거하는 거리 정비 미화원 같은 일이었다. 의무적으로 부착해야 할 강제 종료 장치를 달지 않은 기기들을 발견하면 강제 전원 차단 장치를 쏘아 무력화시킨 뒤 폐기장으로 이동시키는 일이었다. 이 일도 데이터가 쌓이면 조만간 교통안전 로봇으로 대체될 거였다. 로봇에게 바통을 터치하기 위해 열심히 일하고 있다고 생각하니 도무지 의욕이 나지 않았다.

　다음번엔 어떤 일을 하게 될까? 건설 현장에 도입된 3D 프린터 때문에 건설 노동 선택지는 진작에 폐기되었다. 다른 분야도 비슷했다. 사람의 판단과 유연함, 창의성이 필요한 곳도 점점 자동화됐다. 반대로 돌발 상황을 위해 배치한 인간이 돌발 상황에 대처하지 못하는 일도 수두룩했다. 상황을 주도하는 일을 해본 적이 없는 인간이 갑자기 마주친 돌발 상황에 어떻게 대처하겠는가?

　돈 좀 벌었다는 지인들은 해외로 떠났다. 대기업에 취직해 살아남은 사람들은 전설처럼 바람결에만 존재했다. 연우 지인 중엔 없었다. 이런 시대에 인간을 부리는 사람들이 부러웠다. 시스템이 전해주는 자동 통지를 수행하다 보면 멸망한 지구에 혼자 남은 인간이 된 기분이었다. 시스템이 상사인 곳이 아니라 최소한 인간이 상사인 곳에서 일하고 싶었

　　　　　　　　　　　　　　　　　　　　기업 양극화 시나리오

다. 시스템의 사고를 따르다 보면 상사의 기분을 파악하던 때가 그리워질 지경이었다.

다음번 고용 시장을 파악할 유용한 데이터는 어디에 가면 찾을 수 있을까? 각종 유료 기사를 구독하면 당장 트렌드를 읽는 데에 도움이 될까? 인터넷 게시판 수준의 무료 기사를 둘러보다 연우는 창을 닫았다.

연우는 자신이 평균적인 사람이라 생각했다. 가끔 상상했다. 모두의 삶이 무너지던 와중에 위기를 기회로 바꾼 안 평균적인 사람은 도대체 누구일까? 돈이 돈을 늘리는 일을 하는 사람은 처음에 어떤 돈을 가지고 있었나? 끊임없이 바뀌는 세상에서 안정적인 일은 도대체 무슨 일일까?

"주말에 뭐 하시나요?"

같은 구역에 배정된 한 여성 동료가 말을 걸었을 때 연우는 다소 놀랐다. 사람과 말을 섞는 일 자체가 너무 오랜만이었다. 뻗친 머리를 괜히 쓸어내리며 연우가 답했다.

"은하수에서 인터랙티브 영화 보는 게 낙이죠."

"전에는 무슨 일을 하셨나요?"

무심한 듯 의례적인 말을 건넨 동료 휘림에게 연우는 대충 말했다.

"이것저것 다 하죠."

휘림이 멋쩍은 표정을 보였다. 너무 무성의한 말투였나 싶어 연우는 부드럽게 말을 덧붙였다.

"워낙 정신없이 업무가 바뀌니까요. 뭐든 가리지 않고 해야 입에 풀칠

하죠."

휘림은 자기도 그렇다며 수긍했다. 연우가 사회에 첫발을 내딛던 즈음 팬데믹 시대가 활짝 열렸다. 긱 노동이라 불리는 단기 업무를 수행하는 것에 거부감은 없었다. 아버지 세대처럼 공무원 시험에 목숨 걸지는 않았다. 사람이 필요 없다는 세상이었지만 새로운 방식에 일찍 최적화된 사람은 꾸준히 요구되었다. 어딘가 자신을 필요로 하는 곳이 있으리라 믿었다. 아이러니하게도 긱 노동인 줄로만 알았던 배달 드론 주차 관리인으로 수년간 밥벌이를 했다.

휘림이 쓸쓸하게 말했다.

"이전 남자친구가 메타버스에서 부동산 투자를 했거든요. 한때 새로운 시장이라고 주목받은 적도 있었는데 플랫폼이 사라지는 바람에 쫄딱 망했어요. 헤어지고 나서 저도 다시 오프라인 일을 시작했죠."

"아…, 그러셨군요."

연우는 자기 답변이 마치 고객센터 가상 인간 말투 같다고 생각했다. 휘림은 얼굴을 찌푸리며 동감해주는 연우에게 살짝 미소를 보였다.

"메타버스 안에서 치킨집을 운영했었거든요. 다시 현실판으로 확장해야 할 상황이에요."

휘림은 20대에 건축 설계자로 일했다고 말했다. 자신의 축적된 경험이 메타버스 내 건축물 건설 설계에도 유용할 것이라고 믿었지만 게임 헤비 유저가 자신보다 실력이 월등했다고 말하며 웃었다.

"처음엔 엄청 자존심이 상했죠. 지금은 뭐, 그러려니 해요."

연우의 추임새에 기분이 좋아진 듯 휘림도 잡담을 쏟아냈다. 메타버

스 부동산 사기당한 이야기며 은하수 고객센터에 항의하러 간 이야기까지…. 연우는 엊그제 경험이 생각나 조금 기뻤다. 갑자기 눈물이 한 방울 툭 떨어졌다.

"어? 괜찮으세요?"

"아, 이거 죄송합니다. 제가 영화 보면서도 잘 우는 사람이라서요."

"제가 영화 속 불쌍한 캐릭터처럼 보였나요?"

"아니요, 아니요. 그런 게 아니고요…."

어딜 가나 사람이 필요하지 않은 세상이었다. '온갖' 바이러스 확산을 굳이 무력화시키지 않았다는 소문도 들었다. 급격한 해수면 상승으로 살던 땅을 잃은 사람들을 보상하지 않았다는 소문도 있었다. 인류 역사상 유례없는 극심한 빈부 차이를 애써 수정하지 않았다는 소문도 들었다.

"평범하게 사람이랑 대화하는 게 참 필요한 일이다 싶어서요."

그 순간 연우는 '필요'라는 단어의 의미를 새로 정의했다. 휘림이 연우를 보며 살짝 웃었다.

"당연하죠. 내 잡담을 자기 얘기처럼 들어주는 사람과 대화하는 건 정말 필요한 일이죠."

연우는 언제나 필요한 사람이 되고 싶다고 생각했다. 사람이 필요 없다는 곳에서 필요한 사람이 되는 일에 분투했다. 하지만 진짜로 원했던 건 그런 게 아니었다. 자신이 세상에 긴요한 존재가 아니더라도 평범한 마음을 안고 살기 때문에 꼭 필요한 사람이라 불리고 싶었다. 평범한 마음을 사기당하기보단 평범한 마음을 공감하고 공감받고 싶었다.

휘림이 제안했다.

"일 끝나면 같이 저녁 먹으러 가실래요?"

인간이 바이러스와 공존하는 사이, 인간과 인간도 어떻게든 공존하는 사이가 되어간다는 것을 연우는 느꼈다.

연우가 휘림의 제안에 고개를 끄덕였다.

5장

포스트 코로나 시대의
양극화 종합 전망

양극화 미래
종합 전망

본 연구는 전문가 중심의 예측이 매몰되기 쉬운 현안 중심의 시나리오를 극복하고, 새로운 미래 이슈를 발굴하기 위해 '국민참여 미래 워크숍'이라는 집합지성을 활용했다. 디지털, 지역, 기업 측면에서의 양극화를 보다 종합적인 관점에서 전망하고, 시나리오의 거시적인 방향성을 탐색해보고자 한 시도였다. 즉 네 가지의 미래(중단 없는 성장 미래, 붕괴 미래, 보존 미래, 변형 미래)라는 양극화 시대의 특징적인 미래상을 종합적으로 전망하는 데 초점을 두고자 했다.

중단 없는 성장 미래

중단 없는 성장은 강력한 경제성장 비전을 토대로 편리와 풍요를 추구하는 미래다. 소수의 엘리트가 사회를 이끌어가기 때문에 양극화는 필연적으로 발생하지만 평균적인 삶의 질은 나아진다고 본다. 중단 없는 성장 미래에서는 양극화가 주요한 특징인 만큼 현재 우리 사회가 안고 있는 양극화 문제가 보다 심화된 형태로 나타날 수 있다. 과학기술 또한 인간 편의에 맞춰져 있어 환경은 활용 가능한 정복의 대상으로 여겨진다.

주요 키워드는 '도시 등급제' '지역별 정치적 영향력 격차 발생' '멘탈 케어 산업의 발달과 기회 격차' 'AI 산업의 발달' '유인 서비스 쇠퇴' '디지털 불평등 심화' '보안 기술 격차' 등이다.

중단 없는 성장 미래의 양극화 전망

양극화 양상	사건	키워드
지역 양극화 양상	서울과 같은 대도시 안에서도 극단적인 지역 분리가 나타난다. 현재는 주거지, 사회적 지위, 자산, 소득 등으로 경제적 계급이 나뉘지만 미래에는 특정 도시로의 출입 자체가 특정 계층에게만 제한적으로 허용된다.	도시 진입 자격 부여
	과학기술 발달에 필요한 전력, 네트워크, 보안 시설과 같은 인프라와 편의 시설이 갖춰진 지역은 발전하며, 종합적인 등급에 따라 도시가 1등급, 2등급, 3등급 지역으로 구분된다. 각 지역이 특화되어 전력 생산 지역, 농산물 생산 지역, 쓰레기 처리 지역 등으로 나뉘어 관리되고 특정 목적에 부합하지 않는 지역은 단계적으로 도태된다.	도시 등급 부여와 활용 목적에 따른 지역 활용
	인구수가 적은 지방 소도시들은 정치적 영향력도 낮아진다. 그 결과 교도소, 발전소, 쓰레기 처리장 같은 기피 시설들이 모두 지방 소도시에 몰린다. 소득과 자산, 사회적 지위뿐만 아니라 절대적인 인구수에서도 밀리는 지방 소도시 거주민들은 반대하는 의견을 내기가 사실상 불가능해진다. 이런 악순환이 지방 소외 현상과 대도시 밀집 현상을 가속화한다.	지역별 정치적 영향력 격차 발생

지역 양극화 양상	도시와 농촌의 인구가 양극화되어 농촌 지역에는 노인조차 살지 않는다. 농촌은 AI와 로봇이 농업을 담당해 몇몇 관리자를 제외하고는 로봇만이 사는 로봇 도시가 된다.	농촌의 무인 로봇 도시화	
	기술이 접목된 스마트 도시의 발달로 기술 활용을 하지 않는 도시와의 격차가 심해진다. 인구가 스마트 도시로 몰리면서 스마트 도시는 더욱 발전되고 타 지역은 도태된다.	스마트 도시 발달	
	소득이 높은 곳은 의료 지원이 빨라 감염병이 잘 관리되지만, 소득이 낮은 지역은 인구 밀집도가 높고 의료 서비스도 낙후되어 팬데믹에 취약하다.	지역별 감염병 관리 격차	
	농축산물 생산과 식품 개발을 극대화하기 위한 유전공학 연구소, 식품 개발 연구소 등이 농촌에 자리 잡는다. AI 분석을 통해 최적화된 생산을 하고 로봇이 관리 및 수확을 하는 등 농촌은 자동화 로봇 도시로 변화한다. 이런 목적에 부합하지 못한 농촌은 주변의 거대 농촌 연구 생산 도시의 하위 생산 지역으로 편입 관리되며 낮은 생산성으로 인구 이탈이 극심해진다.	농촌 효율성 극대화를 위한 농촌 연구소 발달	
활성 산업	무인화와 로봇 기술 발달로 사람들 사이의 교류가 줄어들어 외로움을 느끼는 사람이 증가한다. 이들을 위한 멘탈 케어 산업이 발달한다.	멘탈 케어 산업 발달	
	대기업들이 많은 노동자를 필요로 하지 않게 되면서 많은 구직자들이 반강제적으로 창업에 내몰린다. 이에 따라 산업은 초거대 기업과 극소기업의 두 가지 극단적인 양상을 띠게 된다. 공장과 토지 같은 자산이나 인사팀 같은 경영 지원 부서를 재정상의 문제로 갖지 못하는 극소기업들은 그것들을 소유하려 노력하기보다는 구독의 형태로 이용하게 된다. 이에 따라 공유 팩토리 업체와 일자리 플랫폼이 성장한다. 기업 수가 늘어나면서 예전처럼 큰 규모의 M&A뿐만 아니라 아파트를 거래하듯 회사를 거래하는 소규모 M&A 시장이 발달한다.	초거대 기업과 극소기업으로 양극화	
	AI, 전기차, 헬스케어 등의 산업이 성장하고, 로봇이 쉽게 대체할 수 있는 판매직, 생산직, 서비스업 등은 도태된다.	AI 산업 발달과 기존 직업의 쇠퇴	
	공유 팩토리, 소규모 M&A 시장이 발달하고 일자리 플랫폼이 성장한다.	공유 산업과 플랫폼 산업 발달	

활성 산업	로봇 생산 및 유지 보수직, 유전 공학자, 예방의학 분야 종사자, 양자 암호 전문가, 심리 상담 치료사, 로봇 수리 기사, 백신 디자이너(각 개인에게 어떤 백신을 어떻게 언제 접종해야 하는지 안내), 생산 자동화 프로젝트 매니저 등의 직업군이 활성화된다.	AI 관련 산업 발달
	인간의 수명과 관련된 연구가 활발해지면서 생명 연장과 관련한 의학 산업과 신체 강화 관련 산업이 활성화된다.	생명 연장 관련 산업 발달
	로봇, 원격의료, 자율주행, 드론, 항공 우주, 메타버스 등 과학기술과 관련한 산업군이 호황을 누리게 되고 이에 따라 로봇 개발, 콘텐츠 개발, 우주 비행 관련 직군의 인기가 많아진다.	과학기술 전반의 발달
쇠퇴 산업	모든 생산 공정이 자동화되어 전면 무인 공장이 보편화된다. AI가 매칭해주는 부동산 거래로 중개 수수료가 없고 자율주행 택시 및 버스가 생기면서 사람 운전기사가 사라진다. 은행 등 물리적 공간이 없어지고 온라인 금융이 정착한다. 단순 행정, 세무, 콜센터, 운전기사, 캐셔, 은행원, 생산직, 공인중개사, 은행원, 베이비시터 등 대부분의 직업이 AI로 대체된다. 일부 인간의 감성이 필요한 직업과 최종 결정권을 가진 직업은 여전히 존재하지만 소수에 불과하다.	기존 유인 직업의 전반적 쇠퇴
	단순 사무직과 서비스직뿐만 아니라 법조인, 의사 등 전문직도 AI로 대체되거나 협업이 필수가 된다. 대부분의 직업군에서 대대적 실직이 발생하자 노동자들은 업종 전환을 위한 단계적 해고 및 재교육을 요구하게 된다. 높은 교육 수준을 지닌 사무직이나 전문 직종 중 많은 실무자들이 실직한다. 공교육보다 더 나은 교육을 받을 수 있는 매체가 증가하고 어린이 수가 적어지면서 교사들도 최소한의 수를 제외하고 자리를 잃는다. 자율주행 차량으로 사람 운전자들도 실직하지만 자동화 차량이 갈 수 없거나 가지 않는 지역을 운행하는 서비스가 발달하는 등 아날로그 향수를 자극하는 다양한 서비스가 나타난다. 생산직군 중에 사람의 손을 많이 타는 직업들, 예를 들면 육가공업자나 패턴사(오리지널 디자인을 고안하거나 작품이나 모델을 만드는 사람. 모델리스트) 등은 오히려 그 수가 적어져서 임금이 높아진다.	전문직의 AI 대체와 맞춤형 아날로그 서비스 발달

쇠퇴 산업	비교적 교육 수준이 높지 않아도 종사할 수 있는 생산직, 판매직, 서비스업 등의 노동자들이 로봇으로 대체되면서 많은 사람들이 일자리를 잃고 실업자가 된다. 정부에서 이들을 재교육 및 재취업 시키는 데 많은 시간과 비용을 투자하며 전반적인 세수 부담이 증가한다.	실업자를 위한 재취업 산업 발달
과학기술 양극화 양상	스마트 웨어러블 기기의 발달로 질병의 조기 진단이 가능해진 미래에는, 최첨단 원격의료를 활용할 수 있는 이들과 그렇지 못한 이들 간의 의료 서비스 양극화가 일어난다.	의료 서비스 격차로 건강 양극화
	디지털 기기를 잘 다루지 못하는 노인층을 비롯해 디지털 기기 활용 교육을 제때 받지 못한 소득 하위 계층 어린이들 사이에서 점점 더 심화된 형태의 양극화가 나타난다.	디지털 기기 활용 격차 심화
	디지털 기기에 대한 제대로 된 교육을 받거나 디지털 기기와 콘텐츠를 소비할 수 없는 가정 형편의 어린이들은 사회로부터 경쟁력을 갖출 기회 자체를 빼앗긴다. 과거 글씨를 읽지 못하는 문맹에서 나타나는 양식이 디지털을 활용하지 못하는 계층인 디지털 문맹 계층에서 정도가 더욱 심화된 상태로 나타난다.	디지털 문맹 증가
	디지털 양극화가 수명의 양극화까지 초래한다. 경제적으로 여유롭고 디지털 기술을 향유할 수 있는 계층은 실버 산업과 노후의 삶에 관심을 갖지만 그렇지 않은 계층은 그저 젊을 때 신나게 즐기는 것에만 관심을 갖는다. 유흥, 환락, 마약 등의 산업이 성행한다.	기술 활용에 따른 기회 격차와 고령층의 양극화 심화
	디지털로 전환되지 못하는 아날로그 산업 중 희소가치를 갖는 상품과 서비스는 그 가치가 폭등한다. 예를 들어 수제 피아노 및 바이올린 제작, 포도주와 전통 소주 등의 주류, 한식과 떡 등의 특색 있는 음식 산업 등이다. 그러나 디지털 기술을 사용하는 기업이나 개인 중 안전한 보안 기술을 사용하지 못하는 업체는 큰 손실을 입거나 운영 자체에 어려움을 겪게 된다.	디지털 기술 기업 간 보안 기술 격차
	과학기술 발달에 따라 피로감을 호소하는 사람들이 증가한다. 외로움, 고독감, 우울증 예방에 도움을 받을 수 있는 자와 그렇지 못한 자의 차이가 크게 발생한다. 로봇 심리 상담사도 대중화되어 인간을 위로한다.	멘탈 케어 기회 격차

과학기술 양극화 양상	디지털 콘텐츠와 과학기술 영역에서 사람들은 크게 생산자와 소비자로 나뉜다. 누군가가 창조한 콘텐츠나 기술을 소비하기만 하는 사람들은 스스로 판단하고 선택한 소비라고 착각하지만 자신도 모르게 돈과 시간을 점점 잃어간다. 과거의 토지나 공장처럼 초기 비용이 많이 들어가는 생산 수단이 없더라도 창조물 자체가 생산 수단이 되어 생산자는 부를 축적하고 새로운 부르주아 계층이 된다.	디지털 기술 전문성에 따른 콘텐츠 생산자와 소비자 간의 격차
	부의 차이에 따라 기술 이용 기회에 차이가 발생해 기술 활용이 가능한 사람과 불가능한 사람 사이의 양극화가 더욱 심해진다. 부의 양극화는 기술 활용 양극화와 직결된다.	부의 양극화가 기술 활용 기회 양극화로 직결
	미래 사람들은 디지털 DNA를 갖고 태어나므로 현재 노인들과 달리 디지털 양극화 문제도 줄어든다. 아마 백일잔치에 스마트폰을 선물할 수도 있을 것이다.	디지털 DNA 생성
	기술력 위주의 미래에는 계속해서 서로 해킹하고 방어하는 보안 전쟁이 펼쳐진다.	보안 중요성 증대

자료: 저자 작성

붕괴 미래

붕괴는 전쟁, 기후변화, 자연재해 등 인간이 통제할 수 없는 극단적인 사건을 통해 붕괴를 겪게 된 후 새롭게 적응해가는 미래다. 경제는 생존 중심으로 흘러가고 활용 가능한 에너지도 희박해 모든 것이 느리고 불편하고, 때로는 생존을 위협받기도 한다. 하지만 기존의 문제 또한 완전히 붕괴되고 다시 시작한다는 점에서, 새로운 가능성을 발견할 수 있는 미래이기도 하다. 현재와 극단적으로 다른 조건이 주어진 만큼 붕괴에서만 상상할 수 있는 새로운 가능성도 존재한다.

주요 키워드는 '자연재해 대비 능력에 따른 지역 양극화' '생존 전문가 '소규모 공동체' '화폐가치 하락' '디지털 활용 기회 제한' 등이다.

붕괴 미래의 양극화 전망

양극화 양상	참가자 답변	키워드
지역 양극화 양상	수도권은 더 이상 도시로서의 역할을 하지 못하고 과거의 유물로 남게 된다. 정부 혹은 정책 결정권자들은 비수도권 지역 중 붕괴 이후 새로운 사회 발전에 토대가 될 수 있는 지역을 선정해 그곳을 발전시키기 위해 노력한다.	수도권 붕괴
	기후변화의 직접적인 피해를 입는 산간 및 해안가 지역은 사람이 살지 않는 곳으로 변하고, 자연재해 대비가 잘 갖춰진 지역은 인구가 몰린다. 이런 사회 변화를 인정하고 잘 적응하는 계층은 생존하지만 변화를 인정하지 않고 새로 바뀐 기술이나 환경에 적응하지 못한 계층은 도태된다.	기후변화 대응에 따른 지역 양극화
	태풍, 지진, 화재, 기후변화 및 천연자원 고갈 등 환경 변화와 자연재해에 대한 국가의 재정적 부담이 증가한다. 자연재해나 기후변화 등 붕괴 상황에 대한 시설을 갖추고 대비해놓은 지역과 그렇지 못한 지역의 격차가 더욱 커진다.	자연재해 대비 능력에 따른 지역 양극화
활성 산업	급격하게 변화한 사회 환경에서 적응하고 생존할 수 있도록 돕는 생존 교육가, 붕괴된 사회의 자연을 다시 복원하고 사람들이 살아갈 수 있도록 개발하는 자연환경 개척가 등 교육 및 토지, 환경 관련 산업이 주요 직업군으로 떠오른다.	생존 및 변화 적응을 돕는 전문직 등장
	사회에 적응하지 못하는 사람들을 특성에 맞게 분류하고 생존을 돕는 그루핑 전문가가 나타난다.	개인 특성과 역량 재발견
	리사이클링 관련 산업, 장례 문화 변화에 따른 사체 보존업이 활성화된다.	재생의 가치 중시
	노후에 함께할 수 있는 친구나 공동체를 찾는 동반인 문화가 발달해 관련 직업 및 산업이 나타난다.	소규모 공동체 발달
	자원이 고갈되면서 재활용 소재, 대체 가능 소재에 대한 연구 개발이 활성화된다.	대체 자원 발굴
	어린이가 성인이 될 때까지 무사히 성장할 수 있도록 돕는 직업군이 나타난다.	생존과 자립을 돕는 전문직 등장

	반도체 산업, IT 산업, 인터넷 플랫폼 등 붕괴 이전 사회에서 가장 각광받던 산업군은 붕괴 이후 관련 인프라가 전부 소실되며 더 이상 사업의 영위가 어려워진다.	반도체, IT 등 기존 주요 산업 쇠퇴
쇠퇴 산업	자원 고갈로 1차 연료가 공급되지 않아 모든 생산 공장의 가동이 중단된다.	자원 고갈에 따른 제조업 쇠퇴
	인구가 감소하고 소비가 극도로 줄면서 금융 산업과 관련 전문 직업군이 사라진다.	금융업 쇠퇴
	제조업이 붕괴되면서 공장 근로자들의 설 자리가 사라진다. 제조업이 환경 파괴를 가속화시켰다는 인식이 퍼지면서 공장 근로자들에게도 낙인이 찍힌다.	제조업 분야의 실업 현상
	화폐 의존도가 낮아지면서 금, 은, 부동산 등 실물 재산을 확보하려는 움직임이 커진다.	화폐가치 하락
과학기술 양극화 양상	디지털 기기가 대중화되지 않아, 관련 기술 활용에도 제약이 생기면서 극소수의 사람만이 디지털 기기를 사용할 수 있게 된다. 국가는 디지털 바우처 제도 등을 신설해 제한적으로나마 활용할 수 있는 디지털 배분제를 운영한다. 국가 간 과학기술 격차도 심화된다.	디지털 활용 기회 제한
	디지털 기기 및 기술을 활용하지 않으면서 세대 간 디지털 활용 격차가 사라진다. 그동안 다양한 사회 변화를 겪은 5060 이상 세대가 2030 세대보다 변화에 빠르게 적응한다.	디지털 활용 격차 해소
	디지털 시대의 편리함을 기억하는 세대들은 '디지털 향수병'으로 우울증이 발생한다.	디지털 활용 제한으로 우울감 증가
	섬처럼 고립된 지역에서는 과학기술에 대한 혜택을 더욱더 받기 어려워진다. 탈섬 현상이 발생한다.	과학기술 활용이 어려운 고립 지역 발생

자료: 저자 작성

보존 미래

보존 미래는 에너지 고갈, 기후변화 등 공동체 전체를 위협하는 문제 속에서도 붕괴를 막고자 최대한의 노력을 기울여 현 상태를 유지하고

자 하는 미래다. 친환경 지속 가능 미래도 비슷한 이미지를 갖지만 무엇보다 공공을 위한 엄격한 규율이 사회를 관장하는 미래이다. 보존 미래를 유지하기 위해서는 개인의 이익을 추구하기보다는 미래 세대를 위해 희생하는 태도가 필요하다.

코로나19 이후 우리 사회에서 일어나고 있는 감염병 통제, 새로운 규율 적용, 협동과 신뢰를 통한 사회 안전 확보와 연결되는 미래로서 중앙의 엄격한 통제하에 있기 때문에 다른 미래에 비해 개인의 자유를 침해할 수 있는 미래다. 하지만 생존 중심의 환경이 경제 양극화를 해소할 수 있다는 점에서 주목할 만하다.

주요 키워드로는 '친환경 비수도권 부상' '근로시간 축소' '정보 접근 공정성' '입시 교육 산업 쇠퇴' '디지털 복지 정책' 등이 있다.

보존 미래의 양극화 전망

양극화 양상	참가자 답변	키워드
지역 양극화 양상	1차 산업이 여전히 중요하지만, 관련 종사자가 절대적으로 부족해 대개의 농어촌이 소수의 노인, 외국인 노동자, AI 로봇으로 구성된 공동체로 탈바꿈한다. 도시 지역의 어린이는 친환경 농어업의 지속 가능 발전에 대해 학습하고 체험을 위해 농촌을 방문하며, 이는 필수 교육 과정으로 자리 잡는다.	농어촌 보존과 인구 구조 변화
	기존 서울 등의 대도시는 환경문제 등으로 쇠퇴하고, 공기가 좋은 농촌이나 어촌 지역이 인기를 얻는다.	친환경 비수도권 지역 부상
	균형 발전과 도덕적 리더십이 중요해지면서 특정 지역만을 대표하는 리더는 사라지고 기간제 발령에 따라 지역 리더 업무를 순환직으로 수행하게 된다. 이를 통해 기존의 지역감정이 사라진다.	지역 리더 순환직 발령과 지역감정 해소

	농촌에도 로봇 기술이 도입되면서 친환경적이면서도 편리함을 갖춘 지역이 늘어난다. 재택 업무 도입으로 수도권 집중 현상이 완화된다.	농촌의 로봇 기술 도입과 수도권 집중 현상 완화
지역 양극화 양상	국내 인구가 감소해 전 세계 난민을 수용하고, 외국인 거주를 적극 유치하면서 외국인 비율이 30퍼센트를 넘고 다문화 가정이 일반화된다. 외국인 비율이 적은 지역과 많은 지역 사이에 차이가 발생한다.	외국인 비율 증가와 지역 간 인구 구조 변화
	세수입이 많은 도시 지역에서 농어촌과 유사한 환경을 포함하는 거주 지역을 더욱 선호하고, 농촌에는 문화·의료·복지 시설이 증설되어 지역 간 양극화를 줄이는 정책이 다양해진다.	비수도권 인프라 확충으로 지역 양극화 해소
활성 산업	원격의료가 정착하면서 관련 산업이 활성화된다. 이 밖에도 친환경 원료 및 재료 산업 관련 환경 생태 전문가, 환경 규제 관련 법률 전문가, 전기차와 수소차 관련 산업 및 직업이 성장한다.	친환경 생태계 관련 직업 부상
	근로시간이 주 30시간 이내로 줄어든다. 평생 직장 개념이 약해지고 직업의 귀천도 사라진다. 식품 바이오산업, 평생교육 산업, 지역 공동체 취미 활동을 연계하는 서비스, 인간만이 할 수 있는 다양한 창작 활동이 활성화된다.	근로시간 축소와 새로운 직업 부상
	직업이 다양해지며 새로운 분야에 도전하기 위한 교육비를 정부에서 지원한다.	평생교육 활성화
	로봇과 일자리를 공유 및 협업하기 위해 새로운 노동조합이 꾸려진다. AI 자동화 공정의 틈새를 인간 노동으로 대체하기 위한 역발상 연구도 진행된다.	로봇과 공존하기 위한 제도 마련 및 연구 활성화
	의사의 진료나 판사의 판결 등 공정함과 청렴함이 강조되는 전문 영역의 데이터가 체계적으로 관리되고, 누구나 관련 정보에 접근할 수 있게 된다. 관련 산업도 활성화된다.	정보 접근 공정성 강화
쇠퇴 산업	공공 원격의료, 로봇 수술 등이 일반화되어 의료인의 일자리가 줄어든다.	원격의료의 발달로 개인 병원 쇠퇴
	대학 서열이 사라지면서 학원 등 입시 관련 사교육이 대폭 축소된다.	입시 교육 산업 쇠퇴
	석탄 에너지 활용 산업, 의류 산업, 일회용품 산업 등 환경을 파괴하는 산업이 전반적으로 쇠퇴한다.	지속 가능성과 반대되는 산업 쇠퇴

과학기술 양극화 양상	세대 간 디지털 양극화가 심화되면서 오랫동안 디지털 기술 활용에서 소외되어온 저학력 저소득 노년층을 위한 정책이 시행된다. AI 로봇을 무상으로 제공하고 활용할 수 있도록 돕는 서비스가 만들어진다. 디지털 지식의 접근성 차이를 보완하려는 노력이 지속된다.	노년층 등 디지털 기술 활용 소외 계층을 위한 공공 교육 활성화
	메타버스에 적응하는 계층과 그렇지 못한 계층 간의 격차가 커진다. 쇼핑, 의료, 투표 등 기본적인 생활 방식도 디지털로 전환되면서 소외되는 사람이 없도록 오프라인 방식을 병행한다. 디지털 기본권을 위한 정책이 시행된다.	디지털 기본권 보장을 위한 정책 시행
	디지털 정보를 보편적으로 향유할 수 있는 공공성이 중시되어, 저작권이나 열람권 비용을 공적 자금으로 지원하는 디지털 복지 정책이 확대된다.	디지털 복지 정책 확대
	공공성을 해치는 악성 댓글에 대한 관리가 엄격해지면서 디지털 패널티가 부과된다.	디지털 패널티 도입
	'신토불이'라는 말이 여전히 통용되며, 먹고 마시는 식 재료의 보존을 위해 과학기술이 적극적으로 이용된다.	식 재료 보존을 위한 과학기술 활용

자료: 저자 작성

변형 미래

변형 미래는 극도로 발달한 과학기술을 토대로 기존의 인류가 살아보지 못한 새로운 세계를 경험하는 미래다. 인간, AI, 로봇, 트랜스휴먼transhuman, 복제 인간 등 다양한 구성원이 함께 살아간다. 중단 없는 성장 미래의 과학기술이 인간의 편리에 집중되어 있다면, 변형 미래에서의 과학기술은 기존의 패러다임을 전환시키고 전복시키는 역할을 하며, 인간은 그곳에서 주인공이 아닐 수 있다. 메타버스의 활용과 영향력 확대 등으로 물리적 세계보다 가상세계가 더욱 중요해지므로, 상상력이 가장 많이 필요한 미래이기도 하다.

주요 키워드로는 '가상세계 발달로 지역 양극화 해소' '가상세계 콘텐츠 양극화' '쌍방향 커뮤니케이션 콘텐츠 발달' '대면 문화 공간 쇠퇴' '가상현실 적응력 격차' 등이 있다.

변형 미래의 양극화 전망

양극화 양상	참가자 답변	키워드
지역 양극화 양상	물리적 공간보다 가상현실이 중요해지며 시공간의 제약이 해소된다. 도시의 경제력과 교통, 교육, 편의 시설 등의 인프라가 삶의 질을 좌우하지 않는다.	가상세계 발달로 지역 양극화 해소
	물리적 공간이 사라지며 지역 양극화라는 단어조차 사라진다. 가상세계 속에서의 보유 콘텐츠에 따라 새로운 격차가 발생한다.	지역 양극화 해소와 가상세계의 콘텐츠 양극화
	대부분의 활동이 가상에서 이뤄지면서 기존의 물리적 지역별 물가 차이는 사라지지만, 가상세계 속에서 새로운 공간 격차가 생긴다.	가상세계 속 공간 격차 발생
활성 산업	가상 건물 디자인, 아바타 꾸미기 등 메타버스 관련 산업이 흥한다.	메타버스 관련 산업 활성화
	가상세계의 발달로 누구나 게임이나 영화 속 주인공이 될 수 있다. 자신의 행동에 따라 영화의 줄거리가 바뀔 수도 있고 게임 속에서 만나는 다양한 사람들과 교류도 한다.	참여형 문화 콘텐츠 발달
	기존의 일방적인 방송 송출 대신 쌍방향 커뮤니케이션이 가능한 문화생활이 보편화된다. 감정을 생생하게 느끼고 방송에 직접 참여할 수 있게 되면서 수동적 시청자는 사라지고 관련 산업이 발달한다.	쌍방향 커뮤니케이션 콘텐츠 발달
	비대면 삶에서 외형은 그다지 중요하지 않게 된다. 외모에 대한 현재의 관점 또한 변화한다.	물질, 외모 등 기존의 판단 기준 전복
	반려 로봇이 늘어나고 사회 전 분야에 로봇이 활용되면서 AI 로봇 관련 산업이 활성화된다.	AI 로봇 산업 발달
	양자 컴퓨터의 본격적인 상용화로 더 뛰어난 양자 컴퓨터를 가진 기업이 흥하고 AI 기술을 확보한 산업이 더 발달한다. 구글처럼 빅데이터를 확보한 기업의 영향력이 더 커진다.	양자 컴퓨터를 활용한 산업 발달

활성 산업	휴머노이드(humanoid) 로봇이 발달하면서 인간의 신체와 비슷한 로봇으로 생체 실험을 하는 등 의료계에서 로봇이 중요해진다.	휴머노이드 로봇 발달과 바이오산업 영향력 확대
쇠퇴 산업	사람을 필요로 하는 서비스산업, 현장직 등이 쇠퇴한다.	전통적 일자리 감소
	내연기관의 종식과 더불어 내연기관 중심의 카센터가 쇠퇴한다.	자동차 산업 쇠퇴
	영화관, 공연장, 경기장 등 대면 문화 공간이 사라진다.	대면 문화 공간 쇠퇴
	가상세계 발달로 국적의 의미가 희미해짐에 따라 올림픽 등 국위 선양 스포츠의 인기가 줄어든다. 프로 스포츠 역시 실제 스포츠보다 가상세계 속 게임 형태를 더욱 선호하고 직접 참여하고 경험하는 스포츠의 인기가 높아진다. 대면 활동의 중요성이 줄고 신체 활동에 대한 관심이 떨어지면서 전통적인 엘리트 스포츠, 프로 스포츠 산업이 모두 쇠퇴한다.	관람 스포츠 쇠퇴와 가상세계를 활용한 참여형 스포츠 발달
	사람은 줄고 가상 인간, 로봇이 인구로 편입되면서 사람이 먹는 식품 산업은 쇠퇴하고 에너지원 관련 산업이 활성화된다. 사람들 또한 먹거리에서 맛보다는 영양분 섭취에 관심을 가지면서 기존의 맛집 관련 외식 산업이 쇠퇴하고 알약 식사를 만드는 기업이 살아남는다.	식품 및 외식 산업 쇠퇴와 에너지 산업 활성화
과학기술 양극화 양상	메타버스 안에서도 가상 부동산 거래 등 암호화폐를 통한 거래가 활성화되면서 가상세계 속 양극화가 발생한다.	가상공간 속 경제 양극화
	우주산업 기술, 무기 기술 등 과학기술 확보 여부에 따라 국가 사이에 양극화가 더욱 커진다.	혁신적 기술력 확보에 따른 양극화
	물리적 세계보다 가상세계가 중요해지면서 물리적 육체, 근력에 따른 능력 차이보다는 가상세계에 얼마나 더 잘 적응하는가, 해당 기술을 얼마나 유연하게 활용하느냐가 중요해진다. 운동 경기도 가상세계 속에서 일어나기 때문에 신체 능력은 물리적 조건이 아니라 기술 조작 등으로 평가된다.	가상세계 적응력과 기술 활용 능력의 중요성 확대
	최첨단 기술을 활용하고 적용하는 국가와 그외 국가 사이에 양극화가 더욱 심화된다. 경제적 격차를 넘어 살아가는 방식 자체가 완전히 달라진다.	과학기술 발달에 따른 라이프스타일 차이와 국가 간 양극화 심화

자료: 저자 작성

양극화 미래의 4가지 시나리오

첫 번째 시나리오:
중단 없는 성장 미래, 1퍼센트만의 대한민국이 'ON'다

2041년, 대한민국은 올해도 세계 7대 강대국의 자리를 굳건히 지키고 있다. 20년 전에도 이미 세계 10위의 경제 대국이었지만 낮은 행복 지수, 높은 자살률, 긴 근로시간 등으로 경제 규모에 비해 삶의 질이 낮다는 부정적 평가를 받아왔다. 2021년 세계 행복 보고서에 따르면 한국의 행복 지수는 조사 대상 95개국 중 50위로 OECD 국가 중에서는 최하위 수준이었다. 한국전쟁 이후 눈부신 경제성장을 이뤘음에도 개개인은 행복하지 않다는 지표는 한국이 풀어야 할 가장 큰 숙제로 여겨져왔다. 올해의 글로벌 경제지표가 주목받고 있는 것은 이런 행복 지수가 동반 성장했기 때문이다. 한국은 올해 처음 행복 지수 세계 30위에 진입했다.

정부는 지난 5년간 추구해오던 '공정한 경쟁, 행복한 국민' 비전이 드디어 결실을 맺어가고 있다며 경제성장 중심 정책 기조를 앞으로도 이어가겠다고 밝혔다. 자산 불평등 지수는 여전히 세계 최고 수준이지만 이를 문제 삼기보다는 전반적인 삶의 질을 높이는 데 집중하겠다는 것이다. AI, 로봇, 블록체인block chain 등 경제 성장의 근간이 되는 4차 산업 기술에 대한 적극적인 투자 또한 이어가기로 했다.

사람들은 이제 일상에서 로봇을 활용하는 데 익숙해졌으며 가정용 로봇 보급률도 53퍼센트에 달한다. 실시간 건강 체크, 맞춤형 식단 제안, 물품 구매와 정리까지 도와주는 가정용 로봇 '호미homey'를 비롯해 노약자를 위한 케어 로봇 '힐리healy', 육아용 로봇 '티치teachy', 요리용 로봇 '쉐피chefy'등 매일 다양한 로봇이 출시되고 있다. 로봇 활용률은 과거 스마트폰 사용률과 비교될 정도로 빠르게 성장하고 있는데 현재의 추이를 분석해 보면 2년 안에 70퍼센트를 돌파할 것으로 보인다.

코로나19 이후 무인화가 가속화되고 비대면 라이프스타일이 정착하면서 디지털 기술을 근간으로 한 사회 변화도 많았다. 업무, 교육, 여가 등 대부분의 활동이 비대면으로 전환되었고 원격의료 시스템이 도입되면서부터는 언제 어디서나 건강관리를 할 수 있는 환경 또한 마련되었다. 이런 변화는 수도권 집중 현상을 완화시켜줄 것이라는 기대를 가져왔다. 전 직원을 원격근무로 전환한 수도권 대기업의 근무 환경이나 온라인 수업이 자연스러워진 수도권 대학의 변화된 분위기가 물리적 공간에 구애받지 않고 일하고 교육받고 치료받을 수 있는 환경을 만들어

줄 것이라고 생각한 것이다.

그러나 코로나19 이후 20년이 지난 지금 수도권 집중 현상은 여전히 진행 중이다. 원격 라이프스타일은 사라지지 않고 하나의 문화로 자리 잡았지만 이에 대한 선택지가 누구에게나 있는 것은 아니다. 조건이 되는 사람들은 온·오프라인을 원하는 대로 선택해 살아가지만 그렇지 않은 사람들은 자신의 의지와 상관없이 주어진 조건에 맞춰 따라야 한다. 오프라인 선택지가 많은 수도권 집중 현상은 오히려 심화되고 있는 추세다. 과거와 달라진 점이 있다면 서울에 거주하기가 더욱 어려워졌다는 것이다. 서울 평균 물가는 비수도권 소도시에 비해 세 배 이상 차이가 나며, 서울 내에서도 구와 동별로 격차가 심해 크게는 20배 이상 물가 차이가 난다.

대기업의 위상도 여전하다.《포춘Fortune》이 발표한 2041년 글로벌 유망 기업 50위 안에는 국내 7대 대기업이 진입했는데 각각 4차 산업 기술에 꾸준히 투자해온 기업들로 IT, 커뮤니케이션 분야에 전문성을 갖고 있다. 코로나19 이후 IT 기술을 보유하지 못하고 디지털 전환에 실패한 많은 중소기업들은 경영난을 겪으며 문을 닫았다. 반면 대기업은 자본과 기술력을 바탕으로 코로나19의 충격을 버텨냈고, 코로나19를 기회로 두 배 이상의 성장을 이뤄내기도 했다. 현재 상위 1퍼센트의 기업 소득은 전체의 92.7퍼센트를 차지하고 있다.

이런 양극화 추세는 개인 소득에서도 비슷한 수치로 나타나고 있다. 그럼에도 대부분의 사람들은 양극화를 최우선 해결 문제로 보지 않는다. 양극화는 극복할 수 없는 문제이기 때문에 최소한의 복지 체계를 마런해 완충해야 한다는 것이다. 실제로 소외 계층은 여전히 존재한다. 디지털 기술 활용 없이는 생활을 영위하기 힘든 환경이지만 기기 활용에 서툴거나 활용 기회 자체가 박탈되어 있는 디지털 문맹인도 증가하는 추세다. 과거에는 고령층이 주로 해당되었지만 디지털 사각지대에 놓인 어린이와 청소년 문맹인도 1퍼센트를 넘어서고 있다. 이에 따라 정부는 기존의 ESG 경영에 D_{Digital welfare}를 포함해 ESGD를 실천하는 대기업에 대한 지원을 아끼지 않겠다고 밝혔다.

내년부터는 OECD 평균 근로시간에 맞추기 위해 규제했던 주 40시간 근무제를 완화하기로 했다. 정부는 근로시간 연장 자유와 함께 온·오프라인을 자유롭게 오가며 근무할 수 있는 '플렉시블_{flexible} 라이프스타일'의 보편화도 적극적으로 추진할 예정이다.

두 번째 시나리오:
붕괴 미래, 자급자족 유랑 공동체

코로나19 이후 가속화된 지방 인구 감소와 수도권 집중 현상은 10년 후 시군구의 90퍼센트가 소멸되는 결과를 낳았다. 지방 소도시 인구 역시 수도권으로 유출되면서 지방 인프라는 점차 낙후되었고 고령 인구만이 지역을 지키게 되었다. 결국 인프라 부족으로 일상생활을 영위하는 것이 어려워지자 국가에서는 고령 인구를 한꺼번에 관리할 수 있는 고령 친화 마을을 조성했고, 의료 시설과 편의 시설을 구축해 생활을 지원했다.

수도권 집중 현상을 가속화한 것은 지방의 일자리 부족 문제였다. 코로나19 이후 디지털 전환에 성공한 기업과 그렇지 못한 기업 간에 격차가 벌어지면서 수도권과 비수도권의 기업 격차도 극심해졌다. 이에 따라 지방 청년들은 일자리를 찾아 수도권으로 이주했다. 문제는 수도권에도 일자리가 충분하지 않다는 것이었다. 기업들은 규모에 관계없이 인력을 감축시켰고 서비스업은 무인 서비스로 대체되었다. 수도권 정착에 실패한 청년들은 다시 고향으로 돌아가려 했지만 수도권을 제외한 지역들은 소멸 수순을 밟고 있었다.

이런 산업구조 변화에 더해 이상기후 현상이 심각해지기 시작했다. 수도권에 인구가 몰리면서 도시 밀집도가 더욱 심각해진 서울은 1인 가구의 주거 질이 점점 하락하고 있었다. 1인이 점유할 수 있는 주거 면적은 2021년에 비해 줄어들었고 이상기후에 대응할 수 있는 설비도 갖춰져 있지 않은 곳이 많았다. 그럼에도 거주 비용은 세계 최고 수준이었다. 2031년에는 45도를 넘는 폭염과 태풍, 폭우 등 최악의 자연재해가 한꺼번에 발생하면서 서울에서만 2000명 이상의 사상자가 발생했다. 사상자 대부분은 열악한 주거 환경에 놓인 사람들이었고, 특히 지방을 떠나 독립한 청년들의 집단 거주 지역에 피해가 컸다. 이 지역은 서울에서 밀집도가 가장 높은 지역으로 알려져 있었다.

이 일을 계기로 청년 세대의 탈수도권 현상이 나타나기 시작했다. 질이 낮은 일자리를 전전하며 열악한 주거 환경을 견뎌오던 청년들은 수도권에 정착하기를 포기했다. 내 집을 마련해 평생 한 지역에 정착해 살아가는 안정적 삶은 더 이상 매력적인 비전이 아니었다. 청년들은 비어 있는 소도시로 돌아가기 시작했고 텅 비어 있던 유령도시들은 삼삼오오 모여든 청년들로 작게나마 공동체의 형태를 갖춰갔다. 인구 감소, 끊임없는 자연재해, 일자리 부족, 청년층의 경제활동 비참여 추세에 따라 한국 사회도 침체되기 시작했다.

2041년 한국은 이제 소규모 공동체 중심의 지역 분권 체제로 운영되고 있다. 세계경제 규모는 OECD 최하위로 밀려났지만 더 이상 경제성장 비전을 추구하지 않는다. 이 시대를 관통하는 키워드는 생존이며 생존을 위한 삶의 방식은 자급자족에 있다.

과거에는 일자리와 주거 환경, 인프라에 따라 주거지를 결정했다면 이제는 추구하는 가치에 따라 공동체가 구성되고 선택되었다. 지역의 인프라는 어디나 열악했기 때문에 구성원들이 어떤 가치를 추구하느냐가 살고 싶은 공동체를 고르는 기준이 되었다. 각 공동체에 공통점이 있다면 구성원들이 최소한의 자급자족 기술을 확보하고 있어야 한다는 점이었다. 이 조건을 충족하는 사람들은 공동체의 자체 심사를 거쳐 일원으로 받아들여졌다.

공동체에 정착하는 대신 전국을 떠돌며 살아가는 유랑족도 늘어갔다. 돌아갈 곳을 두고 유랑하는 것이 아닌, 말 그대로 머무는 곳이 집이 되는 형태로 살아가는 사람들이었다. 이들이 특별한 존재는 아니었다. 평생 거주 개념이 사라지면서 누구나 유랑족이 될 수 있었고, 누구나 공동체의 일원이 될 수 있었다. 일시적으로 공동체를 이뤘다가 필요에 따라 흩어지는 '노마드 커뮤니티nomad community'도 존재했다. 붕괴를 경험한 사람들은 정착 대신 더 나은 생존 환경을 위해 끊임없이 대안을 찾아 나섰다.

과거 한국의 모습을 기억하는 노인들은 경제 규모 10위를 자랑하던 한국을 떠올리며 향수에 젖기도 했다. 한국이 얼마나 잘사는 나라였는지, 강대국과도 얼마나 치열하게 경쟁했는지를 미래 세대에게 전해주고 싶어 했다. 그러나 미래 세대는 과거에 대한 미련이 없었다. 화려한 경제 성장 뒤에 가려진 노인 빈곤율 1위, 자살률 1위의 오명을 기억하기 때문이었다.

어린이들의 교육도 생존 교육에 초점이 맞춰져 있다. 안전한 주거 지역 찾기, 자연재해 피해 복구 방법, 동물과 식물의 이해, 예방의학과 의술, 식량 확보 방법 등 생존에 필요한 기술을 익히며 미래 불확실성을 준비한다. 과거 더 잘살기를 기대했던 청년들은 이제 더 잘 살아남기 위해 고군분투하고 있다.

세 번째 시나리오:
보존 미래, 그린 언택트 사회

코로나19 이후 전 세계를 관통한 키워드는 안전과 생존이었다. 팬데믹에 대한 대응 방법은 국가마다 달랐다. 도시 전체를 폐쇄해 감염병을 엄격하게 통제하는 나라가 있는가 하면 위험을 감수하며 위드 코로나를 앞당기는 나라도 있었다.

한국 사회도 많은 것이 바뀌기 시작했다. 2020년 3월 최초로 한 달간 개학을 연기한 초·중·고등학교는 4월부터 100퍼센트 원격수업이 실시되었다. 다중 이용 시설 제한, 사적 모임 인원 수 제한 등 사회적 거리두기 정책이 시행되었고 이후 세부 권고안이 결정되고 수정되기를 반복했다. 공공시설을 이용하기 위해서는 반드시 출입 명부를 작성해야 했는데 도입 이후 보완을 거쳐 수기 작성, QR 체크인, 콜 체크인 등으로 선택지가 넓어졌다. 이런 변화에서 자유로울 수 있는 사람은 없었다. 유례없는 팬데믹을 겪어내는 동안 사람들은 공동체를 위해 규율을 지키고 협동을 통해 생존하는 법을 배워나갔다.

라이프스타일이 변화하면서 비대면을 의미하는 언택트라는 신조어가 생겨나기도 했다. 온라인 쇼핑과 비대면 키오스크가 발달하고 근무, 교육, 여가에도 원격 방식이 도입되면서 디지털 기술 활용은 선택이 아닌 필수가 되었다. 이와 함께 디지털 불평등 문제가 불거지기 시작했다. 코로나19가 가져온 변화는 고령층, 장애인, 저소득층 등 디지털 소외 계층의 삶을 더욱 어렵게 만들었다. 코로나19의 필수품인 마스크 구입 정보가 애플리케이션을 통해 공개되면서 이에 대한 접근이 어려운 사람들은 필수 정보에서 소외되기도 했다.

팬데믹에 더해 기후변화, 미세먼지, 쓰레기 등 환경문제에 대한 심각성이 커지면서 그동안 한국 사회가 추구해왔던 경제성장 비전에 대해서도 비판 의식을 갖는 사람들이 늘어갔다. 변화를 앞당기는 데 결정적 역할은 한 것은 10대 청소년들이었다. 2019년 당시 17세였던 그레타 툰베리Greta Thunberg가 기후 행동 정상회의에서 기후변화를 위한 행동을 촉구한 것처럼 한국의 청소년들도 기성세대를 향해 목소리를 내기 시작했다. 국회 앞에서 1인 시위를 하던 15세 청소년은 '넘쳐나는 쓰레기와 미세 먼지에 고통받는 서울을 수도로 물려받고 싶지 않다'고 인터뷰했다.

2041년 현재 한국 사회는 많은 것이 바뀌었다. 20년 전 언택트 라이 프스타일은 '그린 언택트'로 바뀌어 정착했다. 비대면을 위해 디지털 기 술을 적극 활용하는 것은 동일하지만 그에 대한 목적은 편리함이 아닌 지속 가능성과 친환경으로 바뀌었다. 그린 언택트는 이동과 소비를 줄 임으로써 환경을 보존하고 과잉 생산을 막는 삶의 방식이다. 당장의 편 의나 이익보다는 미래 세대를 위해 절제하는 삶에 가깝다.

그린 언택트 문화가 정착하면서 수도권 집중 현상도 완화되기 시작했 다. 100퍼센트 온라인 대학 교육이 가능해지면서 '서울 소재 대학'을 우 선하는 문화도 희미해졌다. 대학들이 연합해 통합 커리큘럼을 내놓기 시작했고 이와 함께 대학 서열의 의미도 약화되었다. 비수도권 곳곳에 통합 거점 대학이 늘어나면서 물리적 공간에서 공부하고 싶은 학생들 은 주거지와 가까운 거점 대학을 이용할 수도 있다. 거점 대학, 거점 오 피스를 중심으로 한 다양한 위성도시들이 발달했다. 이제 서울 인구는 20년 전의 절반 수준인 450만 명으로 줄어들었다.

과잉 생산에 대한 부정적 인식은 전자 기기에도 적용되었다. 그린 언 택트를 실현하기 위해서는 원격 기기 등 디지털 기기 활용이 필수였지 만 과거처럼 유행에 따라 최신 기기를 구입하는 문화는 사라졌다. 대신 최소한의 기능을 충족하는 표준 모델이 가장 보편적으로 활용되고 있 다. 이에 따라 현재 가장 각광받는 분야는 리사이클 산업이다. 또한 환경 복원, 지속 가능성 관련 연구에도 국가 투자가 적극적으로 이뤄지고 있다.

관련 산업에 종사하는 중소기업에 대한 지원도 마찬가지다. 개별 기업뿐만 아니라 여러 기업이 협업해 사업을 진행할 경우 다양한 혜택이 주어지며 그린 언택트 지수를 충족하는 프로젝트에 대해서는 세금 감면 등 인센티브가 부여된다. 반면 대기업에 대해서는 적극적인 증세 정책이 적용되고 있다. 극심한 양극화를 해결하기 위해 도입된 증세 정책에 따라 현재 한국의 법인세는 몰타, 프랑스에 이어 세 번째로 높다. 도입 초기에는 법인세를 피해 다른 나라로 이전하는 기업들이 있었으나 정부는 흔들리지 않고 해당 정책을 고수했다.

정부가 내놓은 내년도 목표는 노인 빈곤율을 OECD 평균 수준으로 유지하는 것이다. 2021년 세계 최고 수준이었던 노인 빈곤율은 20년이 지난 현재 네덜란드와 함께 20위에 머물고 있다. 이와 동시에 2021년 세계 10위권이었던 한국의 경제 규모는 20위로 하락했다. 국제 경쟁력에서 열 계단이나 내려간 것에 대해 우려하는 목소리도 일부 있지만 대다수는 현재의 협동, 보존, 공공의 이익이라는 국가 비전에 동의하고 있다.

네 번째 시나리오:
변형 미래, 가상세계와 함께하는 듀얼 라이프

코로나19 이후 일상에 자리 잡은 메타버스는 가상세계의 영향력을 점점 확장시켰다. 20년이 지난 2041년 현재 가상세계는 경제, 문화, 정치 등 사회 전반적인 지표에서 물리적 세계의 영향력을 앞서고 있다. 사람들은 이제 아바타를 통해 가상세계를 살아가며 물리적 세계는 추가적인 선택지에 불과하다.

메타버스를 성장시킨 가장 큰 원동력은 비대면 라이프스타일 정착과 원격 기술의 발달이었다. 2019년 한국인의 인터넷 이용 시간은 주 평균 17.4시간에 불과했지만 코로나19를 겪으며 1년 만에 20시간을 넘어섰다. 무엇보다 생필품 구입, 인터넷 뱅킹, 정보 획득 등 실생활의 필수 요소로 자리 잡으며 고령층의 인터넷 활용 비율이 급증했다. 이후 2023년 한국의 인터넷 이용률은 세계 1위가 되었다. 이와 함께 3차원 가상세계인 메타버스의 활용도 늘어갔다. 나이가 어릴수록 메타버스를 잘 활용했는데 10세 전후 아이들의 적응력이 가장 높은 것으로 나타났다. 일단 아바타만 만들면 아이들은 특별한 교육 없이도 가상세계를 누비며 주어진 상황을 마음껏 즐겼다. 반면 어른들은 지적 능력과 상관없이 아이들에 비해 적응력이 떨어졌다.

이와 함께 물리적 세계의 일자리가 감소하는 상황도 가상세계의 영향력을 키우는 하나의 원인이 되었다. AI 로봇이 일자리를 대체하면서 사람들은 가상세계 속 가능성에 눈을 돌렸다. 스스로 디자인한 아바타를 활용해 인간관계를 맺고, 커뮤니티를 구축하고, 콘텐츠를 생산하고 소비하면서 사람들은 삶을 새로 시작하는 기분을 느꼈다. 국적, 외모, 나이, 성별 등 물리적 세계에서 주어졌던 자신의 한계에서 자유로워질 수 있는 기회였다.

반면 물리적 세계에서 부와 명예를 축적한 사람일수록 가상세계에 적응하는 것을 힘들어했다. 가상세계의 구동 시스템에 대한 이해가 부족할 뿐만 아니라 새로운 시작에 큰 매력을 느끼지 못했다. 이렇게 가상세계 진입을 포기하고 물리적 세계에 머무는 사람들은 '안티 메타족'으로 분류되었다.

아바타에 생체 정보를 연동시킬 수 있게 되면서 아바타를 통해 의사에게 진료를 받는 등의 변화가 일어났는데 물리적 세계의 나와 아바타가 동일한 행동을 할 필요가 없어지면서 가상과 물리 세계의 분리된 라이프스타일도 구현이 가능해졌다. 예를 들어 나와 생체 정보를 공유하는 아바타가 가상세계에서 단독으로 진료를 받을 수 있게 되었고, 그동안 물리적 세계의 나는 다른 일을 할 수 있었다. 아바타의 컨디션은 물리적 세계의 나에게도 영향을 미쳤는데 물리적으로 휴식할 시간이 없을 때 아바타가 대신 잠을 자거나 여행을 가는 등 스트레스 지수를 낮춰주는 역할을 하기도 했다. 아바타를 잘 활용하는 사람들은 두 개의 삶을 살 수 있었고 이런 삶의 방식은 '듀얼 라이프스타일'로 정착했다.

반면 가상세계를 활용하지 않는 사람들은 일상적인 불편함을 겪어야 했다. 학교, 병원, 관공서, 법원 등 필수 기관들이 가상세계로 흡수되면서 필요한 정보를 제대로 전달받지 못하거나 꼭 해야 할 것들을 방법을 몰라 포기하는 일도 발생했다. 가상세계에서는 5분 안에 해결할 수 있는 일, 예를 들어 국가에서 제공하는 원격 정기 건강 검진을 오프라인에서 하기 위해서는 예약을 포함해 꼬박 일주일이 걸렸다.

가상세계 발달과 함께 로봇처럼 신체를 개조하는 트랜스휴먼 기술도 도입되었다. 과거 산업현장에서 활용되던 입는 슈트가 신체 능력을 보완해주는 수준이었다면 이제는 팔이나 다리를 기계화해 신체 능력을 극대화하고 AI 칩을 뇌에 심어 사물과 소통하는 '반인반봇'의 모습으로까지 진화하고 있었다.

이에 따라 의식주 문화도 바뀌었다. 음식 대신 먹을 수 있는 영양 알약이 보편화되었고, 부족한 신체 활동으로 질병이 생기지 않도록 돕는 생체 활동 보조 의자 또한 가상세계에 오랫동안 머무르는 사람들을 위한 필수품이 되었다. 영양 섭취나 질병 관리를 꾸준히 하는 것에 어려움을 느끼는 사람들은 트랜스휴먼으로 신체를 개조하는 방법을 택했다. 2041년 현재 트랜스휴먼 전환 비율은 13.7퍼센트다. 전환자의 평균 나이는 60.9세로 20대 초반부터 100세 노인까지 전 세대에 걸쳐 시행되고 있다.

인류가 한 번도 겪어보지 못한 변화 속에서 부작용을 우려하는 목소리도 있다. 과거의 지역 양극화나 경제 양극화 문제는 사라졌지만 인류가 통제할 수 없는 새로운 문제가 발생할 수 있다는 것이다. 심지어는 과거와 같은 문제가 가상세계 속에서 동일하게 반복될 가능성도 있다고 말한다. 그럼에도 가상세계는 견고하게 영향력을 펼치고 있다. 현재의 불확실성은 번데기가 나비로 변모하는 극적인 변화를 이끌 것이라고, 국가 미래 예측 AI 퓨처리스트가 분석 결과를 내놓았다.

포스트 코로나 시대의
양극화 대응 전략

양극화의 구조적 진단을 위한 파급효과 지도

네 가지 미래 시나리오를 통해 양극화의 구체적인 모습을 그려봤다면, 이제부터는 보다 나은 미래를 위한 대안을 찾아볼 차례다. 코로나19로 커진 양극화 문제를 구조적으로 진단하기 위해 디지털, 지역, 기업별로 파급효과 전개 맵을 작성했다. 세 영역의 양극화가 분절적으로 나타나지 않고 혼재되어서 나타나므로. 양극화의 대안 또한 사회라는 하나의 통합된 시각으로 바라보기 위해서다. 파급효과 전개 맵은 양극화 문제를 심화 또는 완화시키는 주요 요소들 간의 파급 경로를 찾을 수 있는 유용한 지도다. 이를 통해 양극화 문제의 양적·질적 핵심이 되는 중요 지점critical point 을 찾고, 향후 작성할 인과지도의 구성 요소로서 연관 이슈들과의 관계도 탐색할 수 있다.

디지털 양극화의 파급효과

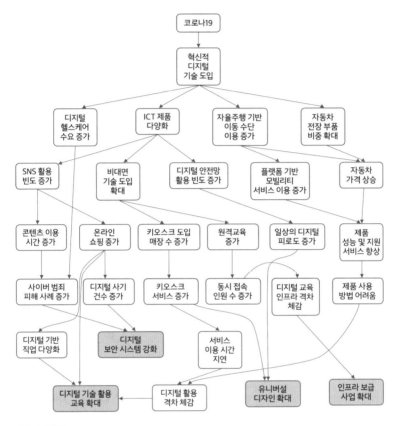

자료: 저자 작성

　코로나19와 함께 발달한 여러 혁신적 디지털 기술은 사회의 다양한
분야에 변화를 일으킬 것이다. 이를 크게 디지털 헬스케어의 수요 증가,
ICT(정보통신기술) 제품의 다양화, 자율주행 기반의 이동 수단 이용 증
가, 자동차 전장 부품의 비중 확대로 정리할 수 있다. ICT 제품이 다양
화되면 비대면 기술을 도입하고 디지털 안전망을 활용하는 데 도움이

되지만, 한편으로는 사이버 범죄 피해가 늘면서 디지털 보안 시스템을 강화하는 분위기가 조성될 수 있다.

또한 자율주행 이동 수단과 플랫폼 기반 모빌리티 서비스 이용이 증가하면 제품 사용에 어려움을 느끼는 집단이 많아질 수 있다. 이런 디지털 활용 격차는 모빌리티 분야뿐만 아니라 다른 서비스나 ICT 제품 사용과 관련해서도 발생할 수 있기 때문에, 교육 인프라를 확충하거나 유니버설 디자인을 확대하는 등의 대응책이 필요하다.

지역 차원에서는 코로나19로 국가와 지역 간 이동 제한과 사회적 거리두기 강화, 디지털 전환의 가속화에 따라 양극화가 심해질 수 있다. 특히 이동 제한으로 외국인 노동력이 부족해져 1, 2차 산업 생산 활동이 위축될 수 있으며, 지역의 주력 산업인 제조업이 쇠퇴하면 장기적으로 지역 일자리가 부족해지며 청장년층의 지역 이탈을 가속화할 수 있다.

한편 사회적 거리두기와 디지털 전환에 따라 온라인이나 공유 대학이 활성화될 수 있다. 이를 통해 지역 대학은 다른 대학에 흡수 또는 통합되는 등 궁극적인 위기를 맞이할 수 있다. 또한 원격의료 확대로 거점병원으로 환자가 쏠리고 결국 지역 의료 시스템이 붕괴하는 등 취약 계층이 제대로 된 의료 서비스를 받기 어려워질 수 있다. 한편으로는 디지털 전환이 온라인 문화생활을 발달시켜 지역의 문화 기회가 확대되는 계기를 마련할 가능성도 있다.

기업 양극화의 파급효과를 이야기할 때 세워야 하는 기본 전제는 디지털 전환이 진행되고 있는 상황에서 코로나19가 발생했다는 점이다. 이에 따라 사회적 거리두기, 국내 감염, 국가 간 이동 제한, 해외 감염 등

지역 양극화의 파급효과

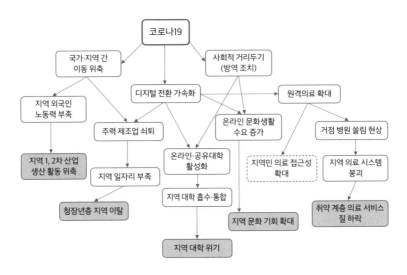

기업 양극화의 파급효과

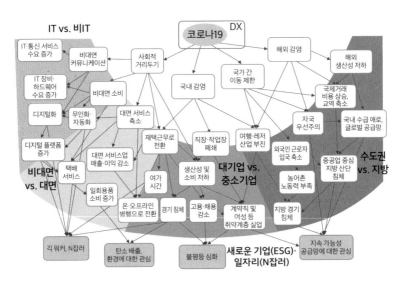

자료: 저자 작성

이 이뤄지며 다양한 변화가 일어났다. 기업 분야의 양극화는 크게 비대면과 대면, IT와 비IT 산업, ESG를 실천하는 새로운 기업 형태와 N잡러와 같은 직업 유형, 수도권과 지방, 대기업과 중소기업 간에 나타난다.

이처럼 파급효과 전개 맵으로 디지털, 지역, 기업 양극화 각각의 전개 과정을 파악했다면, 국가웰빙시스템 맵과 통합해(268쪽 그림) 양극화의 복합적 속성과 디지털$_D$, 지역$_R$, 기업$_C$ 사이의 연계성을 발굴할 수 있다. 이는 각 주제 사이의 상호 관계나 선순환과 악순환의 연결고리를 탐색함으로써, 변화의 단초를 찾아 불확실성을 최소화하고 발전적 시나리오를 도출하는 방법이다. 이를 통해 단기적으로는 양극화를 심화시키는 요소도 여러 사회·경제적 정책이 더해지면 장기적으로 양극화를 완화할 수 있음을 알 수 있다. 화살표의 방향은 영향의 원인과 결과를 말하며 붉은색 실선은 긍정, 검은색 점선은 부정의 의미다.

포스트 코로나 시대 양극화의 순환 구조

포스트 코로나 시대의 양극화는 지역적 충격이 디지털의 충격으로, 이것이 다시 기업에 대한 충격으로 이어질 것으로 보인다. 코로나19의 영향이 지역에서 디지털로, 그리고 기업으로 거대한 흐름을 형성하는 것이다. 그리고 이런 충격은 일회성으로 그치는 것이 아니라, 순환되면서 하나의 거대 고리를 형성할 것이다. 즉 개인 차원의 디지털 격차, 공간 차원의 지역 격차, 그리고 산업 차원의 기업 격차라는 상이한 차원의

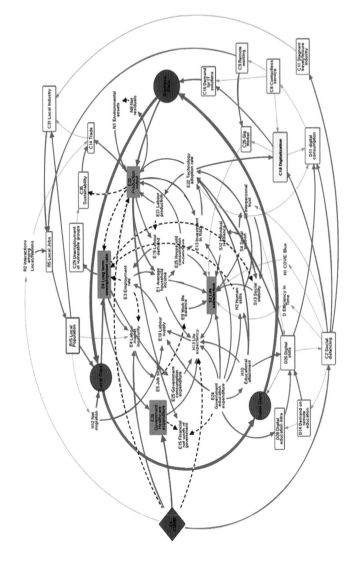

상급국 매크로플링과 국가웰빙을가위벨링시스템다이나 통합 모델

자료: 저자 작성

268

충격들은 상호 연쇄적으로 이어지면서 확산된다.

사회 전반에 일어나는 이런 변화는 사회적 거리두기라는 정책에서 시작되었다고 할 수 있다. 사회적 거리두기는 코로나 블루라는 현상을 통해 사회적 정체감과 활력을 감소시키는 일차적인 충격을 주고, 이후 삶의 만족도를 하락시키며 국가 경제의 전반적인 침체를 야기했다. 개인의 활동을 제약하는 사회적 거리두기의 효과가 장기간 축적되며 지역뿐만 아니라 국가 간 이동까지 급격히 위축시켰기 때문이다. 이동 제한이 강화되면 여행 및 레저 산업이 위축되며 지역의 일자리가 감소하고, 인구 감소와 경기 침체에 따라 지역의 격차는 더욱 확대된다.

디지털로의 급격한 전환과 전반적인 경기 위축도 기업 사이의 격차를 벌렸다. 디지털화와 경기 위축에 제대로 대응하지 못하는 기업은 급격히 쇠퇴했지만, 효과적으로 시의적절하게 대응하는 기업은 오히려 더 성장했다. 디지털 격차가 코로나19의 충격과 맞물리면서 더욱 확대 및 재생산된 것이다.

한편 사회적 거리두기의 영향으로 원격교육이 증가한 결과 개인의 디지털 활용 능력은 그만큼 강화되었다. 하지만 이 말은 디지털 활용 능력이 높아질수록 거리두기가 지속될 수 있다는 의미이기도 하다. 원격으로 업무를 볼 수 있는 근로자나 홈쇼핑에 익숙한 소비자는 재택근무나 원격 주문으로 큰 불편을 겪지 않지만, 디지털 활용이 어려운 사람들에게 사회적 거리두기는 생존 자체를 위협한다. 결과적으로 디지털 격차가 계속해서 확대 및 순환되는 것이다.

결국 디지털 격차와 기업 격차, 그리고 지역 격차는 악순환의 구도를 형성하며 서로 영향을 주고받는다. 개인 차원의 디지털 격차가 확대될수록 디지털화라는 사회적 변화에 대응하는 기업 격차가 확대되고, 기업 격차가 만든 경제력의 집중이 지역 격차로 이어지는 것이다.

그러나 디지털, 지역, 기업의 구성 요소들 사이에는 중장기적인 선순환의 연결고리도 존재한다. 코로나19로 사회적 거리두기가 지속되며 디지털 수요가 계속해서 늘면 기술이 더욱 발전하며 사회 전반의 디지털 격차를 좁힐 수 있다. 이는 장기적인 관점으로 봤을 때 삶의 만족도를 높이는 역할도 한다. 또한 재택근무가 본격적으로 확대되어 오프라인 직장에 출퇴근할 부담이 줄면 굳이 수도권의 비싼 주택에 거주할 필요가 없다. 결국 수도권 인구가 지역으로 이동함으로써 지역 격차가 완화될 수 있다.

한마디로 디지털화로 가속화된 원격근무가 지역의 일자리를 확대하고 새로운 직업군을 형성해 지역의 인구를 증가시킴으로써, 지역 격차까지 감소시키는 긍정적인 역할을 하는 것이다. 결국 팬데믹이 확대시킨 디지털 격차는 디지털 수용 역량이 사회적으로 확대되는 과정에서 개선될 것이며, 더 나아가 지역 격차, 기업 격차까지 좁히는 열쇠가 될 수 있다.

양극화의 악순환을 끊는 종합 대안

미래 사회의 양극화를 막기 위해서는 디지털, 지역, 기업 사이 악순환의 연결고리가 장기간 지속되지 않는 데 초점을 둬야 한다. 그중 지역 양극화는 가장 우려되는 차원으로, 지속적인 이동 제한 정책에 따라 관광 및 레저 산업이 위축되며 이미 양극화가 심화되었기 때문이다. 따라서 양극화의 충격을 완화시키고 즉각적인 효과를 거둘 수 있는 단기 정책이 필요하다.

이를 위해서는 사회 전체에 대한 일괄적인 지원보다는 급격히 쇠퇴하는 지역의 경기 회복에 초점을 두는 것이 좋다. 전략적 균형 접근을 통한 지속 가능 국가 성장, 고령 친화 및 다문화 지역사회 마련, 지역 산업 및 대학의 경쟁력 강화를 통한 지역 경제 도약, 지역 맞춤형 일자리 개발, 전 국민 디지털 역량 강화 등의 정책을 생각해볼 수 있다.

코로나19의 두 번째 충격이 집중되는 부분은 디지털이다. 그러나 디지털 격차에는 부정적인 측면과 긍정적인 측면이 동시에 존재하므로 정책적 대응에서도 양면성을 가질 필요가 있다. 한편으로는 디지털 격차로 발생하는 부정적 측면을 완화시키고, 다른 한편으로는 디지털 격차로 발생하는 긍정적 측면을 강화시키는 것이다.

디지털 격차로 생기는 부정적 측면은 소위 디지털 문맹이라고 하는 취약 계층에서 발생한다. 따라서 디지털 문맹률이 높은 노년층이나 농어촌 지역의 주민들을 지원하는 정책이 필요하다. 예를 들어, 홈쇼핑에 어려움을 겪는 노인들을 대신해 홈쇼핑을 해주는 인력을 주민센터에 배치하는 방법도 생각해볼 수 있다. 한편으로는 디지털화로 더욱 보편화될 재택근무나 디지털 쇼핑을 지원하는 정책도 필요하다. 재택근무를 확대하는 기업에는 노동 관련 규제를 완화해주는 것이다.

디지털 역량 강화 프로그램 운영 확대, 유니버설 디자인을 고려한 디지털 서비스 확대, 소외 계층 디지털 기반 경제활동 지원, 기업의 소비자 정보 보호 강화 지원, 사회자본의 적극적 활용을 위한 인센티브 마련 등의 정책이 여기에 해당한다.

마지막 기업 격차에 대한 정책적 대응 역시 양면적일 수밖에 없다. 디지털로의 전환이 어려운 오프라인 중소상공인들에게 지원을 확대해 사회 전체의 경기 위축을 최소화할 수 있다. 아울러 디지털화의 선순환 성장 궤도에 오른 기업에는 재택근무 확대를 지원하는 것이다. 기업 격차가 지역 격차로 이어지는 고리를 차단함으로써 지역 양극화를 감소시키는 방법이다. 구체적인 정책으로는 기업휴지보험 등 사회 안전망 개발, 글로벌 공정 경쟁을 보장하는 경제법제 개편, 산업구조 변화에 대한 예고와 교육 등을 생각해볼 수 있다.

결국 디지털, 지역, 기업의 양극화를 완화하기 위한 정책은 세 가지의 방향을 향해 있다. 첫째, 적응력 확충이다. 적응력의 중요성은 최근 다수의 정부에서 시행하는 디지털 전환 관련 정책에도 나타나 있다. 양극화가 심화되는 악순환을 끊고 변화된 미래에 적응하는 능력을 키우기 위해서는 정보를 다양하게 공유하고 사회의 디지털 역량을 강화하는 것이 필요하다. 이를 위해 정부는 관련 프로그램을 운영 및 확대함으로써 전 국민의 디지털 역량을 키우는 것과 동시에 산업구조의 변화에 대해서도 선제적으로 이해시키는 것이 필요하다.

둘째, 포용력 확대다. 양극화 현상에 가장 취약한 소외 계층 및 쇠퇴 지역을 위한 정책이 여기에 해당한다. 유니버설 디자인을 고려한 디지털

양극화 완화를 위한 종합 정책 대안

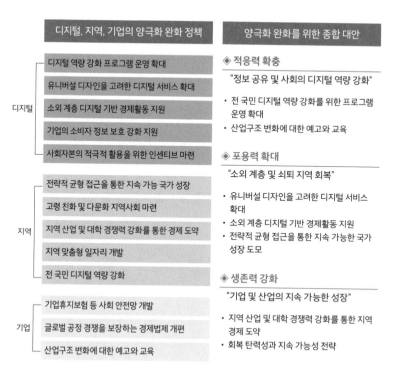

디지털, 지역, 기업의 양극화 완화 정책	양극화 완화를 위한 종합 대안
디지털 디지털 역량 강화 프로그램 운영 확대 유니버설 디자인을 고려한 디지털 서비스 확대 소외 계층 디지털 기반 경제활동 지원 기업의 소비자 정보 보호 강화 지원 사회자본의 적극적 활용을 위한 인센티브 마련	◈ **적응력 확충** "정보 공유 및 사회의 디지털 역량 강화" • 전 국민 디지털 역량 강화를 위한 프로그램 운영 확대 • 산업구조 변화에 대한 예고와 교육
지역 전략적 균형 접근을 통한 지속 가능 국가 성장 고령 친화 및 다문화 지역사회 마련 지역 산업 및 대학 경쟁력 강화를 통한 경제 도약 지역 맞춤형 일자리 개발 전 국민 디지털 역량 강화	◈ **포용력 확대** "소외 계층 및 쇠퇴 지역 회복" • 유니버설 디자인을 고려한 디지털 서비스 확대 • 소외 계층 디지털 기반 경제활동 지원 • 전략적 균형 접근을 통한 지속 가능한 국가 성장 도모
기업 기업휴지보험 등 사회 안전망 개발 글로벌 공정 경쟁을 보장하는 경제법제 개편 산업구조 변화에 대한 예고와 교육	◈ **생존력 강화** "기업 및 산업의 지속 가능한 성장" • 지역 산업 및 대학 경쟁력 강화를 통한 지역 경제 도약 • 회복 탄력성과 지속 가능성 전략

자료: 저자 작성

서비스를 확대한다거나 소외 계층의 디지털 기반 경제활동을 지원하는 것도 모두 여기에 속한다. 전략적 균형 접근을 통해 지속 가능한 국가 성장을 도모하는 정책 또한 마찬가지다.

셋째, 생존력 강화다. 코로나19로 중소상공인, 지역 대학, 디지털 전환 취약 기업 등은 생존의 문제에 직면했다. 이 경제 주체들이 생존하지 못할 경우 사회의 양극화는 연쇄적으로 영향을 미쳐 국가 경제에도 큰 타격을 줄 수 있다. 따라서 지역 산업 및 대학의 경쟁력을 키울 수 있는 대안을 통해 지역 경제를 돌보고 기업 및 산업의 회복 탄력성과 지속 가능성을 담보할 수 있는 정책을 적극적으로 고려해야 한다.

이와 같은 내용을 바탕으로 종합적 정책 로드맵을 마련한다면 개인의 디지털 격차가 기업 격차로 이어지고, 다시 지역 격차로 확대 재생산되는 것을 막을 수 있다. 그때가 되면 재택근무 활성화로 지역 격차가 감소한 사회, 디지털 교육 인프라의 보편화로 디지털 격차가 감소한 사회, 기업의 격차를 오히려 에너지로 활용해 사회 전반의 양극화를 해소하는 사회는 더 이상 가상의 시나리오가 아닌 우리 사회의 현재가 될 것이다.

더 알아보기

양극화 전망을 위한 방법론

미래 연구 활용
방법론

미래 연구와 정책 연구의 접점 탐색

본래 미래 연구는 다양한 방향의 심층적 전망을 제시해야 하므로, 15년 이상의 장기적 관점에서 불확실한 변수들의 발생 가능성을 폭넓게 열어둔 채 진행된다. 이때 이해관계자 간의 상호작용은 어느 한 분야로 통제하기 어렵기 때문에, 현재의 데이터가 의미하는 미세 신호weak signal에서 출발해 학제 간 토론을 통해 미래상을 채워나간다. 그러나 이 책에서는 기존 미래 연구와 달리 '20~30년' 이상으로 시계의 폭은 충분히 열어두되, 실행 가능한 대안의 발굴 범위는 '10년'의 중장기로 설정했다.

기존의 미래 연구가 제시해온 장기적인 관점과 실질적인 현안 사이에는 시간 공백이 존재할 수밖에 없었고, 그 간극 탓에 구체적인 대안보다는 비전에 머물렀던 한계가 있었다. 따라서 심층적인 정책 연구에 필요

연구의 차별적 관점과 영역

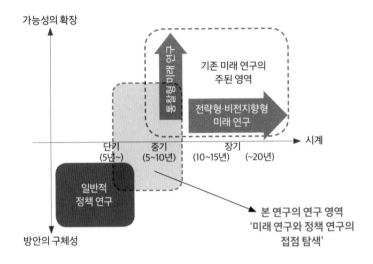

자료: 윤정현(2021.3.31.)

한 해결책 제시에 초점을 두고 디지털, 지역, 기업이라는 양극화의 핵심 동인과 이해관계자 사이의 영향을 통해 미래 연구와 정책 연구 사이의 공백을 채우고자 했다.

코로나19 이후 디지털, 지역, 기업 분야에 가속화된 양극화는 이제 일상에서 몸으로 느끼는 현상이 되었고, 다가올 미래 사회에는 더욱 악화될지 모른다. 따라서 양극화가 초래할 미래상을 구체적으로 설정하고 점검하는 일은 오늘을 사는 우리 모두에게 주어진 과제라 할 수 있다.

그런 의미에서 이 책에서는 선행 문헌 연구를 기반으로 빅데이터 기반의 키워드 분석을 통해 미래 이슈를 탐색하고, 1~2차 국민 참여 미래 워크숍과 대국민 설문조사를 거쳐 종합적인 미래상을 도출했다. 이를

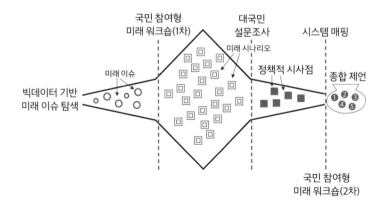

국민 참여형
미래 워크숍(1차)

대국민
설문조사

시스템 매핑

미래 시나리오

미래 이슈

정책적 시사점

종합 제언

빅데이터 기반
미래 이슈 탐색

국민 참여형
미래 워크숍(2차)

자료: 저자 작성

바탕으로 SF소설 형식으로 미래 시나리오를 집필하고 시스템 맵을 그림으로써 보다 구체적인 미래 사회 전망과 종합적인 대안을 마련했다.

빅데이터 기반 미래 이슈 탐색

국내외 미래 전망을 탐색하기 위해 '셰이핑 투모로Shaping Tomorrow'를 통해 해외 이슈를, 국내 뉴스 빅데이터 분석 시스템 '빅카인즈BIGKinds'를 활용해 국내 이슈를 탐색했다. 셰이핑 투모로를 통해 '코로나19' '불평등' '양극화'를 조합해 분석한 결과 도출된 키워드는 '디지털' '기술' '온라인' '지역' '정부' '경제' '시장' '비즈니스' '산업' '기업' 등이었다. 또한 토픽 클라우드 분석을 통해서는 '경제' '변화' '비즈니스' '인구' '소비'

'코로나19' '불평등' '양극화' 관련 키워드 네트워크 분석

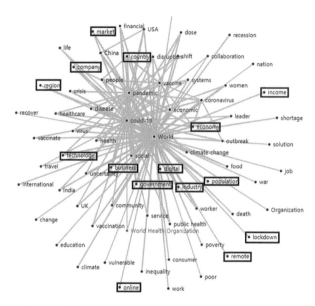

자료: Shaping Tomorrow(검색일: 2021.6.30.)

'코로나19' '불평등' '양극화' 관련 토픽 클라우드 분석

자료: Shaping Tomorrow(검색일: 2021.6.30.)

빅데이터를 활용한 양극화 주제 선정 방법

자료: 저자 작성

'사이버' 등이 주요 단어로 도출되었다.

이후 키워드 빈도수를 검사하고 관련 사건 또는 문헌별 분석을 진행한 결과, '기술' '지역' '비즈니스'가 가장 빈번하게 등장했다. 이를 바탕으로 양극화의 상징적 요인이자 구체적 공간이며 이해관계자인 디지털, 지역, 기업을 포스트 코로나 시대 양극화의 세 가지 차원으로 설정했다.

World Outlook을 활용한 주요 단어 도출

주요 단어	빈도수	관련 사건	PESTLE	Likelihood
기술 (Tech· Technology)	54	지난 2년 동안 Mfg 4.0 기술은 비즈니스 인텔리전스 데이터를 실시간 관리하며 COVID-19 대유행 동안 중요한 역할을 수행했다.	Economic	Business as usual
지역 (local)	20	싱가포르의 2사분기 GDP 성장률은 최근의 COVID-19의 지역 감염 급증에 대처하기 위해 감소할 것이다.	Economic	Probable
비즈니스 (business)	320	자연에 투자하고 녹색 회복을 위한 정책을 채택하면 2030년까지 3억 9500만 개의 일자리와 약 10조 달러의 비즈니스 기회를 창출할 수 있다.	Political	Possible

자료: Shaping Tomorrow(검색일: 2021.6.30.)

국민 참여 미래 워크숍 1차

　키워드를 도출한 뒤에는 코로나19에 따른 양극화 양상을 구체적으로 전망하기 위해 민간 미래 연구 전문 기관 한국미래전략연구소더블유와 함께 미래 워크숍을 진행했다. 미래 예측 방법론 가운데 질적 연구의 하나인 워크숍은 미래에 발생 가능한 사건을 상상하고 창의적 대안을 찾기 위한 것으로, 자유로운 아이디어 도출과 참가자의 활발한 소통이 무엇보다 중요하다. 그런 의미에서 워크숍의 원활한 진행을 돕는 퍼실리테이터facilitator의 역할이 중요한 분야이기도 하다. 퍼실리테이터는 전체 프로세스에 대한 이해를 바탕으로 참여자가 미션을 공유할 수 있도록 돕고, 서로의 시너지를 끌어올려 창의적 사고를 하도록 지원하는 역할을 한다.

　미래에 대한 정보를 판단하는 유형은 크게 두 가지로 구분된다. 자신의 믿음을 강화시키는 정보를 선별적으로 수집함으로써 미래에 대한 확신을 강화하는 유형, 각각의 정보가 서로 모순되더라도 판단을 보류하고 다양한 정보를 수용하는 유형이다. 전자가 불확실성을 줄이는 전략을 선택했다면, 후자는 불확실성을 확장하는 방식을 선택한 것이다. 미래에 돌발적인 사건이 닥쳤을 때 더 넓은 시야로 유연하게 대처할 수 있는 쪽은 당연히 후자다.

　미래 워크숍은 그 자체로 불확실성을 확장하는 과정이다. 때로는 서로의 의견이 상반될 수 있고 인과관계가 부족하거나 논쟁적일 수 있다. 하지만 미래 워크숍은 정답을 찾아가는 과정이기보다는 다양한 생각을 모아 가능성을 확장시키는 과정이다. 그러므로 엉뚱하고 실현 불가능한 상상이라 해도 활발하게 표현될 수 있어야 한다. 잘 조율된 한 가지 합의보다는 복수의 가능성을 수용할 수 있는지가 중요하다.

따라서 다양한 사람들의 의견을 바탕으로 보다 풍부한 미래를 그려내기 위해 각 분야별로 세대를 대표하는 20~60대 국민 33명이 미래 워크숍에 참가했다. 참가자는 성, 연령, 직업을 다양하게 포함해 대표성을 최대한 확보했다. 양극화로 삶에 영향을 받을 수 있는 국민의 집합 지성을 활용함으로써 전문가 중심의 예측이 매몰되기 쉬운 현안 중심의 시나리오를 극복하고 새로운 미래 이슈를 발굴하기 위해서다. 이를 통해 국민의 눈높이에서 다양한 미래 아이디어를 도출했다.

이때 미래의 시계는 한 세대를 상징하는 30년 후로 설정했다. 대부분의 사람들이 미래를 상상하는 것을 어려워하기 때문에 10년 이내로 시간을 설정할 경우 현재의 시각에서 벗어나지 못하는 경우가 많다. 따라서 시간을 20~30년 후로 설정해서 자신뿐만 아니라 미래 세대가 살아갈 사회까지 고려하도록 했다. 현재의 시선에서 벗어나 보다 확장된 시야로 바라보는 과정을 통해 창의적인 상상과 변화의 지점을 발견할 수 있다. 이때 디지털, 지역, 기업별 양극화 미래상을 다섯 가지씩 제공해 씨앗 아이디어로 활용했고, 제공되는 트렌드 외에 새로운 이슈도 발굴했다.

워크숍은 디지털 양극화, 기업 양극화, 지역 양극화라는 세 분야에 각 1회씩 총 3회 이뤄졌으며, 각 워크숍은 다시 세 단계로 진행되었다.

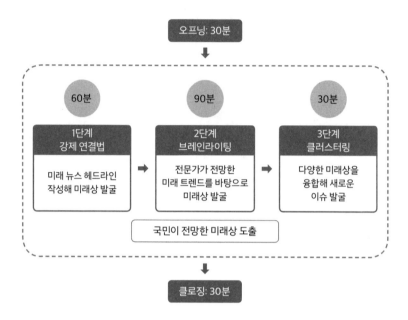

자료: 저자 작성

1. 강제 연결법

서로 연관성 없어 보이는 사물이나 아이디어를 결합해 솔루션을 도출하는 과정으로 기존의 이미지가 너무 고정적이어서 새로운 아이디어가 잘 떠오르지 않을 때 활용할 수 있는 방법이다. 예를 들어 에스프레소와 잉크라는 이미지를 결합해 카페와 인쇄소라는 두 가지 비즈니스를 한 공간에 구현하는 등의 아이디어를 만들 수 있다. 강제 연결법Forced Connections 은 비즈니스 솔루션뿐만 아니라 창의적 발상을 위한 방법론으로 활용되는데, 관습적 패턴을 깨고 중심 문제에서 벗어나 새로운 아이디어를 도출할 수 있다는 장점이 있다.

양극화라는 사안은 익숙하면서도 다소 무겁기 때문에 미래를 상상하며 새로운 사건을 도출하는 데 작지 않은 장벽이 있을 수 있다. 따라서 워크숍의 첫 단계에서는 자유롭게 미래 이슈를 발굴하도록 했다. 처음부터 미래에 대한 방향성이 뚜렷하게 주어지면 제공받은 자료 안에서만 아이디어를 낼 가능성이 있기 때문이다. 따라서 다섯 가지 주제를 제공하기 전 이해를 돕고 자유롭게 창의적 아이디어를 낼 수 있도록 했다. 양극화와 관련 없어 보이는 키워드를 제시한 뒤 각 키워드를 양극화와 연결해 30년 후 미래 뉴스 헤드라인을 만들어보는 과정이었다.

2. 브레인라이팅

자유롭게 아이디어를 모은 후에는 이를 더욱 심화 발전시켰는데, 양극화별 다섯 가지 주제를 브레인라이팅Brain Writing 질문으로 활용했다. 브레인스토밍Brainstorming이 아이디어를 즉각적으로 공개하고, 대화를 통해 아이디어를 개발하는 것과 달리 브레인라이팅은 침묵 속에서 글로 자신의 아이디어를 작성하는 방식이다. 다른 사람의 아이디어를 글로 읽고 글로 표현하기 때문에 말로 의견을 내는 것이 어려운 팀원들도 자유롭게 아이디어를 도출할 수 있다. 첫 번째 단계가 브레인스토밍에 가깝다면 두 번째 단계는 상상을 보다 구체적으로 작성하고 심화하는 과정이라 할 수 있다.

참가자 간에 상하 관계가 존재하거나 다소 논쟁적인 주제를 다룰 때도 집중해 아이디어를 낼 수 있다는 점에서 효과적이며 특정인이 발언

브레인라이팅 과정

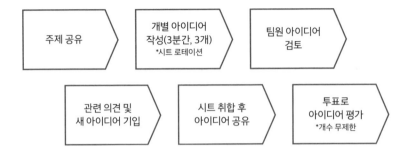

자료: 저자 작성

기회를 독점하지 않고 전체가 균등하게 아이디어를 낼 수 있다는 장점
이 있다. 브레인라이팅 단계에서는 주제별 아이디어를 도출하는 한편,
다섯 가지 주제가 이어지도록 해 단편적 아이디어를 넘어 미래상을 가
늠해볼 수 있도록 했다.

3. 클러스터링

클러스터링clustering은 아이디어를 분류하고 재구성함으로써 구체적인
미래상을 발굴하는 과정이다. 아이디어를 한데 모아 각 아이디어의 관
계를 이해하는 과정에서 단편적 아이디어들은 조직적으로 연결되어 새
로운 맥락을 이루게 되는데, 이를 통해 각 클러스터의 가장 적합한 카테
고리가 만들어진다. 주제를 어떻게 인식하고 있느냐에 따라 아이디어를
분류하는 방식이 각각 달라지는데, 여기에서 아이디어의 보완점이나 향
후 탐색 방향에 대한 아이디어를 추가로 얻을 수 있다.

대국민 설문조사

　워크숍 과정에서 도출된 다양한 아이디어는 분야별 각 다섯 개, 총 열다섯 개의 미래상으로 종합되어 발생 가능성과 향후 국내 양극화에 미치는 영향력을 묻는 대국민 설문조사 문항으로 구성되었다.

　조사는 엠브레인퍼블릭을 통해 온라인으로 이뤄졌으며, 수집된 자료는 에디팅, 코딩을 거친 후 컴퓨터에 입력 후 통계 패키지 SPSS 20.0 프로그램을 사용해 통계 처리해 분석했다. 설문은 20~60대 성인 남녀를 대상으로 전국적 단위로 이뤄졌는데, 2021년 5월 행정안전부의 주민등록통계를 표집 틀로 삼아, 유효 표본 총 1000명에 대한 인구통계학적 할당을 했다. 조사는 온라인으로 이뤄졌으며 학생, 전문직, 사무직 등 다양한 직업군이 참여했고, 월평균 가구 소득을 구간으로 제시해 함께 조사했다.

미래 시나리오 및
종합 전망 도출 방법

국민 참여 미래 워크숍 2차

1차 워크숍과 설문조사가 디지털, 지역, 기업의 양극화 모습을 상상하는 과정이었다면 2차 워크숍은 보다 종합적인 시각에서 30년 후 '포스트 코로나 시대의 양극화 미래 양상'을 토론해보는 단계였다. 한 차원 더 종합적인 관점에서 양극화를 전망하고, 시나리오의 거시적인 방향성을 탐색해보고자 한 것이다. 최종적으로는 포스트 코로나 시대 양극화 시나리오를 다양하게 도출하는 것에 목표가 있었다.

이에 따라 2차 워크숍에서는 1차 워크숍 결과를 공유하고 이를 토대로 포스트 코로나 시대의 양극화 전망을 위한 상호 배타적인 시나리오를 발전시킴으로써, 바람직한 사회로의 변화를 위한 주요 가치를 논의하고자 했다. 즉 우리 사회가 직면할 수 있는 양극화의 위기 및 기회 요소를 함께 고민하고 시사점을 도출하고자 했다.

2차 워크숍은 온라인으로 진행되었으며 1차 워크숍 참가자 33명 가운데 재참여 의사를 밝힌 20~60대 21명이 참여했다. 남성 11명, 여성 10명이었으며 참가자 평균 나이는 44.8세였다. 1차 워크숍과 마찬가지로 브레인라이팅을 위해 실시간 협업 플랫폼 패들렛padlet을 활용했으며, 팀별 투표 및 토론을 통해 의견을 공유했다.

2차 워크숍에서는 하와이대학교 미래학 연구소의 미래학자 짐 데이터Jim Dator가 발견한 네 가지 미래를 활용해 종합 시나리오를 도출했다. 미래 시나리오는 '중단 없는 성장continuing growth' '붕괴collapse' '보존discipline society' '변형transformation society'으로 구분되며 이들은 각자 전제된 가정이 다르고 추구하는 사회적 가치와 규범도 다르기 때문에 좋고 나쁨이 없고 서로에게 대안이 된다. 데이터는 누구나 미래를 예측할 때 이 중 하나를 택한다고 봤는데, 그런 점에서 미래의 전형을 담고 있는 시나리오라 할 수 있다.

양극화 전망은 그 자체로 사회 갈등을 전제하고 있는 만큼 미래 가능성을 다양하게 고려해야 한다. 과학기술의 혁신과 발전이라는 관점 외에 보존, 붕괴, 변형 등의 가능성에 대해서도 살펴봐야 비로소 종합 시나리오로서의 효용성을 갖출 수 있다.

1차 워크숍을 통해 도출된 미래가 현재 추세에서 도래할 가능성이 높은 모습이라면, 2차 워크숍은 도래할 가능성이 낮고 불확실성이 높은 미래상을 함께 검토해 양극화를 다각도로 살펴보는 데 목적이 있다. 현재의 뚜렷한 추세만 보고 미래를 전망할 경우 가능성이 높은 시나리

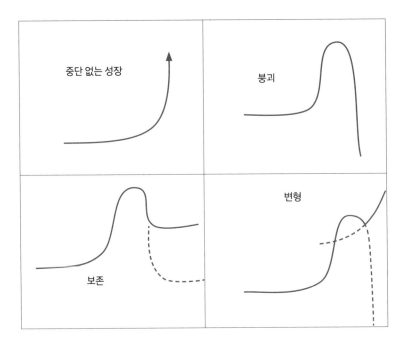

자료: 박성원·황윤하(2013) 바탕으로 저자 작성

오를 도출할 수는 있지만 갑작스런 돌발 변수에 대응하기 어렵다. 특히 붕괴 시나리오는 누구나 원치 않는 미래상이기 때문에 외면당하기 쉬우나 현재의 문제를 진단하고 경고할 수 있다는 점에서 반드시 필요한 관점이다. 실현 가능성은 낮아도 영향력은 큰 불확실한 미래까지 함께 고려해 다양한 변수를 검토하는 것이 갈등이 전망되는 사안에 대해 미리 대안을 마련하고 다양한 미래 상황에 유연하게 대응할 수 있는 힘을 길러준다.

　종합 미래 시나리오는 디지털, 지역, 기업의 범위를 확장해 미래의 과학기술 양극화 양상, 지역 양극화 양상, 활성 산업과 쇠퇴 산업의 종합적인 미래상을 토대로 구성했다. 여기에는 다가올 세상에 대한 기대나 희망과 함께 미래에 있을 위기 요소에 대한 두려움도 담겨 있다.

20년 뒤 도래할 가능성이 높은 '가능 미래'와 가능성과 상관없이 살고 싶은 '선호 미래' 투표에서 '가능 미래'에는 중단 없는 성장 시나리오, '선호 미래'에는 보존 시나리오가 가장 높은 표를 받았다. '중단 없는 성장'과 '보존'의 대립은 앞으로 경제성장 정책과 환경 보존 정책 중 어느 것을 우선순위로 두느냐에 따라 팽팽한 사회적 갈등이 생길 수 있다는 것을 보여준다. 양극화에 대한 정책도 마찬가지다. 경제성장을 통한 양극화 해소와 양극화 해소를 최우선 순위로 한 정책에 대해서도 여

종합 미래 시나리오 특징

미래 변수	미래 시나리오			
	중단 없는 성장	붕괴	보존	변형
인구	증가	급격한 감소	감소 추세	포스트 휴먼과 공존
에너지	충분함	희박함	부족함	풍부함
경제	경제성장이 매우 중요	생존 중심	통제와 규제 중심	사소한 문제로 취급
환경	정복 대상	통제 불가능	보존하며 지속 가능성 추구	인공 자연 발달
과학기술	인간 편의를 위한 과학기술 발달	대안적 기술 발달	선택과 집중을 통한 공공 과학기술 발달	기계화된 인간, 인간화된 기계 등 변형 기술 발달
통치 시스템	정치와 경제의 협력	소규모 지역 중심	중앙의 엄격한 규제	지배 구조 없이 직접 소통

자료: 저자 작성

론이 양립할 것이다. 현재는 소수의 의견이더라도 사회 변화에 따라 선호받는 미래 시나리오는 달라질 수 있다.

앞으로의 사회가 어떤 미래로 펼쳐질지는 누구도 알 수 없다. 개인 또는 집단에 따라 선호하는 미래는 다를 것이며, 이 과정에서 불가피한 대립을 겪을 수도 있다. 따라서 2차 워크숍에서 도출한 양극화 시나리오는 미래에 다가올 위험을 다양하게 예상하고, 사회 전체가 구체적인 대안을 미리 마련하기 위한 기초로 사용할 만하다.

스토리텔링 미래 시나리오

연구로 도출된 양극화의 미래는 SF소설 작가의 스토리텔링 작업을 거쳤다. 양극화가 완화된 유토피아와 양극화가 심화된 디스토피아 미래로 나눠 주제별로 초단편 소설을 집필함으로써, 미래 사회를 보다 구체적으로 그려내고자 했다.

초단편 SF소설

구분	SF작가명	소설 제목	
		유토피아	디스토피아
디지털	배명훈	아무 데로부터	풋
지역	정소연	숲의 소리	재정비 통지
기업	황모과	손 편지	필요한 사람

자료: 저자 작성

시스템 맵을 통한
양극화 구조 탐색

시스템과 시스템 매핑의 정의

시스템이란 일반적으로 어떤 '목적'이나 '기능'을 달성하기 위해 일관성 있게 '상호 연결'된 '요소'들의 집합으로 정의된다. 따라서 시스템을 이해하기 위해서는 핵심 키워드인 '요소' '상호 연결' 그리고 '목적'과 '기능'을 이해하는 것이 중요하다.

'요소'란 시스템을 구성하는 개별적인 것으로, 예를 들어 사회시스템은 여러 형태의 조직, 프로그램, 제품과 서비스, 돈, 시민 등을 요소로 한다. '상호 연결'이란 요소를 연결하고 상호작용 방식을 결정하는 인과관계를 말한다. 사회시스템에서는 네트워크, 자금 관계, 공급망, 서비스 관계, 지원, 교육 등이 여기에 속한다. 따라서 시스템은 한 부분이 변경되면 다른 부분도 영향을 받아 결국 시스템 전체의 안정성과 지속 가능성이 타격을 받는다. '목적'은 주로 사람, '기능'은 비생물적인 사물과 관련된 것이지만 이 둘을 구별하기는 어렵다.

시스템의 목적이나 기능은 생각보다 파악하기 쉽지 않다. 각 요소의 역할이 시스템의 목적과 다를 수 있기 때문이다. 신체를 생각해보면 이해하기 쉽다. 신체는 호흡 시스템, 순환 시스템, 골격 시스템 등과 같은 하부 시스템으로 구성된다. 생명은 신체의 이런 모든 시스템이 제대로 작동할 때 유지되며, 시스템 안에서도 각각의 장기가 기능을 잃지 않아야 한다. 하지만 간이나 위 등의 장기 자체가 생명 유지를 목적으로 움직이는 것은 아닌 것처럼, 시스템의 목적은 명시되어 있는 목표가 아니라 각 요소들의 행동에서 추론할 수 있다.

따라서 복잡한 사회를 이해하기 위해서는 시스템적 사고가 필요하다. 시스템의 요소뿐만 아니라 이들 간의 연결과 관계를 파악해 분리된 사건보다는 패턴을 보는 것이다. 몸집이 큰 코끼리를 눈을 감고 만져서는 결코 코끼리라는 것을 알 수 없듯이, 시스템 차원의 포괄적인 사고를 위해서는 눈을 뜨고 전체를 봐야 한다. 시스템을 이해하면 부분에 반응하지 않고 문제의 근본 원인을 찾아 깊이 있는 선택이 가능해진다.

따라서 양극화에 대한 종합적인 이해와 전망을 위해서도 시스템적 사고가 필요하다. 사회의 변화를 파악하기 위해서는 시스템의 구성 요소들 사이의 연결을 보고, 보다 넓은 범위에서 영향력과 상관관계를 이해해야 한다. 그런 의미에서 전 세계적으로 일어나고 있는 양극화의 영향과 파급 경로 양상을 이해하기 위해 이를 맵으로 시각화함으로써 시스템 차원의 진단을 시도했다.

1. 시스템 맵의 세부 분석 기법

- 이해관계자 맵Actor Map: 시스템 내 이해관계자와 관계 구조를 이해하는 데 사용되는 맵이다.

- 가치사슬 맵Value Network Map: 이해관계자 맵을 기반으로 구축되지만, 다양한 이해관계자로 구성된 에코 시스템 내의 가치 흐름을 추가로 시각화하는 것을 포함한다. 네트워크 전체의 지식, 돈, 사람의 흐름을 시각화할 수 있는데, 병목 현상 또는 숨겨진 변화 요소를 식별할 수 있다.

- 이슈 매핑Issue Mapping: 복잡한 시스템의 기반이 되는 정치, 사회, 경제 또는 기타 이슈를 이해하기 위한 도구로 옹호적 관점에서 시각화하는데, 이슈 맵의 품질은 올바른 질문을 하고 적절한 사람을 모으는 데서 좌우된다.

- 소셜 네트워크 분석Socail Network Analysis: 사회구조와 네트워크를 이해하기 위한 도구로, 핵심 이해관계자와 의사 결정권자를 탐색해 잠재적인 병목 현상을 파악하고 참여시키는 데 사용할 수 있다.

2. 시스템 매핑 방법

- 미래수레바퀴Future's Wheel: 사회 트렌드와 특정 사건들이 가져오는 영향과 결과를 밝히도록 해주는 방법론으로 1971년 미래학자 제롬 글렌Jerome Glenn이 개발한 미래 예측 기법이다. 1970년대 초 매사추세츠대학교가 주도한 미래학 커리큘럼 개발 관련 워크숍을 통해 널리 알려졌고, 얼마 후 미래학자와 컨설턴트들에 의해 정책 분석과

코로나19와 장기 팬데믹의 영향 파급

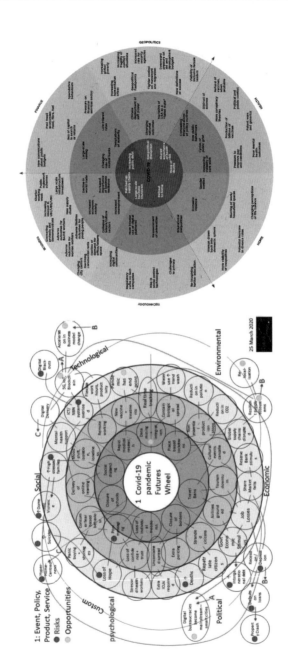

자료: Daffara p.(2020); SOIF(2021)

미래 예측을 위한 방법론으로 이용되기 시작했다. 마인드 매핑Mind Mapping, 웨빙Webbing 등의 이름으로 불리며 널리 사용되었다.

종이와 연필만 있으면 생각을 자유롭게 도식화할 수 있기 때문에, 아이디어가 풍부한 사람들이 모인다면 미래를 예측할 수 있는 막강한 힘을 가질 수 있다. 기업의 미래 기획팀이나 세계 정책 입안자들이 앞으로 다가올 잠재적인 문제점들을 파악하고, 새로운 가능성, 시장 규모, 상품 기획, 서비스, 마케팅 등을 위해 전략을 짜거나 액션 플랜을 도출할 때 활용한다.

- 파급효과 전개 맵Impact Map : 시스템에 충격이 가해졌을 때 어떤 과정을 거쳐 시스템이 영향을 받는지를 개괄적으로 보여주는 방법이다. 향후 시스템을 회복할 때 대안을 모색하거나 문제의 단초가 된 핵심 지점을 찾는 데 유용하다. 코로나19와 장기 팬데믹이 미친 영향을 파악하는 데 적절하다.

- 인과지도Causal Map : 문제를 일으킨 요인 간의 인과관계를 나타낸다. 상황을 가정해서 분석함으로써 수단이나 외부 요인이 다른 요인에 미치는 영향력을 이해하는 데 도움이 된다. 인과지도 작성을 위해서는 시스템 작동 방식에 대한 이론적 근거가 있어야 한다. 대부분의 시스템이 수많은 직간접적 인과관계로 구성되어 있기 때문에 지표에 가장 큰 영향을 미치는 20개 미만의 요소들로 제한해야 하며, 시스템이 너무 복잡해 구조를 파악하는 데 더 많은 요소가 필요한 경우 다층의 구조를 가진 하위 시스템을 추가로 개발하는 것이 바람직하다.

코로나19의 사회·보건·경제 관련 인과지도

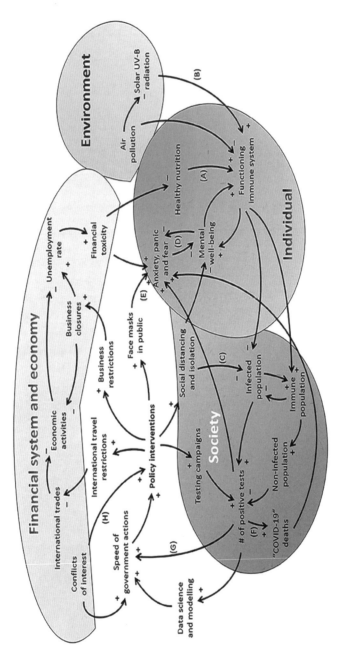

자료: Klement R.J.(2020)

298

IIASA 국가웰빙시스템 맵

국가웰빙시스템 맵National Systems Mapping of Well-being, NSMW은 오스트리아 소재 국제 응용 시스템 분석 연구소Internationl Institute for Applied Systems Analysis, IIASA가 2018년 개발한 국가의 웰빙 분석을 위한 접근 방식으로서의 시스템 분석이다. 여기에서의 웰빙은 OECD 웰빙 프레임 워크를 기반으로 채택한 68개의 구성 요소로 이뤄져 있다. 소득과 부, 직업과 소득, 주거 환경이라는 물질적 생활 조건과 건강 상태, 일과 삶의 균형, 교육 및 기술, 사회적 연결, 시민 참여 및 거버넌스, 환경 품질, 개인 보안, 주관적 웰빙의 의미를 말하는 삶의 질, 그리고 미래의 웰빙 지표와 관련된 경제, 자연, 인적, 사회적 자본의 개념을 포괄한다.

국가웰빙시스템 맵으로 문제를 구조화하고 정책 도입의 영향력을 분석하기 위해 시스템 맵을 활용해 다음의 세 가지, ①시스템의 어떤 구성 요소가 다른 구성 요소보다 잠재적으로 더 중요한가, ②어떤 피드백 메커니즘이 주요 시스템의 동작을 주도하는가, ③한 구성 요소가 영향을 받는 경우 전체 시스템이 받는 주요 영향은 무엇인가를 추가로 살펴봤다.

참고문헌

1장

국내 문헌

고용노동부 보도자료(2020. 7. 6.), 「코로나19 이후 수도권 순유입 인구 2배 이상 증가」.

해외 문헌

Alesina, A. and G. M. Angeletos(2005), "Fairness and Redistribution", *American Economic Review*, 95(4).

Atkinson, A. B.(2018), *Inequaltiy : What Can be Done?*, Harvard University Press.

Autor, David H(2015), "Why Are There Still So Many Jobs? The History and Future of Workplace Automation" *Journal of Economic Perspectives*, 29(3).

Berg, A. G. and J. D. Ostry(2011). "Equality and efficiency", *Finance & Development*, 48(3), pp. 12-15, International Monetary Fund.

Bourguignon, F and Francisco Ferreira, M. Menendez(2007), "Inequality of Opportunity in Brazil", *The Review of Income and Wealth*, 53(4).

Chetty, R., Grusky, D., Hell, M., Hendren, N., Manduca, R., & Narang, J.(2017), "The fading American dream: Trends in absolute income mobility since 1940", Science, 356(6336), pp. 398-406.

Crafts, N.(2002), "The Solow Productivity Paradox in Historical Perspective", CEPR Discussion Paper, 3142,

Frey, Carl Benedikt(2019), The technology trap. Princeton University Press.

Krueger, Alan(2012), *The Rise and Consequences of Inequality in the United States*.

Loomes, G. C. and Sugden, R.(1982). "Regret Theory: An Alternative Theory of Rational Choice under Uncertainty", *Economic Journal*, 92(805), 24.

Piketty, Thomas(2014), *Capital in the Twenty-First Century*, Cambridge, MA, Belknap Press.

Roemer, John E. & Alain Trannoy(2013). "Equality of Opportunity," Cowles Foundation Discussion Papers 1921, Cowles Foundation for Research in Economics, Yale University.

Stiglitz, J(2012), The Price of Inequality: How Today's Divided Society Endangers Our Future, W.W.Norton & Company the United States in Comparison, draft.

Tinbergen, Jan(1974). Substitution of Graduate by Other Labour. Kyklos, 27(2).

Wilkinson, Richard & Kate Pickett(2009), The Spirit Level: Why Greater Equality Makes Societies Stronger, Bloomsbury Press.

기타 온라인 자료

국가통계포털(KOSIS), 순자산 지니계수, https://bit.ly/3ze0NU7

Center on Budget and Policy Priorities 홈페이지, https://www.cbpp.org/

Financial Times(2013.12.16.), "Why stagnation might prove to be the new normal", https://on.ft.com/3EK9R4p

2장

국내 문헌

과학기술정보통신부 보도자료(2021.4.8.), 「O2O 서비스, 코로나19 비대면 시대 쾌속 성장」.

과학기술정보통신부·한국지능정보사회진흥원(2021), 「2020 웹 접근성 실태조사」.

국토교통부 보도자료(2021.1.20), 「20.12월 기준 자동차 등록대수 2,437만대, 친환경차 80만 대 돌파」.

김문조(2020), 「AI 시대의 디지털 격차」, 『지역사회학』, 21(1), pp.59-88.

김문조·김종길(2002), 「정보격차(Digital Divide)의 이론적·정책적 재고」, 『한국사회학』, 36(4), pp.123-155.

김아연 외(2020.6.30.), 「노인 인구의 AI 스피커 사용 연구 : 기능적, 정서적 평가를 중심으로」, '2020 한국광고학회 특별세미나-인공지능 스피커의 사회적 가치 실현 방안' 발표, pp.27-35.

박형근(2019.3.20.), 「스마트카 시대 자동차 新포밸류체인」, 『POSRI 이슈리포트』, 포스코경영연구원, pp.1-15.

이승민(2020), 「정보격차의 패러다임 전환과 지적 정보격차」, 『한국도서관정보학회지』, 51(1), pp.91-114.

이화진 외(2020), 「수요자 중심 재난정보 분석 연구: 코로나19 대응 위험소통을 중심으로」, 한국행정연구원.

정보통신산업진흥원(2020), 「기업의 디지털 전환을 위한 비대면 SW 동향」, 『이슈리포트』, 20(13), pp.1-12.

정원준(2020.6.30.), 「AI 스피커의 가치 실현 가능성 예측 연구 : 머신러닝 알고리즘을 이용하여」, '2020 한국광고학회 특별세미나-인공지능 스피커의 사회적 가치 실현 방안' 발표, pp.7-14.

최종화 외(2020), 「과학기술기반 미래연구사업 XII」, 과학기술정책연구원.

한국지능정보사회진흥원(2021a), 「2020 디지털정보격차 실태조사」.

_____(2021b), 2020 「인터넷이용 실태조사」.

_____(2021c), 2020 「한국인터넷백서」.

해외 문헌

KPMG (2021), "Going Digital, Faster: Global Survey into the impact of COVID-19 on digital transformation".

Market and Market (2020.6.), "Smart Speaker Market with COVID-19 Impact Analysis by IVA (Alexa, Google Assistant, Siri, DuerOS, Ali Genie), Component (Hardware (Speaker Driver, Connectivity IC, Processor, Audio IC, Memory, Power

IC, Microphone) and Software), Application, and Region - Global Forecast to 2025".

OECD (2001), "Understanding Digital Divide".

_____ (2020), "Digital Transformation in the Age of COVID-19".

기타 온라인 자료

경향비즈(2020.9.25.), "KT, 어르신 위한 '키오스크 교육용 앱' 무료 배포", https://bit.ly/3qxcCki

뉴시스(2021.2.22.), "코로나에 배달음식시장 호황…작년 17조 달해", https://bit.ly/3FCFJsT

문화일보(2018.7.17.), "커넥티드카, 이미 연결되었습니다", https://bit.ly/3A405ZN

스마트팩토리저널(2020.7.3), "세계전기차협의회, "코로나 팬데믹이 전기차 수요 증가시킨다", https://bit.ly/2SvmjCZ

아시아경제(2021.5.24.), "스튜디오 차리고 쇼호스트 키우고…'라방'에 힘주는 유통가", https://bit.ly/2SUqWa6

연합뉴스(2021.1.5.), "코로나19로 배달시장 고성장…바로고 "작년 배달 134% 증가", https://bit.ly/32FfFPs

워크투데이(2020.12.30.), "미국·영국·중국 등 해외서 뜨는 디지털 일자리 살펴보니", https://bit.ly/3FGsDes

조선일보(2021.1.14), "새해부터 불붙는 車와 IT 결합…"지금 아니면 늦는다" 공감대" https://bit.ly/3h9gdAG

투이컨설팅(2020.12.8.), "디지털 격차 해소를 위한 유니버설디자인-2부 유니버설디자인 적용 사례와 시사점", https://bit.ly/3HglW2T

한국금융(2019.7.15), "전기차, 1년새 2배 급증…전기차 30%는 '세컨카'", https://bit.ly/2UJy3Th

한국농어민신문(2021.6.17.), "라이브커머스, 제대로 알고 활용하자!", https://bit.ly/35OC8b2

Bloomberg(2020.6.17.), "COVID-19's strong push to digital products unlikely to reverse", https://bloom.bg/3w6UDTv

Deloitte(2020.8.6), "Digital transformation through the lens of COVID-19", https://bit.ly/2SfLR7c

Mckinsey&Company(2016.1.1.), "Automotive revolution: perspective towards

2030", https://mck.co/3x0uXbJ

Mckinsey&Company(2020.10.5.), "How COVID-19 has pushed companies over the technology tipping point—and transformed business", https://mck.co/353pEvL

3장

국내 문헌

관계부처 합동(2021a), 「제2차 지방대학 및 지역균형인재 육성지원 기본계획(2021~2025)」.

국가균형발전위원회·산업연구원(2020), "코로나19 이후 지역경제 변화와 균형발전정책," 「균형발전 모니터링 이슈 Brief」, 6⑵.

김민식 외(2020), "포스트 코로나 시대 인구구조 변화 여건 점검", BOK 이슈노트, 한국은행.

김용창(2018), "한국의 지역불균등발전과 갈등 구조," 강원택 외 편, 「사회적 갈등과 불평등」, pp.57~95, 푸른길.

김재훈(2017), "지역격차의 공간구조," 「한국사회학」, 51⑵, pp.95~153.

김지연(2020), "비대면 시대, 비대면 의료 국내외 현황과 발전방향", KISTEP Issue Paper, 제288호, KISTEP.

김태환 외(2020), "인구로 보는 OECD 국가의 지역·도시", 균형발전 모니터링 & 이슈 Brief, 국가균형발전지원센터·국가균형발전위원회.

나동만(2020.7.14.), "인적자원개발영역의 지역 불균형," 지역불평등 바로보기 세미나 #1 교육·인적자원 발표자료, pp.23~35.

박도휘·강민영·조민주(2020), 「언택트(Untact) 시대와 디지털 헬스케어」.

반상진(2020.7.14.), "국가균형발전을 위한 대학체제 대전환: 공유성장형 대학연합체제를 지향하며," 지역불평등 바로보기 세미나 #1 교육·인적자원 발표자료, pp.3~20.

배상훈·한송이·변보경(2019), "통계로 살펴보는 지방대학의 위기", 「대학교육」, 제206호, 한국대학교육협의회.

배영임(2020), 「코로나19, 언택트 사회를 가속화하다」, 경기연구원.

백선혜·이정현·조윤정(2020), "포스트코로나 시대 비대면 공연예술의 전망과 과제," 「정책리포트」, 307, 서울연구원.

소진광(2020), "지역균형발전의 접근논리 탐색: 지역격차 인식을 중심으로," 「지방행정연구」,

34⑴, pp.3~47.

송재호(2018.9.17.), 대한민국 국가균형발전의 현재와 미래, 국토연구원 40주년 기념 국제세미나 발표자료, pp.5~25.

오상일·이상아(2021), "코로나19 확산과 사회적 거리두기가 임금 및 소득분배에 미치는 영향," 「BOK 이슈노트」, 2021-1.

이상호(2019), 지역인구 추이와 국가의 대응과제: 중앙정부 차원의 지역맞춤 정책 차별화, 제20차 저출산·고령화 포럼 발표자료(2019.11.14.), pp.11-26.

이상호(2020), 「포스트 코로나19와 지역의 기회」, 한국고용정보원.

이희연(2011), 『경제지리학』, 제3판, 법문사.

전병유 편(2016), 『한국의 불평등 2016』, 페이퍼로드.

정미애·전대욱(2021), 「포스트 코로나 시대의 지역 양극화 구조에 대한 시스템 사고」, 『한국시스템다이내믹스연구』, 22⑷. pp. 5~25.

정준호·김동수·변창욱(2012), 『역외 소득의 유출입을 고려한 지역 간 소득격차 분석과 정책적 시사점』, 산업연구원.

조동현·권혁용(2016), 「무엇이 한국인을 불행하게 만드는가? 소득불평등, 기회불평등, 그리고 행복의 균열구조」, 『OUGHTOPIA』, 31⑴, pp. 5~39.

조성철(2020. 7. 14.), 「청년 숙련인력의 지역 간 불균형 진단」, 『지역불평등 바로보기 세미나 #1 교육·인적자원 발표자료』, pp.39~53.

조흥식(2020. 7. 22.), 「지역사회보장의 균형발전을 위한 정책 과제」, 『지역불평등 바로보기 세미나 #2 보건·복지·육아 발표자료』, pp. 3~11.

통계청(2021), 「2021년 3월 인구동향」.

한국관광공사(2020), 「빅데이터를 활용한 2021년 관광 트렌드 분석」.

한국문화관광연구원·문화체육관광부(2019), 제2차 지역문화진흥기본계획 수립 및 평가 연구.

한국콘텐츠진흥원(2020), 「코로나19 이후 콘텐츠산업의 위기화 기회」.

한웅규·김태양(2020), 「국가난제 해결을 위한 과학기술 관점의 경제·사회 시스템 혁신전략 연구(2차년도): 지역 분야 난제」, 과학기술정책연구원.

함영진 외(2018), 「지방화의 진전과 복지격차: 전달체계 여건을 중심으로」, 한국보건사회연구원.

홍성태(2007), 「지역불균등발전의 역사와 대안」, 『내일은 여는 역사』, 27, pp. 68~78.

OECD, 「국토연구원 국가균형발전지원센터 편(2021)」, 『OECD 지역전망(Regional Outlook) 2019: 도시와 농촌을 위한 메가트렌드의 활용』, 국토연구원.

해외 문헌

McKinsey & Co.(2020), *Telehealth: A Quarter-trillion-dollar post-COVED-19 reality?*

Mueller, B(2020. 4. 4.), "Telemedicine Arrives in the U.K.: '10 Years of Change in One Week'", New York Times.

OECD(2020a), "Bringing Health Care to the Patient: An Overview of the Use of telemedicine in OECD Countries", OECD Health Working Papers, 116.

OECD(2020b), *OECD Regions and Cities at a Glance 2020*, OECD Publishing, Paris.

기타 온라인 자료

경향신문(2021.5.5.), "코로나 경제난으로 수도권 쏠림 현상 더 심화…지역서 기업 하기 좋게 만들어 일자리 창출을", https://bit.ly/3ECOWAi

교수신문(2021.6.22.), "사이버대는 올해도 학생 7천명이 늘었다", https://bit.ly/3qupGHf

교육통계서비스(KESS), https://bit.ly/3eNv2YZ

국가통계포털(KOSIS), 지역별의료이용통계: 시도별 요양기관 현황, https://bit.ly/3zd4QQI

국가통계포털(KOSIS), 주민등록인구현황, https://bit.ly/3mL54tl

국가통계포털(KOSIS), 지역내총생산, https://bit.ly/31bVyI3

동아일보(2020.12.8.), "포스트코로나 시대, 사이버大가 답이다", https://bit.ly/3HkVUvC

매일경제(2021.1.19.), "넷플릭스의 '잭팟' 작년 한국서만 5000억원 벌었다", https://bit.ly/3EAIvhc

머니투데이(2021.1.4.), "우리 동네도? 한국서 '살기좋은 곳' 상위 30위 지역", https://bit.ly/3eNtgqN

메디게이트(2021.6.10.), "코로나19로 달라진 원격의료 인식 '의료계가 원격의료 논의 주도하자'", https://bit.ly/3EABnRQ

서울신문(2021.3.14.), "불 꺼진 무대…대중음악 공연도 '숨 쉬고 싶다'", https://bit.ly/3sHgFgD

연합뉴스(2020.7.6.), "코로나發 고용충격에 수도권 인구유입 2배로 급증…20대가 75%", https://bit.ly/3mEvD3n

연합뉴스(2021.3.5.), "지구촌 코로나발 인구 절벽 오나…주요국 출산율 급락", https://bit.ly/3mDmk3u

잡코리아(2021.1.5.), "코로나19에도 채용을 확대하는 업계는?–이커머스, 게임, 엔터테인먼트", https://bit.ly/3mBrpt5

조선비즈(2021.4.13.), "코로나에 외국인근로자 급감…정부, 체류기간 1년 연장키로", https://bit.ly/3pyt3xJ

지역 거점 공공 병원 알리미, https://bit.ly/32IKZMW

청년의사(2020.6.8.), "원격의료, 의료 역차별・지역간 의료 격차 심화 유발", https://bit.ly/3FOuXzK

한국고용정보원(2020.9.2.) 영상보고서, https://bit.ly/3qww3db

한국일보(2020.5.19.), "뉴욕 '코로나 양극화' 사실로…빈곤지역 사망률, 백인부자동네 15배 달했다", https://bit.ly/3sEYtV2

BBC코리아(2020.3.9.), "코로나19가 사회적 약자에게 미친 영향 4가지", https://bbc.in/3qA5ALV

e-대학저널(2021.4.27.), "위기의 지방대, 해법은 없다", https://bit.ly/3JlLw8J

KOTRA 해외시장뉴스(2020.5.2.), "프랑스, 코로나19로 주목받는 원격의료산업", https://bit.ly/3eDtPmN

4장

국내 문헌

김흥종 외(2005), 『전 세계적 양극화 추세와 해외 주요국의 대응』, 대외경제정책연구원.

대한상공회의소 보도자료(2021. 2. 1), 「코로나가 덮친 1년… 피해기업 10곳 중 4곳 "비상경영 시행"」.

문용필 외(2020), 「코로나19 장기화가 기업 경영에 미치는 영향」, 『BOK\금융안정보고서』, 2020년 12월호, 한국은행.

오삼일·이상아(2021), 「코로나19 확산과 사회적 거리두기가 임금 및 소득분배에 미치는 영향」, BOK 이슈노트, 2021-1, 한국은행.

하인환(2019), 「양극화 시대 나도 부자가 되고 싶다」, 『Meritz Market Idea』, 메리츠증권.

한국경제연구원 보도자료(2021.04.05.), 「코로나 1년, 국내기업 K-자형 양극화 뚜렷」.

한국문화관광연구원(2021), 『2021년 6월기준 관광동향분석』.

해외 문헌

Bloom, N., Fletcher, R. S., and Yeh, E.(2021), *The impact of COVID-19 on US firms (No. w28314)*, National Bureau of Economic Research.

Hoynes, H., Miller, D. L., and Schaller, J.(2012), "Who suffers during recessions?", *Journal of Economic perspectives*, 26(3), pp. 27-48.

OECD(2021), *OECD Employment Outlook 2021* : Navigating the COVID-19 Crisis and Recovery.

기타 온라인 자료

국가통계포털(KOSIS), 가구당 월평균 가계수지, https://bit.ly/3qFGlYn

동아일보(2020.12.24.), ""출근할 땐 우버기사, 퇴근할 땐 음식배달"…투잡 뛰는 '긱 워커' 전성시대", https://bit.ly/3JoqkyF

모건스탠리캐피털인터내셔널(MSCI), MSCI ACWI Index, https://www.msci.com/acwi

모바일인덱스(2020.5.25.), "스마트한 이동 수단, 전동 킥보드 공유서비스 사용자 현황", https://bit.ly/3mFVRm4

모바일인덱스(2020.11.10.), "협업 툴 업종 앱 사용자 현황", https://bit.ly/3qwrRu6

서울경제(2021.4.2.), "웹캠 달고 프린터 채우고…개학 준비 'ON'", https://bit.ly/3JmzQTb

소비자가 만드는 신문(2020.8.19.), "100대 기업, 상반기 매출·영업익 뒷걸음…강원랜드 매출 반토막, 씨젠 6배 껑충", https://bit.ly/33VW3XK

COVID-19 pandemic: a look at the Current Employment Statistics survey microdata", Monthly Labor Review, https://bit.ly/3FCEJoT

INEQUALITY, "Wealth Inequality in the United States", https://bit.ly/3Jq07QeKBS

MBC 뉴스(2021.4.22.), "직장인 '코로나 블루'도 중소기업이 대기업보다 심해", https://bit.ly/3JsJyDi

MBC 뉴스(2021.5.11.), "대기업·비대면 업종은 최대 매출…"표정 관리하라"", https://bit.ly/3HliqEt

MSCI(2021.9.30.), "MSCI World Information Technology Index(USD)", https://bit.ly/32MByMN

NEWS(2021.3.13.), "코로나 사태 외국인 노동자 급감···"농촌은 멈추기 일보 직전"", https://bit.ly/316cMXg

news1(2020.12.28.), "코로나19 속 기업 부실화 '가속'…이자만큼 못 버는 기업 급증", https://bit.ly/3z8m6GD

The Motley Fool(2020.12.2.), "This Lawmaker Wants to Bring ESG Stocks to Your Retirement Account", https://bit.ly/3ew9hN5

The Motley Fool(2021.6.22.). "Small-Cap Stocks", https://bit.ly/3z7DCe6(검색일: 2021.6.28.)

The New York Times(2021.4.27.), "Google's and Microsoft's Profits Soar as Pandemic Benefits Big Tech", https://nyti.ms/32yAITZ

toss feed(2021.2.5.), "코로나19 시대에 주가는 왜 올랐을까", https://bit.ly/3ezTk8E

Statista(2021.7.30.), "Tech Giants Crush Profit Records in Q2", https://bit.ly/3ECdxoR

Statista(2021.9.21.), "U.S. household income distribution from 1990 to 2020", https://bit.ly/32yK95J

U.S. Bureau of Labor Statistics(2020.10.), "Employment changes by employer size during the WHO 홈페이지, WHO Coronavirus Dashboard, https://covid19.who.int/table

더 알아보기

국내 문헌

박성원·황윤하(2013), 「과학기술 기반의 국가발전미래연구 V: 한국인의 미래인식과 미래 적응력 측정」, pp. 1~190.

윤정현(2021 3. 31.), 「극단적 미래사건 연구와 정책적 활용의 시사점」, 『KMI 미래예측전문가 워크숍 발표자료』.

해외 문헌

Dator, J.(1979), The futures of culture or cultures of the future. In A. Marsella, R. G. Tharp, and T. J. Ciborowski (eds.), *Perspectives in Cross-Cultural Psychology*, pp. 369-388, New York: Academia Press.

_____(1981), Alternative futures and the future of law. In James. A. Dator and Clement Bezold (eds.), *Judging the future, Social Science Research Institute*, pp. 1-17, Honolulu: University of Hawaii Press.

_____(2002), *Introduction: The Future Lies Behind–Thirty Years of Teaching Futures Studies. In James A. Dator (ed), Advancing Futures: Futures Studies in Higher Education*, pp. 1-30. Westport, Connecticut, London: Praeger.

_____(2009), "Alternative Futures at the Manoa School", *Journal of Futures Studies*, 14(2), pp. 1-18.

IIASA(2021), "Modification of IIASA National Well-being System", http://pure. iiasa.ac.at/id/eprint/16318/1/WP-20-003.pdf

Klement, R. J.(2020), Systems Thinking About SARS-CoV-2. Front. *Public Health* 8:585229. doi: 10.3389/fpubh.2020.585229

Phillip Daffara(2020), "Applying the Futures Wheel and Macrohistory to the Covid19 Global Pandemic", *Journal of Futures Studies*, 25(2), pp. 35-48.

SOIF(2021), *The long pandemic: after the COVID-19*.

DoM 009

팬데믹 이후, 한국사회의 지역·디지털·기업을
양극단으로 가르는 K자형 곡선의 경고

코로나 디바이드 시대가 온다

초판 1쇄 인쇄 | 2022년 3월 31일
초판 1쇄 발행 | 2022년 4월 22일

지은이 과학기술정책연구원
펴낸이 최만규
펴낸곳 월요일의꿈
출판등록 제25100-2020-000035호
연락처 010-3061-4655
이메일 dom@mondaydream.co.kr

ISBN 979-11-92044-06-4 (03320)
ⓒ 과학기술정책연구원, 2022

'월요일의꿈'은 일상에 지쳐 마음의 여유를 잃은 이들에게 일상의 의미와 희망을 되새기고 싶다
는 마음으로 지은 이름입니다. 월요일의꿈의 로고인 '도도한 느림보'는 세상의 속도가 아닌 나만
의 속도로 하루하루를 당당하게, 도도하게 살아가는 것도 괜찮다는 뜻을 담았습니다.
"조금 느리면 어떤가요? 나에게 맞는 속도라면, 세상에 작은 행복을 선물하는 방향이라면 그게 일상의 의미
이자 행복이 아닐까요?" 이런 마음을 담은 알찬 내용의 원고를 기다리고 있습니다. 기획 의도와 간단한 개요
를 연락처와 함께 dom@mondaydream.co.kr로 보내주시기 바랍니다.